子どもの生活を支える
社会的養護内容

小野澤昇／田中利則／大塚良一
[編著]

ミネルヴァ書房

はじめに

　現代社会においては児童虐待の増加や学校教育の場における「いじめ」問題や，青少年の自殺や犯罪等に関連して子どもの生命が危機状態に置かれていることや，家庭内に引きこもり，社会との関係を確立できない状態に置かれている青少年の増加などの深刻な問題がクローズアップされている。なぜ，子どもたちが，尊い生命を失われるような危機に出会ったり，社会との関係を閉ざさざるを得なくなるような生活をしなくてはいけないのであろうか。

　経済的な不況などにともない，子どもたちの生活している養育環境はきわめて厳しい状態に置かれており，児童福祉法や児童憲章などで宣言されている「子どもを健全な環境で養育する」ことが保障されているとは言いがたい状況であり，子どもの生活を支えるための具体的な取り組みが求められている。

　今，子どもたちが家族と共に安心して生活し成長してゆくためにはどのような環境が必要とされるのかをふまえ，子どもが「両親と共に家庭で生活する」という当然の環境を子どもたちに保障し，家庭で親から擁護された中で生活して行くことが可能となるよう養育環境の整備をして行くことが社会に強く求められていると言える。

　子どもたちにとって「家族に見守られた"家庭"という環境の中で，安心して生活し，成長して行ける」生活の場を保障されることが不可欠である。

　しかし，家族から虐待を受けて，心身に大きな傷を負ってしまった子どもたちや，両親の死亡や，離婚，家業の破産等により家庭が崩壊状態となってしまった子どもたち，知的障害や肢体不自由などの障害があるために特別な治療や訓練を必要とする子どもたち，非行などの問題があり，治療や更生のための教育や訓練を必要とするため家族との生活が保障されていない子どもたちが存在していることも事実である。そうした子どもたちを保護・支援するために取り組まれている活動が「社会的養護」である。社会的養護の実践の場としては児童福祉法や障害者自立支援法，社会福祉法などにより多様な社会福祉施設が設

置されている。

　社会福祉施設の中でも子どもや家庭の支援を目的として設置されている施設に児童福祉施設がある。児童福祉施設で取り組まれている養護活動は，児童にとっては家庭に代わる「生活の場」としての養育支援を得るための大切な環境であり，国の責任において実施される（社会的な責任）「きわめて責任の重い養護活動」である。

　児童福祉施設で実践される養護活動は保育士や児童指導員などの支援担当職員を中心として取り組まれており，保育士には児童養護に関する知識や実践力が求められる。

　児童養護に関する学習は極めて多岐にわたっていることや，児童福祉施設などの環境は，保育所のように自らの経験や体験をもとに容易に想定できる環境とは言えず，保育士の資格取得を目指す学生にとっては体系的な学習のむずかしい教科と言える。

　保育士養成課程は2011（平成23）年度に大きな変更が行われた。これまで「養護内容」と言われた科目は「社会的養護内容」と教科目の名称変更が行われ，教授内容も改訂され，目標として，①社会的養護における児童の権利擁護や保育士等の倫理について具体的に学ぶ，②施設養護および他の社会的養護の実際について学ぶ，③個々の児童に応じた支援計画を作成し，日常生活の支援，治療的支援，自立支援等の内容について具体的に学ぶ，④社会的養護にかかわるソーシャルワークの方法と技術について理解する，⑤社会的養護を通して，家庭支援，児童家庭福祉，地域福祉について理解や認識を深める，の５項目の学習課題が示され，社会的養護に関する，より具体的な内容の学習が求められることとなった。

　社会的養護内容の学習は，養成校における保育士資格取得のために必要である，福祉施設での実習や，資格取得後に社会的養護にかかわる活動を志す者にとっては不可欠な学習である。本書は学生にも活用できるよう解説を行った。

　本書を作成するにあたり，「児童」は法律名など特別な場合を除き「子ども」，「しょうがい」については，「障害」と表記することで統一し，事例の紹介につ

はじめに

いては読者の理解をしやすくするために，「A男」とか「B子」と言う表記ではなく，仮名ではあるが「太郎」や「花子」というような名称で表記したのでご理解いただきたい。

　本書は，児童相談所や児童養護施設，障害児・者関係の施設等で幅広い実務経験を有し，現在，大学や短期大学において「社会的養護」や「児童家庭福祉」，「相談援助」などの講義を担当している教員を中心として，改正された保育士養成課程に示されている「社会的養護内容」の学習目標をふまえ，養成校における保育士資格取得のためには不可欠である，福祉施設での実習にも活用することができるよう，可能な限り実際例をふまえて，「これだけは学生に伝えておきたい」と感じている点を中心に，解説を行ったので，本書を利用して学習し，保育士とし必要な「社会的養護内容」の学習を進め，子どもの生活を支えるために不可欠である社会的養護の実際について理解を深めていただけることを念願している。

　平成24年12月

編著者代表　小野澤　昇

子どもの生活を支える
社会的養護内容

目　次

はじめに

第1章　社会的養護の基本的視点 … 1
第1節　「社会的養護」とは何か　1
第2節　社会的養護として取り組むべき課題　4
第3節　社会的養護を必要とする背景　6
第4節　社会的養護を進めるための基本的視点　9
　（1）権利擁護のための取り組み　9
　（2）児童の権利擁護　10
　（3）保育士等の倫理および責務　15

第2章　社会的養護を進める際の基本的方向性 … 18
第1節　社会的養護のあり方と方向性　18
　（1）社会的養護の現状　18
　（2）社会的養護の国際的な流れ　20
　（3）社会的養護の方向性　22
第2節　社会的養護の実施体制　24
　（1）施設養護の現状（問題点）と今後の方向性　24
　（2）家庭的養護の現状と今後の方向性　30

第3章　施設養護の現状と課題 … 36
第1節　施設養護とは何か　36
　（1）施設養護とは　36
　（2）施設養護の役割　37
　（3）施設養護の機能　37
第2節　施設養護の原理・原則　38
　（1）施設養護の基本原理　38
　（2）施設養護の原則　43
第3節　施設養護の実施体系　50
　（1）施設養護の類型　50

（2）施設養護の実施状況　53

第4章　施設養護における支援の実際 …………………… 56
　第1節　施設養護のプロセスの理解と基本的視点　56
　　（1）要養護問題の発生　56
　　（2）関係者・関係機関での検討　58
　　（3）通　告　58
　　（4）安全確認と一時保護　59
　　（5）児童相談所による判定会議と措置決定　60
　　（6）施設の利用開始（措置）と措置中の支援　61
　　（7）措置解除とアフターケア　62
　第2節　支援を進めるためのケアに関する基礎的理解　62
　　（1）施設養護の形態　63
　　（2）年　齢　65
　　（3）入所から退所まで　67
　　（4）年度（年間）　72
　　（5）一　日　75

第5章　児童福祉施設・機関における支援の実際 …………… 82
　第1節　養護系施設の実践の現状と課題　82
　　（1）乳児院における実践の現状と課題　82
　　（2）児童養護施設における実践の現状と課題　90
　　（3）母子生活支援施設における実践の現状と課題　99
　第2節　障害系施設の領域と実践の現状と課題　108
　　（1）障害児施設に関連する法制度の変化　108
　　（2）障害児施設の領域と実践課題　110
　第3節　情緒・行動系施設における実践の現状と課題　127
　　（1）児童自立支援施設における実践の現状と課題　127
　　（2）情緒障害児短期治療施設における実践の現状と課題　141
　第4節　被虐待児に対する施設内支援の実践の現状と課題　144
　　（1）被虐待児のサイン　144

（2）被虐待児へのアプローチ　148
　　　（3）被虐待児への精神的な配慮　155
　第5節　発達障害児に対する支援の実践の現状と課題　157
　　　（1）発達障害の種類　157
　　　（2）発達障害者支援法　162
　　　（3）発達障害を支える支援　164
　　　（4）発達障害に対する今後の課題　165
　第6節　社会的養護にかかわる行政機関の実践の現状と課題　167
　　　（1）社会的養護にかかわる行政機関の種類と役割　167
　　　（2）各機関と他機関との連携　181

第6章　社会的養護の実践を行うための専門的技術　189
　第1節　職員が必要とする専門性としての知識や技術およびその応用　189
　　　（1）職員に期待される専門性　189
　　　（2）職員の専門性とは何か　191
　　　（3）職員に求められる人間性と社会性　193
　　　（4）職員に求められる倫理性と人間を尊重する姿勢　195
　　　（5）職員の専門性としての知識や技術およびその応用　198
　第2節　レジデンシャルソーシャルワークに
　　　　　かかわる知識や技術およびその応用　202
　　　（1）レジデンシャルソーシャルワークとは何か　202
　　　（2）レジデンシャルソーシャルワークにかかわる知識や技術　203
　　　（3）ソーシャルワークにかかわる知識や技術およびその応用　205
　第3節　介護技術・看護技術に関する基礎知識　209
　　　（1）介護技術　209
　　　（2）看護技術　213
　第4節　個別支援計画の作成から実践までの流れ　214
　　　（1）ソーシャルワーク実践の概要　214
　　　（2）支援計画の策定の意図　215
　　　（3）福祉実践に活かす個別支援計画の作成　216
　　　（4）支援計画の作成　217

（5）支援計画の実施（インターベーション） *219*

　第5節　職員が記述する記録および自己評価 *220*

　　　（1）記録の意義 *220*
　　　（2）記録の必要性と活用 *221*

　第6節　事例を通した支援の実際の理解 *223*

　　　（1）日常生活支援に関する事例分析 *223*
　　　（2）治療的支援に関する事例分析 *231*
　　　（3）自立支援に関する事例分析 *235*
　　　（4）被虐待児に対する社会的支援の実際 *246*
　　　（5）発達障害児に対する社会的支援の実際 *251*

第7章　施設養護を受け持つ施設の役割と運営管理のあり方……*260*

　第1節　施設の運営および組織 *260*

　　　（1）施設の設置・運営主体 *261*
　　　（2）社会福祉法人に関する事業と社会福祉法人 *261*

　第2節　児童福祉施設の運営・管理の原則 *262*

　　　（1）児童福祉施設とは *262*
　　　（2）職員について *266*
　　　（3）施設長や主任保育士の存在と役割 *267*

　第3節　福祉施設を運営するための財政 *268*

　　　（1）福祉施設を利用するための利用制度と財政 *268*
　　　（2）財務管理について *272*

　第4節　求められる福祉サービスの点検と情報公開 *274*

　　　（1）福祉施設の提供する福祉サービスの点検 *274*
　　　（2）福祉施設の情報公開 *275*

第8章　施設実習に向け……*278*

　第1節　施設で生活している人を理解する *278*

　第2節　実習予定施設の概要 *280*

　　　（1）オリエンテーション *280*

（2）宿泊をともなう施設実習　*281*
　　　（3）施設実習に要する経費　*281*
　　　（4）実習施設からの課題　*281*
　　　（5）実習の目的や課題　*282*
　　　（6）施設に対するイメージを変える　*283*
　　第3節　施設実習のポイント　*284*
　　　（1）乳児院　*284*
　　　（2）児童養護施設　*284*
　　　（3）児童相談所（一時保護所）　*285*
　　　（4）児童自立支援施設　*286*
　　　（5）障害児・者施設　*286*

第❾章　今後の展望と課題 …………………………………… *290*
　第1節　施設の小規模化と地域とのかかわり　*290*
　第2節　社会的養護の課題　*294*

　おわりに　*303*
　索　　引　*307*

第1章
社会的養護の基本的視点

学習のポイント

　もし，あなたが「親と一緒に生活することができない」としたらどうしますか。

　私たちの周囲には，さまざまな事情で，親子で共に生活することの許されない子どもたちがいる。親が子どもの養育を行わない場合，親に代わって子どもを保護し養育する仕組みが必要となってくる。「社会的養護」と言われる取り組みである。本章では社会的養護とはどのようなことなのか。社会的養護の活動に取り組むために必要とされる基本的な視点についての学習を行うのでしっかりと学んでほしい。

第1節　「社会的養護」とは何か

　国は，2011（平成23）年1月に「児童養護施設等の社会的養護に関する検討委員会」を設置し，2011（平成23）年7月「社会的養護の課題と将来像」と題する報告書を発表した。

　報告書の中で「子どもや子育てをめぐる社会環境が大きく変化する中で，すべての子どもに良質な生育環境を保障し，子どもを大切にする社会の実現が求められている」ことを訴えている。しかし，現実を見ると，親等からの虐待を受けたり，何かしらの事情で保護者から適切な養育を受けられなかったりする子どもが増えており，そのような子どもたちこそ，「社会全体で公的責任をもって，保護し，健やかに育んでいく必要がある」とし，適切な養育環境を得る

ことがむずかしい子どもに対して,「公的な責任で保護し,健やかに成長できるよう養育する」事の必要性を述べている。この取り組みを実現させて行くことが「社会的養護」であると言える。社会的養護の活動は,里親や施設における養護活動を指す場合があるが,レスパイトケアや治療的なデイケア,家庭への支援等が含まれる。

　社会的養護の施策対象は,これまでは,「親がいない」子どもや,「親が育てられない(養育できない)」子どもを対象として考えられてきたが,近年では生活様式の変化などにともない,「虐待を受けて心に傷を持つ子ども」や「何かしらの障害のある子ども」,「DV(ドメスティックバイオレンス,以下,DVと略す)被害の母子」などを対象とした支援を主眼とした施策が求められるようになり,社会的養護の活動に求められるニーズが変化してきている。現状では「その役割―機能の変化に,ハード面でもソフト面でも変革が遅れている」と社会的養護に求められている実態に必ずしも応え切れていないことが指摘されている。

　社会的養護を充実させて行くために国は数度にわたる児童福祉法の改正や,2000(平成12)年には児童虐待防止法の制定,2011(平成23)年には親権の制限にかかわる民法および児童福祉法の改正などを行い対応してきた。

　報告書では,社会的養護の必要性について「子どもは次世代を担う社会の宝であり,国連の児童権利宣言や児童の権利に関する条約にもあるように,子どもは心身ともに健全に育つ権利を保障されるべきものである」とし,子どもの権利擁護の考え方,養育のあり方をふまえつつ,「養育」に関する活動は,家庭を中心として行われてきたが,家庭において適切な養育を受けることのできない子どもが増加している現実をふまえ「子どもは家庭だけではなく地域社会の中で育つ」という認識の下,「地域社会と協働して子どもの養育や家庭の支援を行っていくことが必要」であり,社会的に子どもを養育し保護する「社会的養護」の意義と重要性が存在する」としている。

重要語解説

レスパイトケア（「レスピットケア」と表現される場合もある）

　レスパイトケア（respitecare）とは，乳幼児や障害児・者，高齢者などを在宅でケアしている家族がリフレッシュを図り，家庭での育児や介護しやすくすることを意図して，家族に変わってホームヘルパーや福祉施設などで一時的に育児や介護などのケアを行うための家族支援サービスで，福祉施設への短期入所や自宅への介護者の派遣などがある。日本では1976（昭和51）年に「心身障害児（者）短期入所事業」の名称で，いわゆるショートステイとして始まった制度である。

　この事業が開始された当初は，家族の病気や事故，冠婚葬祭などの「社会的な事由のある場合に限り利用可能とされていたが，その後，利用範囲の見直しが行われ「介護疲れを癒やす」などの理由でも利用することが可能となった。

　実際にはサービスを提供するための環境が十分に整っているとは言えず，福祉施設を利用してのサービス提供が中心となっており，サービスを利用する者の日常生活が崩されやすかったり，「家族が育児や介護を休む」ことに対する社会的な認識の低さなど，制度を有効活用するためには改善すべき課題がある。

▼「社会的養護の理念と機能」として

　①社会的養護は，保護者のない児童や，保護者に監護させることが適当でない児童を，公的責任で社会的に養育し，保護すると共に，養育に大きな困難を抱える家庭への支援を行うことである。

　②社会的養護は，「子どもの最善の利益のために」という考え方と，「社会全体で子どもを育む」という考え方を理念とし，保護者の適切な養育を受けられない子どもを，社会の公的責任で保護養育し，子どもが心身共に健康に育つ基本的な権利を保障する。

　さらに社会的養護の活動が持つべき基本的な機能として「養育機能」，「心理的ケア等の機能」，「地域支援等の機能」の3点を挙げている。

　最初の「養育機能」とは社会的養護のもっとも基本となる部分であり，本来であれば家庭で保障されるべき「基本的生活の保障」であり，「家庭での適切な養育を受けられない子どもを養育する機能であり，社会的養護を必要とするすべての子どもに保障されるべきもの」であるとされている。

　2番目の「心理的ケア等の機能」は，私たちが人として生活して行く上でも

っとも大切な「心の安定と豊かさ」に関する機能で、「親などからの虐待行為を受けるなどのさまざまな背景の下で、適切な養育が受けられなかったこと等により生じる発達のゆがみや心の傷（心の成長の阻害と心理的不調等）を癒し、回復させ、適切な発達を図る機能」であるとされているが、この点については、子どもたちの養護活動にかかわる保育士をはじめとしたすべての者に「心の豊かさ」が求められることを心に止めるべきである。

3番目の「地域支援等の機能」は、子どもは「社会の一員」であることを具現化するための機能であり、「親子関係の再構築等の家庭環境の調整」、「地域における子どもの養育と保護者への支援」、「自立支援」、「リービングケア（退所準備ケア）」、「施設退所後の相談支援（アフターケア）」などの機能などが含まれる。

第2節　社会的養護として取り組むべき課題

子どもの養育を支えるために大切にすべき点はどのようなことであろうか。

子どもの成長発達にとっては「安全で安心して暮らすことのできる環境の中で、親を中心とした家族（家庭）の中で、大人との愛着関係を形成し、心身の成長・発達や適切な社会性を身につけてゆく」ことが必要であり、そのためには適切な養育環境の確保が不可欠である。

社会的養護の活動は、子どもたちにとっての「最善の利益」を保障してゆくための取り組みであると言える。実現させてゆくための具体的な方法としては、「日々の生活をベースとした生活の営み」を通して、「より良く生きていくために必要な意欲を持つ」ことや、「人間関係や社会性の獲得」を目指した支援を行うことが求められる。

そのためには、「できる限り家庭的な養育環境」が必要であり、社会的養護の活動においては、家庭的養護（里親やファミリーホームなど）を優先すると共に、施設養護（児童養護施設や乳児院等）は大規模な集団での共同生活を中心とした従来型の養護活動ではなく、個人を大切にした、家庭的な養育環境（小規

模グループを中心としたケア体制の確立や，グループホームなどの形態）へ変えていくことが求められている。

　社会的養護の活動には，こうした点をふまえた上で，また，子どもの心身の成長や治癒に関するさまざまな理論的背景をふまえた上での専門的な支援が求められており，そのために必要とされる各種の技法を習得し，統合的な支援の取り組みが求められている。

　たとえば，幼少期に児童虐待の被害にあってしまった子どもたちの中には，良好な親子のかかわりの中で生まれる愛着関係の形成や心に傷を抱えている子どもが存在している。こうした子どもたちの支援活動においては，適切な愛着関係の養成を目指して，人を信じることのできることを持つことができ，安定した人格を形成して行けるよう，心の傷を癒して回復（心のリハビリテーション）して行けるような支援が不可欠である。そのためには幅広い領域の専門的な知識や技術の習得が求められている。

　社会的養護の活動において忘れてはいけないことは，子どもや家族の「自立支援」への取り組みと，「家族への支援」や，子どもの住む「地域を対象とした支援の充実」である。

　児童養護施設等を利用して育った子どもたちは「自己肯定感が乏しく，自分らしく生きる力や，他者を認め協調して生活してゆく力（「共生力」）あるいは，通常の生活や社会生活を送るために必要とされるスキルが不足しているために，自立した社会生活を営むことが困難なケースが多いと言われる。社会的養護の活動においては「施設で育った子だから仕方ない」と言われないよう，家庭で養育された子どもたちと分け隔てされることなく，社会生活へ踏み出し，ひとりの人間として生活して行くために必要とされる基本的な力を育み，自立した社会人としての生活を営むことができるよう支援してゆくことが重要である。また，施設を退所した後にも継続した支援を必要とするケースも多い。そのために必要な相談支援（アフターケア）に対する取り組みが必要である。

　社会的養護を進めて行く際に課題として見過ごすことのできない点としては「家族とのかかわり」がある。社会的養護の活動は，「支援を必要とする子ど

も」と，家族を分離することが目的ではない。子どもにとって，親や家族はかけがえのない大切な存在である。仮に障害があったり，親から虐待を受けているため，児童福祉施設での保護を必要とする子どもがいるとする。子どもの安全を確保するために，仮に児童福祉施設で保護して生活を送ることになったとしても，そのことは親や家族との分断を意味することではない。児童福祉施設等では子どもに対する養育活動を行うことと並行して，子どもが可能な限り早期に家庭のもとに帰ることができるよう，親子関係や家庭環境の調整を行う必要があり，そのために必要とされる親や家族に対する支援を継続的進めて行く必要がある。そのためには，施設自体の専門性を高めると共に，ソーシャルワーク（相談支援）機能を高め，関係行政機関や教育機関，里親や子育て支援組織，市民団体などと連携し，家族支援の支援強化を行うと共に，地域の社会的養護の拠点として地域との連携を深めて行く事が求められており，そのためにも地域に設置されている「要保護児童対策地域協議会」の活動を強めて行く必要がある。

第3節　社会的養護を必要とする背景

社会的養護はなぜ必要とされるのであろうか，社会的養護の必要とされる背景としては次のような場合が考えられる。
①親の病気や死亡などのために親の養育を受けることが困難な場合。
②虐待行為など，親から不適切な養育が行われている場合。
③貧困などのため，家庭での子育てが困難である場合。
④子ども自身の疾病や障害などのため，家庭での養育が困難な場合。
⑤非行などの行動面での問題があり，家庭での養育が困難な場合。
⑥引きこもりなどにより，家庭内での養育が困難な場合。
⑦親の仕事や，家庭内の介護などのため十分な養育（保育）を受けることが困難な場合。
⑧近隣との関係が確保できず子育てなどに苦慮している親や家庭への相談支

第1章 社会的養護の基本的視点

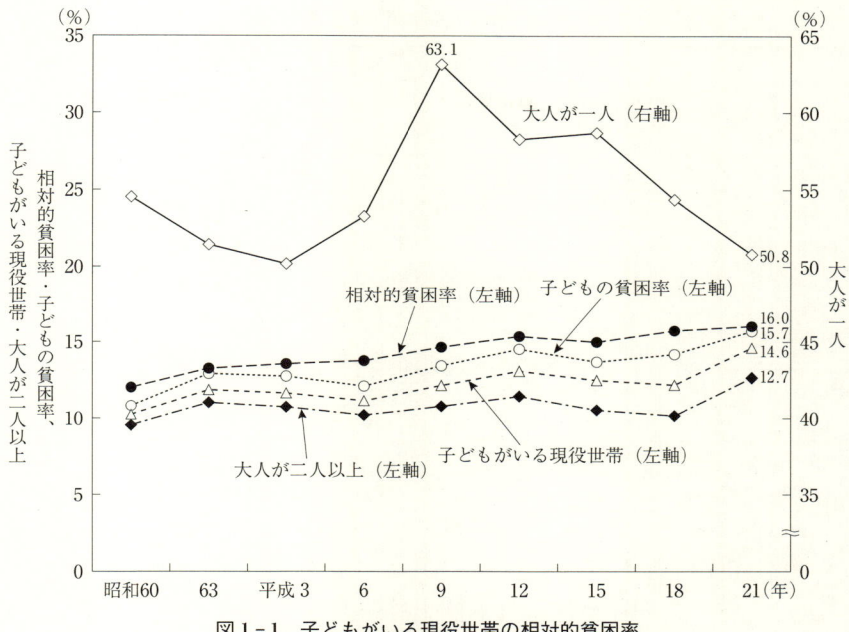

図1-1　子どもがいる現役世帯の相対的貧困率

注：1）　平成6年の数値は，兵庫県を除いたものである。
　　2）　貧困率は，OECDの作成基準に基づいて算出している。
　　3）　大人とは18歳以上の者，子どもとは17歳以下の者をいい，現役世帯とは世帯主が18歳以上65歳
　　　　未満の世帯をいう。
　　4）　等価可処分所得金額不詳の世帯員は除く。
出所：厚生労働省調べ。

　援が必要な場合。
　⑨安心して遊ぶことの出来る環境を確保することが困難な子どもたちへの適
　　切な環境の提供を行う場合。

　こうしたケースは多くの場合，家族関係や生活環境の変化にともなう現代社会の中で，徐々に失われてきてしまった「人と人との心の交流」の減少や，貧困や格差社会等による生活のしづらさ（図1-1「子どもがいる現役世帯の相対的貧困率」）等の諸問題を背景としている。実際に生活に困難を抱えた家庭の存在は，本来，「守られなくてはいけない」存在の子どもたちに，大人側の都合で，子どもたちの成長・発達や，生命維持に深刻な影響を与えてしまっていると言

表1-1 養護児童等の養護問題発生理由別児童数

(平成20年)(人,%)

区　分	里親委託児	養護施設児	情緒障害児	自立施設児	乳児院児
総　数	3,611(100.0)	31,593(100.0)	1,104(100.0)	1,995(100.0)	3,299(100.0)
父母の死亡	238(6.6)	775(2.4)	24(2.2)	34(1.7)	37(1.1)
父母の行方不明	517(14.3)	2,197(6.9)	16(1.5)	44(2.2)	144(4.4)
父母の離婚	136(3.8)	1,304(4.1)	52(4.7)	203(10.2)	82(2.5)
両親の未婚	＊　＊	＊　＊	＊　＊	＊　＊	250(7.9)
父母の不和	21(0.6)	252(0.8)	19(1.7)	49(2.5)	42(1.3)
父母の拘禁	173(4.8)	1,611(5.1)	25(2.3)	48(2.4)	176(5.3)
父母の入院	190(5.3)	1,833(5.8)	14(1.3)	20(1.0)	127(3.8)
家族の疾病の付添	＊　＊	＊　＊	＊　＊	＊　＊	14(0.4)
次子出産	＊　＊	＊　＊	＊　＊	＊　＊	22(0.7)
父母の就労	181(5.0)	3,055(9.7)	32(2.9)	91(4.6)	245(7.4)
父母の精神疾病患等	289(8.0)	3,377(10.7)	152(13.7)	173(8.7)	629(19.1)
父母の放任・怠惰	353(9.8)	4,361(13.8)	181(16.4)	446(22.4)	289(8.8)
父母の虐待・酷使	258(7.1)	4,542(14.4)	293(26.5)	339(17.0)	303(9.2)
棄　児	134(3.7)	166(0.5)	3(0.3)	12(0.6)	50(1.5)
養育拒否	579(16.0)	1,378(4.4)	52(4.7)	116(5.8)	256(7.8)
破産等の経済的理由	210(5.8)	2,390(7.6)	22(2.0)	24(1.2)	188(5.7)
児童の問題による監護困難	36(1.0)	1,047(3.3)	117(10.6)	148(7.4)	21(0.6)
そ の 他	217(6.0)	2,674(8.5)	92(8.3)	192(9.6)	353(10.7)
不　詳	79(2.2)	631(2.0)	10(0.9)	56(2.8)	61(1.8)

注：平成20年2月1日現在。＊は調査項目としていない。
出所：厚生労働省雇用均等・児童家庭局「児童養護施設入所児童等調査」2009。

っても過言ではない。

　表1-1は，「社会的養護を必要とする」として全国の児童相談所で相談を受け，社会的養護の支援を受けている子どもたちの相談理由と，支援を受けている環境（里親委託や児童福祉施設等で，障害者自立支援法にかかわる施設は除外）を整理した表である。図を見ると，社会的養護を必要とする子どもたちの背景を推測することが可能である。図1-2は社会的養護を必要とする背景は国民がどのような生活を求めるかによって，求められる内容や質は異なってくるであ

第 1 章　社会的養護の基本的視点

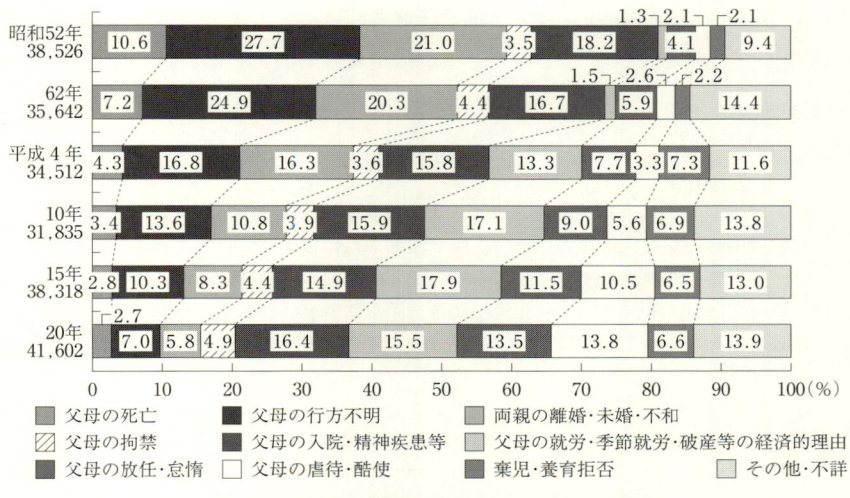

図 1-2　擁護問題発生理由別児童数の割合の推移

注：年によって調査項目は若干異なっている。全国の里親，児童養護施設，情緒障害児短期治療施設，児童自立支援施設，乳児院の入所児童。
出所：厚生労働省雇用均等・児童家庭局「児童養護施設入所児童等調査」。

ろうが，異なってはいけないことは「子どもの最善の利益」をいかに求めて行くかと言うことである。

第 4 節　社会的養護を進めるための基本的視点

（1）権利擁護のための取り組み

　施設を利用する子どもの権利擁護や権利保障を図るために，市民的立場から，公的制度やサービスだけではなく，私的なものも含めて，客観的な監視や判断をし，苦情の申し立てやサービス改善のための対応を行うことを目的とした取り組みとしてはオンブズマン制度が知られている。社会福祉法の改正にともない福祉サービスの利用に関する援助（第80～81条）や，施設利用に関する苦情解決への取り組み（第82条），運営適正化委員会（第83条～第86条）などに関する取り組みの実施について法制化されることとなり，利用者の権利擁護へ向けて

9

の取り組みの前進が期待される。施設運営者にとっても施設運営のあり方について相談・支援を受けることのできるシステムができたと言える。

重要語解説

オンブズマン制度

　オンブズマンとは，1809年にスウェーデンで創設された制度であり，「国民に代わり，苦情の解決や行政運営の適正の確保を図るために独立して行動する人」のことをいい，議会の代理人として行政機関を外部から監視し，行政機関による国民の権利・利益の侵害に対する調査および救済の勧告を図ることを任務とする公職（公的機関）を意味するものである。

　オンブズマンとは，国民（住民）の行政に対する苦情を受け付け，その権利や利益を守るために，中立的な立場から原因を調査・究明し，是正勧告や意見表明等を行い，問題解決を目指す第三者機関としての性格を持つものと言える。

　オンブズマン制度については現在，国レベルでのオンブズマン制度は存在していないが，行政の附属機関や首長の私的諮問機関と言った形態で設置されいる自治体がある。

　オンブズマン制度には公的なオンブズマン制度だけではなく弁護士などを中心とした住民による自治体の活動を監視することを目的とした市民オンブズマンが組織されている地域もある。

　なお，オンブズマンという名称については，男女共同参画の視点から「オンブズパーソン」と言われる場合もある。

（2）児童の権利擁護
1）子どもの権利擁護への取り組み

　子どもの権利擁護の考え方は，戦争によって尊い生命を奪われた子どもや家族を失い孤児となってしまった子ども，けがや障害を負った子どもなどが数多く生まれたことが大きなきっかけとなっていた。そこから現在に至るまでに，子どもの権利擁護がどのように経過をたどったのか概観する。

　子どもの権利擁護に関する国際的な取り組みは，第1次世界大戦後に国際連盟により発布された『世界児童憲章』（1922〔大正11〕年）や，1924（大正13）年に発布された『児童の権利に関するジュネーヴ宣言』（ジュネーヴ宣言）等に端を発している。ジュネーヴ宣言では「人類は児童に対して最善の努力を尽くさ

ねばならぬ義務のある」ことを認め，5か条にわたって児童の保護の必要性について提唱されたが，戦争で被害を被った子どもたちの「保護」の必要性を意識したものであった。

重要語解説

児童の権利に関するジュネーヴ宣言

「児童の権利に関するジュネーヴ宣言」は第1次世界大戦後，戦争により被害を受けた子どもたちの悲惨さに対する反省をふまえ，大戦後に結成された国際連盟のに開催された国際連盟総会第5会期（1924年9月26日）で採択された以下の5項目からなる宣言である。

「ジュネーヴ宣言」として一般に知られる「児童の権利宣言」により，すべての国の男女は，人類が児童に対して最善のものを与えるべき義務を負うことを認め，人権，国籍または信条に関する一切の事由に関わりなくすべての児童に，以下の諸事項を保障すべきことを宣言し，かつ自己の義務として受諾する。
1 児童は，身体的ならびに精神的の両面における正常な発達に必要な諸手段を与えられなければならない。
2 飢えた児童は食物を与えられなければならない。病気の児童は看病されなければならない。
 発達の遅れている児童は援助されなければならない。
 非行を犯した児童は更生させられなければならない。孤児および浮浪児は住居を与えられ，かつ，援助されなければならない。
3 児童は，危難の際には，最初に救済を受ける者でなければならない。
4 児童は，生計を立て得る地位におかれ，かつ，あらゆる形態の搾取から保護されなければならない。
5 児童は，その才能が人類同胞への奉仕のために捧げられるべきである，という自覚のもとで育成されなければならない。

第2次世界大戦が勃発すると，『世界児童憲章』や『ジュネーヴ宣言』などで宣言された「子どもの保護」は忘れ去られ，第1次世界大戦をはるかに上回る多くの子どもたちが戦争の被害に遭い，尊い生命を失ったり生活を脅かされたりすることとなった。

第2次世界大戦後になって国際的に「子どもの権利擁護」へ向けての意識が

高まり，1948（昭和23）年に開催された国際連合の第3回総会の場において『世界人権宣言』が採択された。その後，世界人権宣言の理念や第1次世界大戦後に作成された『ジュネーヴ宣言』の考えをふまえて，1959（昭和34）年に国連総会の場において，国際的な法的な拘束力はともなわないものの，『児童権利宣言』が採択された。児童権利宣言の前文には，「人類は，児童に対し，最善のものを与える義務を負う」と述べられており，「児童が，幸福な生活を送り，かつ，自己と社会の福利のために権利と自由を享有することができるよう」努力することが求められている。1979（昭和54）年になって，『児童権利宣言』の採択20周年を記念して，『国際児童年』として国連加盟のすべての国が子どもの問題の解決のために最善の努力をすべきことが確認された。『児童権利宣言』採択30周年にあたる1989（平成元）年に，『児童の権利に関する条約』（通称：子どもの権利条約）が国連総会の場で採択された。日本は1994（平成6）年にこの条約を批准した。子どもの権利条約ができたことにより，子もの権利擁護に関する理念と取り組みが明確化され，国際的にも共通理解を持った活動として認知されることとなった。

　『子どもの権利条約』は子どもを「保護の対象」としてだけでなく，「権利を享受し行使する主体的な存在」として位置づけており，その前文では「児童が，その人格の完全なかつ調和のとれた発達のため，家庭環境の下で幸福，愛情及び理解のある雰囲気の中で成長すべきであることを認め，児童が，社会において個人として生活するため十分な準備が整えられるべきであり，かつ，国際連合憲章において宣明された理想の精神並びに特に平和，尊厳，寛容，自由，平等及び連帯の精神に従って育てられるべきである」宣言されており，意見の表明権（第12条），表現・情報の自由（第13条），思想・良心・宗教の自由（第14条），結社・集会の自由（第15条）などが盛り込まれており，子ども自身が「権利の主体者」であることが示されている。

　これまでの子どもの権利擁護というよりも，子どもの安全を守るという意味での「保護」的な考え方が行われてきたが（こうした考え方を「受動的権利」と言う），子どもの権利条約が交付されたことにより，子ども自らが持つ権利を認

識し，主体的に行使することを可能とする「権利擁護」としての取り組み（「能動的権」と言う）へと転換されることとなった。今後の社会的養護においては，「社会的養護を必要とする主体はだれなのか」ということをふまえ，権利擁護をふまえた取り組みが不可欠である。

2）国内における権利擁護のための取り組み

児童施設を利用する子どもたちの権利擁護や権利保障を図るためには児童福祉施設を利用する当事者（サービスの提供者と利用者）間で良ければ良いというのではなくだれしもが理解できるものであることが必要であり，社会的養護のために提供されるすべての活動について，客観的な監視や判断をし，苦情の申し立てやサービス改善のための対応を行うことが必要とされる。この点に関しては社会福祉法が成立したことにより大きな前進が見られることとなった。福祉サービスの利用に関する援助（第80～81条）や，施設利用に関する苦情解決への取り組み（第82条），運営適正化委員会（第83条～第86条）などに関する取り組みが法制化されることとなり，利用者の権利擁護へ向けての取り組み進められることとなった。運営適正化委員会などが設置されたことにより施設の管理・運営者にとっても施設運営のあり方について相談・支援を受けることのできるシステムができたと言える。

3）施設利用者からの苦情解決への取り組み

社会福祉法が成立するまでは，児童福祉施設などで提供されるサービスを利用する際には，施設側から提供されるサービス（利用者側から見れば「利用するサービス」）に対して，不満があっても改善のための要望や苦情を申し立て，より良いサービスに改善して行くための制度や仕組みは公的に存在しておらず，良くも悪くも社会福祉事業経営者の考え方に任されており，利用者である子どもや親の意思が尊重された福祉サービスが提供されていたとは言えなかった。

社会福祉法により，福祉事業経営者に対して，施設として利害関係のない第三者（施設の関係職員や利用者でない者）を含めた苦情解決のための組織をつくり，その担当者を施設内の利用者に確認できる場所に掲示することが法的に義務づけられ，施設内で解決できない場合には都道府県の社会福祉協議会に設定

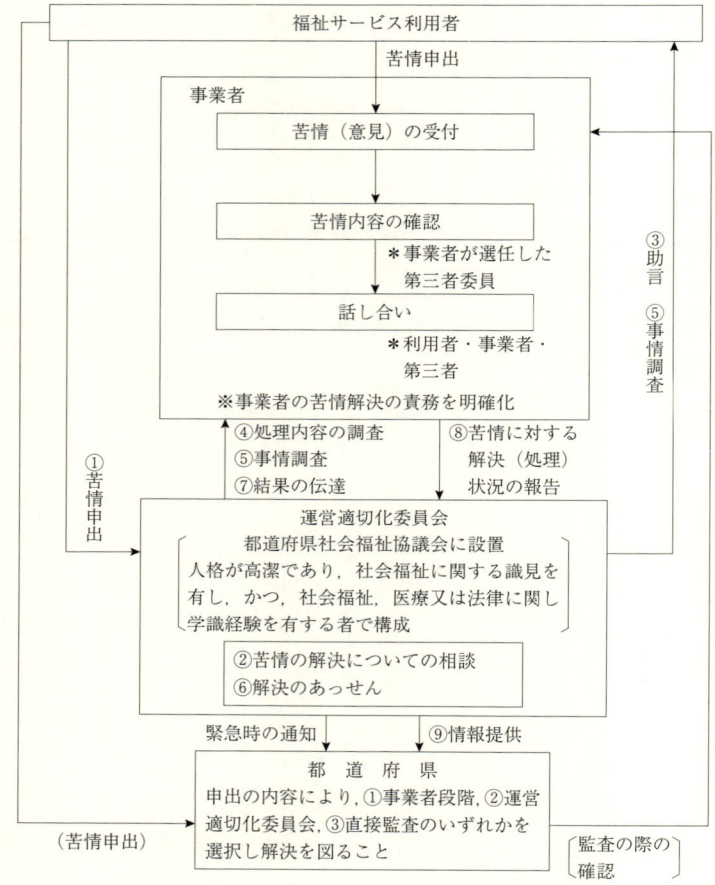

図1-3 福祉サービスに関する苦情解決の仕組みの概要
出所:「国民の福祉の動向」財団法人厚生統計協会(2006年)。

されている苦情解決のための委員会と連携を取り解決する方法も取り入れられた(図1-3参照)。

（3）保育士等の倫理および責務
1）職員に求められる姿勢

　児童福祉施設を中心とした社会的養護には保育士以外，児童指導員や看護師など多くの領域の専門家が携わっている。子どもの福祉にかかわる仕事をする上で，「人間性が豊かで情熱があること」，「謙虚に学ぼうとする姿勢があること」等が必要とされているが，社会的養護の活動は「何らかの社会的もしくは経済的，身体的，精神的な支援を必要としている者」に対して，「対象者の生命や健康，財産，さまざまな生活課題に関する個人のプライバシーに直接かかわる」支援を行うことを目的としていることから，「対象者の生育歴や生活歴をふまえ，その人が必要とするサービスを提供する」活動であることを理解しないといけない。

　そのため，以下のような点をふまえ，子どもの立場に立って考え行動できることが求められる。

　①子ども自身から信頼され，問題を共に考えたり解決したりしようと努力する。
　②子どもの権利を守ろうとする姿勢。
　③子ども自身の身体的，精神的，社会的状況をふまえて支援活動できる。
　④施設や機関の中で，利用者に最大限のサービス内容を保障しようと努力する。
　⑤職員同士や地域の各機関，他職種と協力関係をつくることができる。
　⑥専門知識を持ち，さらに深く習得しようと努める。
　⑦常に自分自身を客観的に理解し，自己を見つめ，反省できる。

　この点に関して，児童福祉施設設置及び運営に関する基準では職員の一般的な要件として「児童福祉施設に入所している者の保護に従事する職員は，健全な心身を有し，児童福祉事業に熱意のあるものであって，できるかぎり児童福祉事業の理論及び実際について訓練を受けたものでなければならない」（第7条）と定めている。

　児童福祉施設の職員には，社会的養護を必要とする子どもたちと，温かな心

をもって，子どもの置かれている状況や必要としているニーズを把握し，知性をもって個別のニーズにさまざまな方法を駆使して，的確で柔軟に利用者と共に問題の解決に取り組む技能が求められる。そのためには豊かな人間関係と職員自身の心身の健康が不可欠である。

2）職員に求められる倫理観

保育士には，児童福祉法により秘密保持義務（業務上知り得た子どもやその家庭の秘密については，他人に話さない）や信用失墜行為の禁止（その業務の社会的信用を失う行為を禁止する）などが守らなければいけないことが定められている。このことは，保育士の仕事は社会的養護を必要とする人たちのプライバシーに直接ふれる仕事であり，プライバシーの侵害には細心の注意を要する社会的責任のある仕事であることを示している。これに違反すると保育士登録の取り消しや保育士の名称使用禁止，罰金刑などを課される場合がある。

保育士などの専門職に倫理が求められる理由としては，社会的養護等に関する活動は，利用者が日本国憲法で保障されている生存権の具体的保障であり，利用者の主張・選択・決定を無視して利用者の支援を行おうとすると，人権侵害となる危険性が高いからである。

社会的養護の活動に携わる者は常に人権の保障・擁護と侵害は表裏の関係にあるということを念頭に置く必要がある。

児童福祉にかかわる者が守るべき事としては，a．利用者の利益を最優先し，権利侵害の恐れや侵害された場合，利用者の側に立ってその権利を代弁し守る（権利擁護），b．秘密を厳守する（守秘義務），c．専門職に求められる倫理や態度に照らして，自身の態度や実践を点検し，よりよくなるように努める（自己覚知），ことなどが求められるが，全国の保育所などで活躍している保育士の団体である全国保育士会では，「全国保育士会倫理綱領」（第6章に掲載されているので参照のこと）を作成し，保育士の守るべき責務について示している。この倫理綱領は，保育所だけではなく，社会的養護を必要とする子どもたちとかかわるすべての者が理解しておくべき点であると言える。

【演習課題】

次の設問，それぞれについて本章での学習内容を踏まえて1,000字程度であなたの考えをまとめてみよう。

1. 「社会的養護」とはどのようなことか。
2. 子どもの権利擁護とはどのようなことか，そのためには大人はどのような役割を果たすべきか。
3. どのような場合に社会的養護という取り組みが必要となるのか。
4. 最近のニュース報道などから3．に関連した実際例を探しレポートしてみよう。
5. 社会的養護を担当する職員にはどのような姿勢が必要か。

〈参考文献〉

財団法人厚生統計協会『国民の福祉の動向』，2006年。
社会福祉法人恩賜財団母子愛育会，日本子ども家庭総合研究所『日本子ども資料年鑑2012』KTC中央出版，2012年。
東京都知的障害者施設家族連合会等連合会『施設は子らの故郷』，2010年。
仲淳『子どものこころが見えてくる本』あいり出版，2010年。
山縣文治，柏女霊峰編『社会福祉用語辞典（第8版）』ミネルヴァ書房，2010年。
厚生労働省社会保障審議会・児童部会・児童養護施設等の社会的養護に関する検討委員会「社会的養護の課題と将来像」報告書，2011（平成23）年7月。
厚生労働省雇用均等・児童家庭局「児童養護施設入所児童等調査」，2009年。
厚生労働省『平成23年版　厚生労働白書』。
内閣府『平成24年版　子ども・子育て白書』。
内閣府『平成23年版　子ども・子育て白書』。
内閣府『子ども・子育てビジョン』，2010年。
厚生労働省「平成22年度福祉行政報告例」。
厚生労働省「平成24年度全国児童福祉主管課長・児童相談所長会議資料」，2012年。
厚生労働省「保育所関連状況とりまとめ」，2011年。
「明日の安心と成長のための緊急経済対策」，2010年12月8日，閣議決定。
子ども・子育て新システム検討会「子ども・子育て新システムに関する中間とりまとめについて」，2011年7月。
全国保育士会「改訂版全国保育士会倫理綱領ガイドブック」全国社会福祉協議会，2009年9月。

（小野澤　昇）

第2章
社会的養護を進める際の基本的方向性

―― 学習のポイント ――
　想像してみてください。あなたが5歳で何らかの原因で家族から離れ生活しなければならなくなりました。あなたは，たくさんの子どもたちが生活している児童養護施設を選びますか，それとも，一般の家庭に近い里親を選びますか。戦後，日本では児童養護施設などの児童福祉施設を充実させる方向で政策が行われてきました。しかし，これからはできるだけ少人数で生活する里親などを中心とする家庭養護の方向に転換する検討がなされています。本章ではこの基本的方向性について学びます。

第1節　社会的養護のあり方と方向性

（1）社会的養護の現状

　戦後の日本の児童福祉政策は第2次世界大戦で両親を亡くした戦災孤児の対策から始まった。戦争での最大の犠牲者は児童であり，戦災孤児，引き揚げ孤児，浮浪児など1948（昭和23）年の全国孤児一斉調査では12万3511人の孤児が報告されている。

　1947（昭和22）年の児童福祉法制定により児童福祉施設に戦災孤児などを入所させる措置制度が開始された。また，1948（昭和23）年「児童福祉施設最低基準」が交付され，施設の整備，職員，処遇（支援）などに関しての具体的な指針が示された。これにより，乳児院や児童養護施設などの児童福祉施設が制度化され社会的養護の主流として，位置づけられてきた。

第２章　社会的養護を進める際の基本的方向性

表2-1　児童福祉施設種類別施設数および入所人員（昭和30年12月末現在）

名　称	児童福祉施設			入所人員		
	公立	私立	計	公立	私立	計
助産施設	71	215	286	347	473	820
乳児院	51	81	132	1,148	1,607	2,755
養護施設（現：児童養護施設）	110	418	528	7,672	25,272	32,944
精神薄弱児施設（現：知的障害児施設）	39	36	75	2,181	2,201	4,382
虚弱児施設(児童養護施設に統合)	9	12	21	301	729	1,030
肢体不自由児施設	11	5	16	723	306	1,029
盲児施設	20	9	29	1,209	341	1,550
ろうあ児施設	22	14	36	2,143	671	2,814
教護院(現：児童自立支援施設)	50	2	52	4,644	180	4,824
母子寮(現：母子生活支援施設)	498	120	618	28,322	7,576	35,898
保育所	4,232	4,089	8,321	340,936	312,791	653,727
計	5,113	5,001	10,114	389,626	352,147	741,773

出所：厚生省『厚生白書（昭和31年度版）』1956年から筆者作成。

　これに対し，当初から児童を集団で養育することについての問題点であるホスピタリズムなどが指摘され，家庭養育に勝るものはないとの方向性は打ち出されていた。

　しかし，結果として施設養護の方向性で支援が進められてきた。1955（昭和30）年児童福祉施設の入所状況については表2-1の通りであり，入所人員は741,773人になっている。

　一方，里親委託については，1955（昭和30）年12月末現在において，登録里親は16,200人，現に児童を委託されている里親は8,283人，委託児童は9,111人であった。里親委託数の推移を見ると1965（昭和40）年に登録里親数は18,230人と増えているが，委託児童は6,909人と減っている。2010（平成22）年末現在の調査では，登録里親数は7,669人，委託里親数2,971人，委託児童数3,876人となっている。

　表2-3は2011（平成23）年の児童福祉施設の現況である。母子生活支援施設

19

表2-2 登録里親数の推移

	昭和30年	40年	50年	60年	平成18年	19年	20年	21年	22年
登録里親数	16,200	18,230	10,230	8,659	7,882	7,934	7,808	7,180	7,669
委託里親数	8,283	6,090	3,225	2,627	2,453	2,582	2,727	2,837	2,971
委託児童数	9,111	6,909	3,851	3,322	3,424	3,633	3,870	3,836 (4,055)	3,876 (4,373)

注:( )内はファミリーホームを含む。
出所:統計情報部「平成22年度福祉行政報告例」。

表2-3 児童福祉施設の現状

	施設数(か所)	定員(人)	現員(人)	備考
乳児院	129	3,778	2,963	在所期間は、半数が短期で、1か月未満が26%、6か月未満を含めると48%になっている。
児童養護施設	585	34,522	29,114	虐待を受けた子ども53.4%、何らかの障害を持つ子どもが23.4%。
情緒障害児短期治療施設	37	1,664	1,178	被虐待児が75%、広汎性発達障害の子どもが26%、軽度・中度の知的な課題を有する子どもが12.8%、児童精神科を受診している子どもが40%、薬物治療を行っている子どもが35%。
児童自立支援施設	58	4,024	1,548	都道府県等に設置義務が課せられており、大多数が公立施設となっている。
母子生活支援施設	261	5,404	3,850世帯(児童6,015人)	DV被害者(入所理由が夫等の暴力)が入所者の54%、虐待を受けた児童が入所児童の41%

注:施設数:平成23年10月/家庭福祉課調べ、定員・現員:平成23年3月末/福祉行政報告例。
出所:厚生労働省「社会的養護の施設等について」から筆者作成。

が1955(昭和30)年から見ると大幅に減少している。しかし、各児童福祉施設の利用者は虐待や何らかの障害を持つ児童の増加など困難な児童が増加している。

（2）社会的養護の国際的な流れ

日本は、1994(平成6)年4月24日「児童の権利に関する条約(子どもの権利条約)」に批准した。この中で、コラムに示されたように、代替的監護の内容

第2章 社会的養護を進める際の基本的方向性

表2-4 国連総会採択決議「児童の代替的養護に関する指針」からみる社会的養護の方向性

12. 非公式の養護を含め、代替的養護を受けている児童に関する決定は、安定した家庭を児童に保障すること、及び養護者に対する安全かつ継続的な愛着心という児童の基本的なニーズを満たすことの重要性を十分に尊重すべきであり、一般的に永続性が主要な目標となる。
23. 施設養護と家庭を基本とする養護とが相互に補完しつつ児童のニーズを満たしていることを認識しつつも、大規模な施設養護が残存する現状において、かかる施設の進歩的な廃止を視野に入れた、明確な目標及び目的を持つ全体的な脱施設化方針に照らした上で、代替策は発展すべきである。かかる目的のため各国は、個別的な少人数での養護など、児童に役立つ養護の質及び条件を保障するための養護基準を策定すべきであり、かかる基準に照らして既存の施設を評価すべきである。公共施設であるか民間施設であるかを問わず、施設養護の施設の新設又は新設の許可に関する決定は、この脱施設化の目的及び方針を十分考慮すべきである。
81. 児童を代替的養護下に置く際には、児童の保護及び最善の利益に従って、家族との連絡のみならず、友人、隣人及び以前の養護者など児童に近い存在のその他の者との連絡を奨励し促すべきである。児童が家族と連絡をとれない場合には、家族の者たちの状況について情報を得られるようにするべきである。
82. 各国は、親の収監又は長期入院を理由に代替的養護下に置かれた児童が、親と連絡をとり続ける機会を持ち、その点について必要なカウンセリング及び支援を受けられるよう、特に注意を払って保障すべきである。
87. 乳児及び幼児（特別なニーズを持つ者を含む）の個別の安全面、健康面、栄養面、発達面及びその他のニーズはあらゆる養護環境において満たされるべきであり、特定の養護者への愛着心を継続して持ち続けられることはその中に含まれる。
95. 国、機関及び施設、学校並びにその他の地域サービスは、代替的養護下に置かれている児童がその養護期間中も期間後も不当な扱いを受けることがないよう適切な措置を講じるべきである。これには、児童たちが代替的養護環境にあることを、可能な限り識別できないようにする努力が含まれるべきである。

出所：厚生労働省雇用均等・児童家庭局家庭福祉課「国連総会採択決議児童の代替的養護に関する指針仮訳」2011（平成23）年4月8日「社会保障審議会児童部会社会的養護専門委員会　資料8」から引用。

として里親委託、イスラム法のカファーラ、養子縁組または必要な場合には児童の監護のための適当な施設への収容を含むことができるとしている。

---コラム---

児童の権利に関する条約（子どもの権利条約）

　第20条1「一時的若しくは恒久的にその家庭環境を奪われた児童又は児童自身の最善の利益にかんがみその家庭環境にとどまることが認められない児童は、国が与える特別の保護及び援助を受ける権利を有する」としている。また、その2で「締約国は、自国の国内法に従い、1の児童のための代替的な監護を確保する」とし、その代替的監護の内容として、その3において「2の監護には、特に、里親委託、イスラム法の

> カファーラ，養子縁組又は必要な場合には児童の監護のための適当な施設への収容を含むことができる。解決策の検討に当たっては，児童の養育において継続性が望ましいこと並びに児童の種族的，宗教的，文化的及び言語的な背景について，十分な考慮を払うものとする」としている。
>
> 注：1989（平成元）年の秋に行われた第44回国連総会において全会一致で採択され1990（平成2）年に発効した。日本は1994（平成6）年4月24日に批准し，条約として効力を持たせる発行を同年5月22日に行っている。

2009（平成21）年12月18日，第65回国連全体会議の場で「児童の代替的養護に関する指針」が国連総会採択決議された。社会的養護の国際的流れは，大型の児童福祉施設は廃止の方向で検討し，永続的な安定した家庭を児童に提供する方向で検討することとなっている。

表2-5は各国の要保護児童に占める里親委託児童の割合である。オーストラリア，アメリカなど里親委託率が高くなっている。

表2-5　各国の要保護児童に占める里親委託児童の割合（2000年前後の状況）

国	割　合	国	割　合
オーストラリア	91.5%	イ ギ リ ス	60%
ア メ リ カ	76.7%	カナダ(B.C.州)	58.5%
イ タ リ ア	62.1%	フ ラ ン ス	53%
シンガポール	62%	デ ン マ ー ク	42.4%

出所：厚生労働省主任研究者湯沢雍彦「里親委託と里親支援に関する国際比較研究」
厚生労働省『厚生労働科学研究（平成13，14年）』から筆者作成。

（3）社会的養護の方向性

2011（平成23）年7月に出された，厚生労働省「社会的養護の課題と将来像——児童養護施設等の社会的養護の課題に関する検討委員会・社会保障審議会児童部会社会的養護専門委員会とりまとめ」によると，社会的養護とは「保護者のない児童や，保護者に監護させることが適当でない児童を，公的責任で社会的に養育し，保護するとともに，養育に大きな困難を抱える家庭への支援を行うこと」としている。同様に，社会的養護の基本的方向として，次の4つを挙げている。

①家庭的養護の推進
- 家庭養護（里親，ファミリーホーム）を優先。
- 施設養護でも，できる限り家庭的な環境で養育（小規模グループケア，グループホーム）を推進。

②専門的ケアの充実
- 虐待を受けて心に傷を負った子ども等への専門的な知識や技術によるケア。

③自立支援の充実
- 自己肯定感を育み自分らしく生きる力，他者を尊重し共生する力，生活スキルの獲得。

④家族支援，地域支援の充実
- 虐待防止の親支援，親子関係の再構築，施設による里親等の支援，地域における子育て支援。

　社会的養護の支援については，よりきめ細かな支援が必要となっている。国際的には，里親などの支援が中心であり，日本もその方向に向かっている。しかし，個人では抱えきれない子どもの状況が現実にある。里親委託の場合，里親と子どもとの相性が判断され，委託の方向に進む。しかし，相性が合わない子どもたちは，そのたびに見捨てられたという思いが強くなる。児童福祉施設は原則として，施設の目的に合った子どもに対しては，どのような子どもでも受け入れ支援していくことが求められている。

　また，児童福祉施設は子どもに合わせて支援をつくっていく機能を持っている。児童自立支援計画や，心理担当職員，個別指導職員，家庭支援専門相談員，里親支援専門相談員，心理療法担当職員，個別対応職員，職業指導員などの複数の職員が協働して対応することができる。

　児童福祉施設や里親，ファミリーホームなど多くの社会資源が連携し，児童相談所を中心として社会的養護の体制を強化していくことが必要であり，求められている。

第2節　社会的養護の実施体系

(1) 施設養護の現状（問題点）と今後の方向性

　2009（平成21）年4月に施行された児童福祉法改正により、施設職員等による被措置児童等虐待について、都道府県市等が児童本人からの届出や周囲の者からの通告を受けて、調査等の対応を行い、その状況を都道府県市等が公表する制度の等が法定化された。「被措置児童等虐待」とは、施設職員等が、「入所等している児童について、ア．身体に外傷が生じ、または生じるおそれのある暴行を加えること、イ．わいせつな行為をすることまたはわいせつな行為をさせること、ウ．心身の正常な発達を妨げるようないちじるしい減食または長時間の放置等を行うこと、エ．いちじるしい心理的外傷を与えること」と定義されている。

　2009（平成21）年度、2010（平成22）年度における全国の被措置児童等虐待の届出・通告受理件数総数は表2-6の通りである。2009（平成21）年度の届出・通告受理件数は214件で、その内事実確認の結果、都道府県市において虐待の事実が認められた件数は59件であった。また、2010（平成22）年度の届出・通告受理件数は176件で、そのうち事実確認の結果、都道府県市において虐待の事実が認められた件数は39件であった。

　2010（平成22）年度の届出・通告者の内訳は、「児童本人」が46人（24.8%）、「当該施設・事業所等職員、受託里親」が48人（25.9%）、「児童本人以外の被措置児童等」が26人（14.0%）、「家族・親戚」が25人（13.4%）となっている。

　これからの保育を学ぶ学生は、虐待についてしっかりとした認識を持って臨む必要がある。社会的養護を必要とする子どもたちへの支援については、この支援を行って子どもはどう感じるだろうかということを常に意識して支援をすることが求められている。サービスをただ提供するのではなく、子どもが今何を考え行動しているのかを把握しながら支援をしていくことが大切となる。

第2章 社会的養護を進める際の基本的方向性

表2-6 2009(平成21)年度,2010(平成22)年度全国の被措置児童等虐待の届出・通告受理件数

		社会的養護関係施設				里親・ファミリーホーム	知的障害児施設	児童相談所一時保護所	合計
		乳児院	児童養護施設	情緒障害児短期治療施設	児童自立支援施設				
2009(平成21)年度	件	2	29	2	9	9	4	4	59
	%	3.4	49.2	3.4	15.3	15.3	6.8	6.8	100
2010(平成22)年度	件	0	27	0	1	8	1	2	39
	%	0	69.2	0.0	2.6	20.5	2.6	5.1	100

出所:厚生労働省『平成21年度における被措置児童等虐待届出等制度の実施状況』「(別紙)虐待として報告のあった事案」平成23年1月5頁,平成22年度における被措置児童等虐待届出等制度の実施状況』「(別紙)虐待として報告のあった事案」平成24年1月5頁から児童養護施設事案一部から筆者作成。

─ 事 例 ─

あなたならどうしますか

　中学3年生の女子児童直子さん(仮名)が,母親の許から高校に通うことが決まった。母親も了承し何度も家庭と調整を行っていた。そんな時,直子さんが繁華街で良くない友だちといることを担当職員(男性)が耳にした。直子さんは帰りが遅くなり,勉強をしている様子も見られなくなった。
　担当職員は直子さんが帰ってくると,すぐに話を聞いたが,ちぐはぐな回答をし,ごまかしている様子がうかがえた。その後も,直子さんは夜遅くなる生活が続いた。
　たまりかねた担当職員は直子さんが出かけるのを玄関先で止めようとして,直子さんの腕を取り「せっかく,お母さんのところから高校に通うことが決まったのに」と言って止めようとした。すると直子さんから「お前なんかに何がわかる,これ以上したら虐待で訴えるよ」と言われた。
　出所:児童養護施設職員からのインタビューを参考にして筆者作成。

　事例は進路を前に行動の変化が見られたケースである。「おかしな行動」に関して,「あぶない」という気づきを持った担当職員が,行かせるのを止めようとして腕を取った。その時に,「虐待で訴えるよ」との予想をしなかった言葉が子どもから投げかけられた。あなたならどうしますか。手を離しますか,それとも手を離しませんか。
　これは,普段,子どもとどう向き合っているか,職員としての姿勢や生き方

表2-7　児童養護施設における虐待事案

（身体的虐待）
- 施設で2名の児童間で喧嘩となり、暴力を振るって興奮している児童に対して、仲裁に入った職員が頬を叩いた。打撲有り。
- 児童に対し指導を行っていたところ、職員に対して殴る蹴る等の暴力が始まったため、職員が平手で児童を叩いた。
- 興奮して暴れる児童を指導しようとした際、職員数名で抑えるが、暴力が収まらないため、本児が落ち着くまで手足をガムテープやビニールヒモで拘束した。

（性的虐待）
- 男性職員が女児の了解を得ないで、女児が着替えている部屋のドアを開けた（閉めてと求めても、すぐに閉めなかった）。
- 17歳男児の求めに応じ、女性職員が金銭を渡してしまった。また、当該児童の求めに応じ、みだらな行為を行った。
- 17歳女児のアルバイト先に職員が車で個人的に迎えに来て、施設近くまで送った際、男性職員が「触っていいか」と不適切な言葉をかけた。また、本児は当該職員から携帯電話の提供を受けていた。

（ネグレクト）
- 数年にわたり居室や風呂場等において、入所している児童間での性加害・性被害が行われたが、職員が適切に対応せず、加害児童の問題として捉え、施設職員の対応の問題と捉えていなかった。

（心理的虐待）
- 就寝前にうろうろしている児童を居室に戻す際、職員が腕を引っ張ったため、耳のうしろに擦過傷ができた。その後、興奮した児童が暴れたため、やめさせようとした際「親だったら、半殺しになる」と発言した。

出所：厚生労働省『平成22年度における被措置児童等虐待届出等制度の実施状況』「（別紙）虐待として報告のあった事案」2012（平成24）年1月から児童養護施設事案から抜粋し筆者作成。

が問われる瞬間でもある。子どもは手を離した瞬間に見捨てられ感を増し、予想できない展開に引きずり込まれてしまう恐れがある。また、試し行動とわかっていても子どもからの「虐待」という言葉に動揺しない職員は少ない。

　冷静になぜ手を離さないかを説明し、もう一度ゆっくり話し合うことを伝え、心の支援を行っていく必要がある。

　表2-7は2010（平成22）年度の児童養護施設における虐待事案の一部である。普段からの子どもとの信頼関係がいかに大切かということが分かる。また、利用者が興奮した時に冷静に対応することの大切さが理解できる。利用者が興奮した時の対応の仕方としてタイムアウトやセラピューテックホールド[3]などの子ども支援に対する技法を修得しておくことも大切である。

　さらに、職員の問題として、このようなケースを担当者がひとりで抱え込ん

第2章 社会的養護を進める際の基本的方向性

表2-8 児童養護施設児の高等学校等卒業後の進路

	進　学				就　職		その他	
	大　学　等		専修学校等					
児童養護施設児　1,600人	191人	11.9%	177人	11.1%	1,112人	69.5%	120人	7.5%
内在籍児　153人	18人	11.8%	18人	11.8%	89人	58.1%	28人	18.3%
内退所児　1,447人	173人	12.0%	159人	11.0%	1,023人	70.7%	92人	6.3%
(参考) 全高卒者　1,069千人	581千人	54.4%	246千人	23.0%	167千人	15.6%	75千人	7.0%

注：平成22年度末に高等学校等を卒業した児童のうち，平成23年5月1日現在の進路。
出所：厚生労働省「社会的養護の現状について（参考資料）」2012年，10頁から引用（家庭福祉課調べ「社会的養護の現況に関する調査」・全高卒者は「平成22年度学校基本調査」）。

でしまうとバーンアウト（燃え尽き症候群）に陥ってしまうことがある。子どもに関する情報は担当職員に集中する。担当者は「この子のことを一番わかっているのは自分であり，自分がどうにかしなければ」という気持ちが強くなってしまう。そのためには職員間のスーパービジョン体制の確立が大切となる。

　スーパービジョンとはソーシャルワーカーの養成と支援の向上を目的として個別協議の場を通して行われ，スーパーバイザー（受け手）とスーパーバイジー（発信者）との関係において行われるものである。スーパービジョンとはスーパーバイザーがスーパーバイジーの発信する言葉などを理解し，スーパーバイジーがケースのどのような問題に向き合っているか，どのようなことに悩んでいるかを見つけ，支持していく機能である。スーパービジョンを行うには，両者の信頼関係が大切であり，スーパーバイザーとしての訓練を受けることも重要である。

　また，児童養護施設の現状（問題点）として，子どもたちが社会に出る時の自立支援の問題がある。児童養護施設の子どもたちは社会に出る時に，施設を出てひとりで生活していかなければならない子どもがたくさんいる。施設の中では特に問題がない子どもでも，社会という大きな壁に立ち向かう時に，それを乗り越えるだけの力を育てていく必要がある。

　表2-8は児童養護施設児の高校卒業後の進路状況である。児童養護施設の

子どもたちは親の支援が期待できない状況の子どもも多く，全国の高校卒業生の進学率が77.4%に対して，23%の状況である。進学等でかかる入学金や学費などを考えると就職の方向に進む児童が多くなる。このため，児童福祉法第31条２で「都道府県は，第27条第１項第３号の規定により小規模住居型児童養育事業を行う者若しくは里親に委託され，又は児童養護施設，障害児入所施設（第42条第１号に規定する福祉型障害児入所施設に限る），情緒障害児短期治療施設若しくは児童自立支援施設に入所した児童については満20歳に達するまで，引き続き同項第３号の規定による委託を継続し，又はその者をこれらの児童福祉施設に在所させる措置を採ることができる」としている。

　さらに，2011（平成23）年12月28日付，厚生労働省雇用均等・児童家庭局長「児童養護施設等及び里親等の措置延長等について」では，児童福祉法第31条により，満18歳を超えて満20歳に達するまでの間，引き続き措置を行うことができることから，当該規定を積極的に活用すること。具体的には，①大学等や専門学校等に進学したが生活が不安定で継続的な養育を必要とする児童等，②就職または福祉的就労をしたが生活が不安定で継続的な養育を必要とする児童等，③障害や疾病等の理由により進学や就職が決まらない児童等であって継続的な養育を必要とするものとしている。

　しかし，2011（平成23）年５月１日現在，児童養護施設児の高校卒業後の進路状況を見ても，多くは利用されていない。

　事例は新聞奨学金制度で大学進学した児童養護施設出身の子どもが，最初に受けた試練である。今まで集団生活をしていた子どもが，進学を境にひとりで生活をしていくことになる。相談する相手もなく，孤独な生活の中でひとり暮らしが始まる。

　多くの児童養護施設では，自立支援の訓練を行い社会に出していくところが多くなっているが，その先の生活について，支援していくことがむずかしくなっている。この事例の場合は児童養護施設の職員には迷惑をかけてはいけないと思い，高校時代の友だちのところに行き，その友だちの紹介で工場に勤め出したとのこと。

第2章 社会的養護を進める際の基本的方向性

―事 例――

心をどう育てますか

　剛司さん（仮名）は現在28歳であり，地元の工場に勤務している。

　剛司さんは小学校5年生の時，児童養護施設にネグレクトで入所となる。家庭ではほとんど学校に通っていない状況であった。しかし，中学校に通うようになると成績が良くなり，また，サッカーでは県の大会に上位入賞するようになる。高校では，情報処理がある工業高校に進み，常にトップクラスの成績であった。施設の職員も剛司さんに対する期待は大きく，新聞奨学金による大学進学を勧めた。剛司さんもみんなの期待がわかり，H大学を受験し見事合格する。アパートを決め，新聞店にあいさつをして児童養護施設の担当に「これからは自分の道を切り開きなさい」と言われ「頑張ります」と答えていた。

　10日後，新聞店から剛司さんが出勤していないとの連絡が児童養護施設に入る。新聞店の職員がアパートをみたら布団カバーから出されていない布団がそのままあるだけとのこと。その後，児童養護施設の職員が友だち関係を探したが行方はわからない状況であった。

　6年後，剛司さんが子どもを連れて児童養護施設に来る。その時の状況を聞くと，ひとりになり大学に行こうとしたが，どうしても大学の門が入れなかった。自分とは別な世界のような気がしたと話していた。

　出所：児童養護施設職員からのインタビューを参考にして筆者作成。

　また，里親や児童養護施設などの退所後の生活の場としては，自立援助ホーム（児童自立生活援助事業）などの支援がある。自立援助ホームは第2種社会福祉事業であり，義務教育を終了した20歳未満の児童であって，児童養護施設等を退所したものまたはその他の都道府県知事が必要と認めたものに対し，これらの者が共同生活を営む住居（自立援助ホーム）において，相談その他の日常生活上の援助，生活指導，就業の支援等を行うものである（児童福祉法第6条の3，第33条の6）。

　この自立援助ホームは，2011（平成23）年厚生労働省家庭福祉課調べでは，82か所，定員504人，現員310人となっている。自立援助ホームを活用し，子どもたちの夢が実現できるような支援体制を確立していく必要がある。

（2）家庭的養護の現状と今後の方向性

　2011（平成23）年7月児童養護施設等の社会的養護の課題に関する検討委員会・社会保障審議会児童部会社会的養護専門委員会がとりまとめた「社会的養護の課題と将来像」では「社会的養護においては，原則として，家庭的養護（里親，ファミリーホーム）を優先すると共に，施設養護（児童養護施設，乳児院等）も，できる限り家庭的な養育環境（小規模グループケア，グループホーム）の形態に変えていく必要がある」としている。

　家庭養護である里親と小規模住居型児童養育事業（ファミリーホーム）が今後の社会的養護の主流として位置づけられている。

　里親については，2008（平成20）年の児童福祉法改正では，養育里親を養子縁組里親と区別し，養育里親，専門里親，養子縁組里親，親族里親の4類型とされた。また，里親の認定については省令ではなく，児童福祉法・施行令・施行規則に規定された。さらに，里親研修が義務され，欠格事由の法定化等がなされ，里親手当が倍額になった。

　さらに，2011（平成23）年3月30日付，厚生労働省雇用均等・児童家庭局長から里親委託優先の原則が示された「里親委託ガイドライン」が通知された。また，2012（平成24）年3月29日厚生労働省雇用均等・児童家庭局長通知「里親及びファミリーホーム養育指針」が出され，里親，ファミリーホームを「家庭養護」と位置づけ，養育に関する基本的事項を明示すると共に，自立支援計画や養育記録，権利擁護などについての指針が示された。

　この「里親委託ガイドラインについて」では，里親委託優先の原則や「新生児については，障害の有無が明らかになる年齢を待ってから，里親委託を検討する考え方もあるが，心身の発達にとって大切な新生児の時期から里親委託を検討することが重要である」としている。また，同年9月から扶養義務者でないおじおよびおばについては，親族里親ではなく，養育里親として法令の規定を適用することとなった。

　一方，小規模住居型児童養育事業（以下，ファミリーホームと言う）については，2009（平成21）年度に創設された新たな里親型のグループホームである。

養育者の住居において、児童5～6人を養育するものであり、児童福祉法では「この法律で、小規模住居型児童養育事業とは、第27条第1項第3号の措置に係る児童について、厚生労働省令で定めるところにより、保護者のない児童又は保護者に監護させることが不適当であると認められる児童（以下、「要保護児童」と言う）の養育に関し相当の経験を有する者その他の厚生労働省令で定める者（次条第一項に規定する里親を除く）の住居において養育を行う事業をいう（児童福祉法第6条第3項第8項）」としている。

　家庭養護の推進については、2006（平成18）年4月児童相談所に「里親委託推進員」、「里親委託推進委員会」を設置することを定めた「里親委託推進事業実施について」が出された。

　また、里親、ファミリーホームなどの家庭養護の支援として、2012（平成24）年4月5日付、厚生労働省雇用均等・児童家庭局長通知「家庭支援専門相談員、里親支援専門相談員、心理療法担当職員、個別対応職員、職業指導員及び医療的ケアを担当する職員の配置について」が出された。これにより、2012（平成24）年4月1日から新たに児童養護施設および乳児院に里親支援専門相談員（里親支援ソーシャルワーカー）が配置された。里親支援専門相談員の業務内容としては次の9項目が挙げられる。

①里親の新規開拓
②里親候補者の週末里親等の調整
③里親への研修
④里親委託の推進
⑤里親家庭への訪問および電話相談
⑥レスパイトケアの調整
⑦里親サロンの運営
⑧里親会の活動への参加勧奨および活動支援
⑨アフターケアとしての相談これらを推進する

　これらを行うことにより、2014（平成26）年度までの目標値を里親委託16％に、小規模住居型児童養育事業（ファミリーホーム）を140か所設置しようとし

ている。

　事例は児童養護施設で里親との調整を行ったものである。里親も児童養護施設も同様に子どもを児童相談所から委託される。しかし，虐待ケースや発達障害などのケースが増えている中，里親という一般家庭で養育していくには里親の力量と子どもの状況の適切な把握が大切である。児童養護施設の場合は組織であり，困難ケースに対応する場合は複数で当たることができる。しかし，それでも，職員のバーンアウトが問題となっている。

　里親と相性が合わず途中で投げ出された場合，子どもは捨てられ感を増してしまう。

事 例

「里親と相性」なぜ必要なの

　良子さん（仮名）と健太君（仮名）は　姉弟（してい）で現在，姉の良子さんは小学校2年生であり，弟健太は小学校1年生である。2年ほど前に母親が離婚し児童養護施設に入所となった。入所後，児童相談所と共に，里親委託の方向を考え，吉田（仮名）夫妻と連絡を取っていた。吉田夫妻には子どもがなく，場合によっては養子縁組を考えても良いとのことを言っていた。母親も里親に関しては同意しており児童相談所の担当ケースワーカーも週末や盆暮の家庭帰省を吉田夫妻にお願いし，相性を見ていこうと考えていた。

　子どもたちと吉田夫妻との相性は良く，特に，姉の良子さんを吉田夫妻はかわいがっていた。里親委託の方向が決まり，良子さんと健太君に児童相談所が心理判定などの諸検査を行った。その結果，弟・健太君に学習障害があると判明した。良子さんと健太君は運動機能が優れており，健太君に学習障害があるとは思わなかったため児童養護施設担当職員も困惑した。また，学習障害という言葉に吉田夫妻は動揺し，姉の良子さんだけの里親になりたいとの希望を出してきた。

　児童相談所の担当ケースワーカー，施設担当職員ともに良子さんと健太君の姉弟愛が強いことを理解しており，引き離すことはできないと考え，里親委託を断念した。このことを良子さんと健太君に伝えると，姉の良子さんは「何でもう吉田夫妻と会ってはいけないの」と何度も繰り返し，涙を流していた。

　出所：児童養護施設職員からのインタビューを参考にして筆者作成。

　里親の中には，専門里親やベテランの里親もおり，困難児童に対して適切に養育されている方がたくさんいる。里親もいろいろな経験をされ，子どもと共

第2章 社会的養護を進める際の基本的方向性

に育っている存在であることを忘れてはいけない。里親会などを通しての里親同士の交流や，児童養護施設との交流を通して，子どもの養育に関しての専門家としての知識や技術の修得が大切である。

厚生労働省「平成22年度における被措置児童等虐待届出等制度の実施状況」「(別紙) 虐待として報告のあった事案」では，「里親・ファミリーホーム」虐待事案として8件 (20.5%) 挙がっている。身体虐待の中で，非行行為が見られ始めた時にどう対処していくのかがひとつのポイントとなる。このような場面を里親が抱え込んでしまうと，里親自身の感情が抑えられなくなってしまうこともある。家庭的養護は日常の支援であり，24時間子どもたちを支えていかなければならない。感情が入りすぎて支援に支障をきたすことも出てくる。児童相談所，児童養護施設，児童家庭支援センター，里親会などが中心となり地域の中で里親やファミリーホームを支えるシステムをつくっていくことが大切である。

―― コラム ――

(身体的虐待)
- 親族里親である伯父が，宿題をやらず，言うことをきかない児童に対し，顔，背中を拳で数回殴った。目の下にあざ有り。[里親]
- 児童が25歳の男性と交際していることや帰宅が遅いことなどに対し，里父が自宅にて平手や拳で叩き，髪の毛を引っ張る，あごをつかむなどし，怒鳴りながらしかった。首の後ろに殴られた痕等有り。[里親]
- 里親に委託されている児童が行き先も告げずに遊びに行くことが何度もあったため，本児を発見した里父が本児を殴り，児童は口の中を切り，多少出血した。また他の委託児童に対して，言葉で言ってもわからない時は，お尻を叩くこと等があった。[里親]

(性的虐待)
- 施設からのホームステイ事業として里親宅に滞在していた女児恵子 (仮名) より，里父から胸を触られた等の訴えがあった。また，当該里親への委託女児ひとみ (仮名) も，里父から身体を触られた等の証言があった。委託女児朋子 (仮名) は叩かれて，臀部に青あざ有り。委託女児友香 (仮名) は，里父から里母へのDVを目撃したと証言。[里親]
- 18歳女児に対し，養育にかかわっていない同居の実子 (男性) が性的な行為を行った。[ファミリーホーム]

(ネグレクト)
- 里親委託児童恵子の体に複数のあざが有り。過去に受け入れていた児童ひとみ，朋子についても，同居者からの暴力を見過していた。[里親]
- 里親委託されている9歳女児に対し，同じ里親に委託されている12歳男児が，身体を触ったり叩くなどの暴力を行っていた。また，両児童共に，里親宅では入浴や衣服の着替えについて，十分な面倒が見られていなかった。[里親]

(心理的虐待)
- 指しゃぶりが治らない児童に対し，養育補助者が指の壊死画像を見せ，「指を切ることができる」と言いながら，はさみを見せた。また，別の児童もその場面を目撃した。[ファミリーホーム]

出所：厚生労働省「平成22年度における被措置児童等虐待届出等制度の実施状況」「(別紙)虐待として報告のあった事案」平成24年1月から児童養護施設事案から抜粋し筆者作成。

【演習課題】

1. 社会的養護について，里親委託のメリットとデメリットについて挙げてみよう。
2. 事例「心をどう育てますか」の事態になった時に，あなたならどのような対応をしますか。具体的な対応を考えてみよう。
3. 虐待事案からなぜ虐待が起こるのかを考えてみよう。

〈注〉
(1) 戦災孤児の対策：1945(昭和25)年9月20日に戦災孤児等保護対策要綱が厚生省から出され，同年12月15日生活困窮者緊急生活援護要綱が閣議決定された。また，翌年4月15日に浮浪児その他の児童保護等の応急措置実施に関する件が出され，同年9月19日に主要地方浮浪児等保護要綱が発表された。これらの政策は緊急に一時保護所や児童鑑別所，児童収容施設を設けて行ったため「浮浪児一斉狩り込み」と言われた。
(2) 批准：条約に対する，当事者国の最終的な確認や同意の手続き。日本においては国会の承認を得て内閣が行う。
(3) タイムアウト・セラピューテックホールド：アメリカで開発された技法で，興奮やパニックに陥っている児童に対して，被保護感を回復させてあげるための技法。

〈参考文献〉
厚生労働省「平成22年度における被措置児童等虐待届出等制度の実施状況」「(別紙)虐待とし

て報告のあった事案」2012年。
・厚生労働省ホームページ「子ども子育て支援　社会的支援」http://search.jword.jp，2012年6月確認。

(大塚良一)

第3章
施設養護の現状と課題

学習のポイント

　わが国において社会的養護の中心を担ってきた施設養護は，その時代の社会と子どもたちが求める形へと変化してきた。本章では，施設養護の理解を深めるために，まず，施設養護とは何か，その意味についての理解を行い，次に施設養護の本質的理解のために「児童に関する権利条約」に照らし合わせて施設養護の原理・原則について学ぶこととする。さらに，現代の日本において多様化する施設養護の実施形態を体系的に理解する。

第1節　施設養護とは何か

（1）施設養護とは

　"施設"とは，「ある目的のために，建物などの設備をすること」，「特に，児童養護施設・老人保健施設など，福祉関係の建物や組織」[1]である。つまり，現代社会において施設とは，ある目的を達成するためにつくられた建物・設備のことで，すでに福祉関係の建物や設備としての認識が持たれていることがわかる。

　このことから，「養護」という言葉をつけ加えた"施設養護"という場合は，「養護という目的を達成するためにつくられた建物（="施設"）である」，「社会福祉施設で行われる養護実践」であることが理解できる。社会的養護の中心を担っている，施設はその対象となる児童によって，組織や職員などの形態や支援体制が違ってくる。対象となる児童と施設の内容について理解を深め，施設

実習などの実践に対して施設養護の基礎的な知識を学ぶことが大切となる。

(2) 施設養護の役割

　近年の児童福祉施設は，ノーマライゼーションの理念の浸透やホスピタリズム論争などの影響を受けて大規模施設が解体され，施設が小規模化へ移行するといった状況にある。また，養護学校（現特別支援学校）の完全義務化などの影響から**障害児入所施設**は減少傾向にあり，**児童発達支援センター**に象徴されるように相談援助や療育・訓練を身近なところで専門的に受けることのできる通所型の施設の充実が求められている。

　さらに，児童福祉施設では，入所児童の生活をできるだけ家庭に近い養育環境に近づけられるよう小規模児童養護施設や里親などへの移行を試みる動きもある。今後の児童養護施設は，現在よりもさらにセーフティネットの役割の充実や専門的なケアを必要とする児童を対象にした施設へと変化する可能性があるとされている。

重要語解説

障害児入所施設と児童発達支援センター

　2012（平成24）年の児童福祉法改正により，知的障害児施設，盲ろうあ児施設，肢体不自由児施設，重症心身障害児施設等の入所施設は，「障害児入所施設」に，知的障害児通園施設，肢体不自由児通園施設等の通園施設は「児童発達支援センター」にそれぞれ名称が統一され，障害種別を越えて一元化された。

---

(3) 施設養護の機能

　社会福祉施設は，さまざまな目的を持ってつくられている。施設の目的はそれぞれの法律により規定されているが相談，支援，利用，入所などの機能に関してはわかりにくいものがある。ここでは，児童福祉施設についてその機能から施設を分類してみる（表3-1）。

　社会福祉施設は，利用者に合わせて複数の機能を複合的に持ち合わせて支援を行っている。よって，この表の例示（項目「その機能を持っている施設」）にあ

表 3-1 施設養護の機能的分類

機　　能	内　　容	その機能を持っている施設
家庭養育代替機能	家庭で養育困難な子どもを保護者に代わって代替的に入所型施設やグループホームなどで施設養護する。	乳児院・児童養護施設など
家庭養育補完・増進機能	施設の拠点や専門職員を活用して、就労している保護者に代わって日中の一部分をケアしたり、保護者に対して養育増進に向けたプログラムを展開する。	保育所・地域子育て支援センター・児童館など
地域支援機能	家庭で直面している養育問題に対して相談援助や入所利用によって支援したり、子供の問題を超えて、地域福祉の拠点としての事業を展開する。	児童家庭支援センター・母子生活支援施設など
療　育　機　能	子どもの自身の社会的、心理的、身体的な課題に対して治療・養育等を目的に支援する。	障害児入所施設・児童自立支援施設など

出所：山縣文治・林浩康編『よくわかる社会的養護』ミネルヴァ書房、2012年、14頁ををもとに筆者が作成。

る児童福祉施設は、あくまでも、その施設が持っている特徴的な機能または顕著な機能として持っている施設種別を挙げている。たとえば児童養護施設は、何らかの保護者の事情で養育できない児童を入所させるといった「家庭代替的機能」を持つ施設として捉えることができるが、他方で、その児童が家庭で生活できるよう相談機関と連携をとりながら保護者や地域を含めた支援も行っている。つまり、児童養護施設は、「家庭的養育代替機能」の他に「家庭養育補完・増進機能」や「地域支援機能」をも持っている施設であることが理解できる。

第2節　施設養護の原理・原則

(1) 施設養護の基本原理

施設養護の本質的な原理は、「人権擁護と権利保障」にある。しかし、近年、施設養護の原理・原則には、変化が見られてきた。この変化の背景には、1994（平成6）年「児童の権利に関する条約」の批准を受けて、人権擁護と権利保障

第3章 施設養護の現状と課題

表3-2 施設養護の原理

1	「個別化」の原理
2	「集団の活用」の原理
3	「親子関係の尊重」の原理

出所：雇児発第0227005号，2009年2月27日 厚生労働省雇用均等・児童家庭局長通知「指定保育士養成施設の指定及び運営基準について」別紙3．

に関連する法制度の改正等による福祉的環境の変化が影響している。また，その時代に求められる児童福祉施設像と運営システムによっても変化があるであろう。そこで，本節では現行の保育士養成カリキュラム[2]で使用している用語に則り施設養護の原理を表3-2の3項目と表現することとした。

以下，各原理に対応する**施設保育士**役割について説明することとする。

―重要語解説――

施設保育士

　児童福祉法上で施設保育士を規定するものはないが，一般的に保育所保育士の対義語として保育所を除く社会福祉施設現場で働く保育士を指して施設保育士と言っている。

1）「個別化」の原理

　「個別化」の原理とは，「個の尊重の実践」である。すなわち，「個の尊重の実践」とは，児童には，異なる人格・発達段階があり，さまざまなニーズを持った存在であることをふまえ，児童一人ひとりの生まれ育ってきた背景を考慮した理解と，それに根拠をおいた個別的なかかわりのことである。

　たとえば，児童養護施設に入所してくる子どもたちは，家庭の不適切な養育や劣悪な環境によって親からの愛情を十分に受け取ることができず，親やおとなに対して不信感を持っている子どもも少なくない。つまり，このような子どもたちは，愛着関係の形成が不完全な状態で再形成を必要とするニーズを持っていると言える。愛着関係を再形成していくためには，「受け入れる（受容する）こと」，「待つこと」，「見守ること」，を施設保育士は，かかわりの中で取

39

り入れていかなければならない。子どもは施設入所をすることにより，環境が大きく変化する。しかし，直ぐに今までの生活や習慣を変えることはできない。従来の生活の中で行っていた不適切な行為を施設の中で表現してしまうことがある。そのような時には，認め，根気強く，辛抱強く待ち，見守り続ける寛容さと忍耐力が施設保育士には求められる。そして，その実践場面においては，施設保育士と子どもとの間には親密で継続的な人間関係の配慮が必要であり，個別的な人間関係の形成を工夫しなければならない。

2）「集団の活用」の原理

「集団の力の活用」とは，相談援助技術で言うグループワークの原理を活用して集団・個人の成長を図る実践展開のことである。

施設は，近年，入所施設においてグループホームをはじめ小規模化が進んできている。しかし，小規模化が進んだ施設であっても職員体制上，集団場面が少なからず存在している。このような状況をふまえ，個別的な実践を尊重しつつも，集団場面を活用して，その力動性を生かして子どもたち自身が自分の価値や自尊心を獲得していくこと援助していこうとするものが「集団の活用」である。

事 例

不適切な行為に対する支援

　直樹君（仮名）は小学校4年で児童養護施設に入所してきた。入所当初は職員や中学生，高校生の顔色を見ながら生活をしていた。担当の保育士も直樹君に対し，少し落ち着きがない児童であるとの認識を持っていた。施設に入所して半年が経った時に，直樹君の万引きが発覚した。保育士が直樹君の布団を干そうとした時，押入れの中に近くのスーパーの袋に入ったたくさんのお菓子を見つけた。保育士は直樹君と共にスーパーに謝罪に行った。しかし，万引きは止まらなかった。担当の保育士は何度となく直樹君と一緒に謝罪に行った。

　ある時，小学校6年生の敏夫君が通学途中に直樹君が万引きをしたお菓子を同級生にあげているのを見て「そんなことしていたら，ここに居られなくなる」と直樹君に強く注意した。直樹君は初めて真剣に友達が怒るのを見て，保育士に相談してきた。保育士は敏夫君の気持ちを話し，直樹君の表情を見ていた。

　出所：児童養護施設職員からの聞き取りから。

表3-3 入所型生活施設における集団の特徴

- 子どもの希望にもとづく集団ではない
- 幅広い異年齢の子どもで構成される集団である
- 明確な目標を持っていない集団である
- メンバーが頻繁に入れ替わる集団である

出所：伊達悦子・辰巳隆編集『保育士をめざす人の養護的養護』みらい，2012年，55頁を筆者が一部改変。

　ところで，入所施設における集団には，表3-3のような集団の特徴がある。すなわち，集団としては，非常に不安定な特徴を持っていることが理解できる。さらに，児童養護施設の子どもたちは，社会性の発達に乏しく，場合によっては集団に馴染めず逆にストレスを抱えたり，力関係（上下関係）だけで関係を築くあまり，その関係が崩壊すると集団全体が無秩序になってしまう恐れがある。もちろん集団場面を活用して社会性を育むことも重要であるが，子どもの状況によっては，まずは個別的対応にもとづく「その子どもにとって落ち着いて安心できる居場所づくり」が優先される。

　これらのことから施設保育士は，集団の特徴と子ども個人の状況をふまえて，豊かな人間性と子どもの背景を理解した上での温かい支援が求められる。

3）「親子関係の尊重」の原理

　「親子関係の尊重」とは，いかなる理由で施設養護を受けるに至った子どもであっても，子どもにとって家庭は，かけがえのない場であることを前提として，その子どもの親子関係の再構築を基本とした養護実践を行わなければならないことを指す。

┌─ 事　例 ──────────────────────────

子どものことを一緒に考える

　博君（仮名）は小学校2年生で，児童養護施設に入所してきた。博君のお父さんは53歳で洋服店を経営していた。しかし，不況で店は倒産し母親は行方不明になってしまった。父親は新しい生活を行うために職探しから始めた。そのため博君を施設に入れることを決心した。父親は博君のことを不憫に思い毎月面会に来ていた。しかし，新しい仕事が肉体労働であり徐々に面会や帰省が出来なくなっていた。

> 博君の担当の保育士はファミリーケースワーカーと相談し，学期の終りに博君の手紙と写真，学校での様子，成績などを送り電話をするようにお願いしていた。
> 　２年後，父親から生活がやっと安定したことが話され，一緒に生活したいとの申し出があった。父親から「正直，ひとりで精一杯だった。施設からの手紙に励まされた」との言葉があった。
> 　出所：児童養護施設職員からの聞き取りから。

　民法では，「成年に達しない子は，父母の親権に服する」（第818条）とし，「親権を行う者は，子の監護（かんご）および教育をする権利を有し，義務を負う」（第820号）と規定している。このことは，日本において制度上，子どもの最善の利益を完遂する義務は親権を行う者に属し，親権を行う者には，父母すなわち親子関係を基本として明記されていることが理解できる。ただし，民法834条では，親権喪失の宣告の請求権を親族あるいは検察官に認めていることや，児童の権利に関する条約第18条では，「父母または場合により法定保護者は，児童養育および発達について第一義的な責任を有する」と規定していることから，親子関係を尊重しつつも場合によっては親子関係以外の法で定めた親権者が，子どもの最善の利益をかなえられない場合には，例外もあることを忘れてはならない。

　事例のように，児童養護施設では，子どもが入所するに至った親の事情は容易に解消できるものではないが，施設は，あくまで子どもの「最善の利益」を考慮し，親子関係を尊重し，できるだけ早い時期の家庭復帰が出来るように支援しなければならない。なぜならば，それは，ほとんどの子どもにとって円満な親子関係の中で生活することこそ，心身共に健やかに育つ環境であり子どもの利益にかなうものだからである。また，施設養護現場では，家庭復帰が先に延びるほど，当初，子どもに関心を持ち，できるだけ早く子どもを引き取ろうとしていた親も，次第に施設に通う足が遠のき，引き取る意欲も無くなり子どもと疎遠になってしまうケースを頻繁に見てきた反省からでもある。

　施設保育士は，児童が家庭復帰するであろう将来の家庭像と親子関係像を視野に入れ，その延長線上に日々の施設内での養護実践があることや，児童相談所ケースワーカーやファミリーソーシャルワーカーの連携のもと親子関係の回

復のための支援や親に対する指導も重要な責務であることを念頭に置いて実践しなければならない。

重要語解説

ファミリーソーシャルワーカー

　家庭支援専門員のこと。乳児院，児童養護施設，情緒障害児短期治療施設，児童自立支援施設に配置される専門職員。入所児童の早期家庭復帰を図るため，施設入所から退所まで，さらに退所後のアフターケアに至る総合的な家族調整機能を担っている。

（2）施設養護の原則

　各施設での子どもとの具体的なかかわり方については，基本原理をもとに，子どもの特性や状態，ニーズをふまえながら，生活の質が向上するよう独自の方法をもって実践している。この実践をするにあたってのルールとなるものが施設養護の原則である。[3]

　表3-4は，日本の児童養護施設の始まりとされる石井十次が1887（明治20）年に設立した「岡山孤児院」の「岡山孤児院12則」と呼ばれる施設養護の原理と原則である。また，表3-5は，1997（平成9）年に全国児童養護問題研究会が作成した『施設養護における子どもの権利のための指針――児童養護の実践指針（第4版）』の中にある「施設養護の原則」の一部抜粋である。

　これら原則の実態は，前述（本章第2節の1）の通り，施設養護の原理が変化してきたことと同様，施設養護の原則も時代によって若干の違いがあり，原理と原則が混在化していることになる。

　そこで，これらの課題をふまえ，本節では，児童の最善の利益を保障する観点，すなわち児童の権利に関する条約の内容に準拠し，かつ，わが国の施設養護のケア基準を包含する実践的な原則として表現されているものとして表3-6にもとづいて説明することとする。

表 3-4 岡山孤児院12則

○家族主義	小舎制の養護を取り入れ、家庭的な雰囲気のもとで10人ほどの子どもたちを養育することの重要性を説いた。
○委託主義*	契約した農家に子どもたちを預け、一定の養育料を支払って養育を委託する必要性を説いた。
○満腹主義	心の安定と健全な成長のためには、満ち足りた食事が最も重要であると説いた。
○実行主義	子どもの成長、発達のためには、言葉や文字による指導だけではなく、大人が模範的な存在でなければならないと説いた。
○非体罰主義	子どもの指導に際して体罰を排し、好ましくない行為を反省したうえで自ら改める指導の重要性を説いた。
●宗教教育	一人の人間として生きていくためには宗教への深い理解と深く敬って態度を慎むことが必要であると説いた。
●密室教育	褒めたり叱ったりするときは個別的なかかわりが重要であるとして、他の子どもたちの目や耳に触れないように配慮することを説いた。
●旅行教育	限られた場所だけでの生活だけでなく、旅行によって新しい経験を積む必要性を説いた。
●米洗教育	米を洗うように子どもとのかかわり合いを繰り返すことによって、一人ひとりの可能性を伸ばすことができると説いた。
●小学教育	幼児は楽しく遊ばせ、学齢期には年齢や発達段階にふさわしい教育的働きかけが重要であると説いた。
●実業教育	一人の人間として生きていくためには、働くことを通して自立していかなければならないと説いた。
○托鉢主義	院を運営するためには、多くの人たちから理解されるとともに、金銭や物品などの寄付や協力を求めることが必要であると説いた。

注：「○」が原理・「●」が原則と考えられるもの。
　　　：委託主義の「委託」とは、現在の「里親」に近い考え方であることが理解できる。
出所：中山正雄編著『実践から学ぶ社会的養護』保育出版社、2010年、95頁を筆者が一部改変。

表 3-5 児童養護の実践指針（第 4 版）における施設養護の原則（一部抜粋）

①	無差別平等の原則、子どもの最善の利益の保障、養護請求権
②	人権の尊重、人としてふさわしい生活条件と援助、プライバシーの尊重、ノーマライゼーション
③	情緒の安定と自己意識・帰属意識の尊重
④	個別性と個性への援助、自己実現・社会的人格形成への援助
⑤	個人と集団への統一的な援助、育ちあう関係の形成への援助
⑥	主体的選択の保障
⑦	意見表明の権利の保障
⑧	教育を受ける権利の保障
⑨	親・家族と育ちあうことの保障および親の恣意的なふるまいからの保障
⑩	社会生活の準備の保障と社会生活への参加の援助

出所：全国児童養護問題研究会『施設養護における子どもの権利のための指針——児童養護の実践指針（第 4 版）』1997年、3～5頁。

第3章　施設養護の現状と課題

表3-6　施設養護の原則

① 「最善の利益」の原則
② 「生活支援と学習支援保障」の原理
③ 「自立支援保障」の原則
④ 「家庭支援保障」の原則
⑤ 「乳幼児・障害児への特別支援」の原則

出所：神戸賢次・喜多一憲編『児童の社会的養護内容』
　　　みらい，2011年，43～53頁抜粋。

1）「最善の利益」の原則

「最善の利益」とは，児童自身の最善の利益を指すもので，「子どもにかかわるすべての活動において，子ども自身にとって最善の方策や利益が優先されなければならない[4]」ことの意である。

2012（平成24）年3月29日，厚生労働省雇用均等・児童家庭局長通知「児童養護施設運営指針」では，児童の権利に関する条約第3条，児童福祉法第1条および児童憲章前文を引用し，「子どもの最善の利益のために」を社会的養護の基本理念として明記しており，施設養護の原則もこれにもとづくものである。

以下，「最善の利益」の原則にもとづく施設養護の実践場面で施設保育士に求められる対応の方法や留意点について例示する。

①子どもの存在そのものを認め，子どもが表出する感情や言動をしっかり受け止め，子どもを理解する。
②基本的欲求の充足が，子どもと共に日常生活を構築することを通してなされるよう養育・支援する。
③子どもの力を信じて見守るという姿勢を大切にし，子どもが自ら判断し行動することを保障する。
④子どもには意見表明の自由と機会を設定する。
⑤入所（通所）するにあたって，子どもに必要な情報を提供する。
⑥子どものへの援助方針・方法・経過などの情報は，本人および保護者の請求によって開示する。
⑦子どもをあらゆる暴力・虐待・脅威・排斥・孤立・紛失の被害から守る。

⑧子どもの叱責にあたっては子どもの説明を先に求める。
⑨子どもの呼称については子どもの希望にもとづくものとする。
⑩子どものプライバシーを尊重し守る。
⑪子どもの心境および出身文化を守る。

2）「生活支援と学習支援保障」の原則

　施設養護を必要とする子どもは，落ち着いた家庭環境に恵まれず，情緒的，身体的に発達の遅れなどの課題を抱えていることが少なくはない。こうした子どもたちに対して，施設養護の場面では，集団生活の中でも子ども一人ひとりの状況に配慮したかかわりに留意して，生活リズムを整え，身体的心理的に安定を図れるよう，生活環境と学習環境の整備が必要不可欠である。そして，ノーマライゼーションの理念にもとづき，家庭生活と同様の生活支援と学習支援の保障が行われなければならない。

　「生活支援と学習支援保障」の原則にもとづく施設養護の実践場面で施設保育士に求められる対応の主な方法や留意点については以下，例示する。

①発達段階に応じた学びや遊びの場を保障する。
②秩序ある生活を通して，基本的生活習慣を確立すると共に，社会常識および規範，さまざまな生活技術が習得できるよう養育・支援する。
③食事は団らんの場でもあり。おいしく楽しみながら食事ができるよう工夫する。
④発達段階に応じて食習慣を身につけることができるよう食育を推進する。
⑤子どもが衣習慣を習得し，衣服を通じて適切に自己表現できるように支援する。
⑥子ども一人ひとりの居場所が確保され，安全，安心を感じる場所となるようにする。
⑦でき得る限り他児との共有の物をなくし，個人所有とする。
⑧学習環境の整備を行い，学力等に応じた学習支援を行う。
⑨「最善の利益」にかなった進路の自己決定ができるよう支援する。
⑩子どもが暴力，不適応行動などを行った場合に，行動上の問題および問題

第 3 章　施設養護の現状と課題

　状況に適切に対応する。
⑪心理的なケアが必要な子どもに対して心理的な支援を行う。
3）「自立支援保障」の原則
　児童養護施設の子どもたちの多くは，自分の将来や退所後の家庭生活，社会生活に不安を抱きながら施設生活を送っていることが少なくない。入所している子どもたちが退所する理由は，家庭復帰，里親委託，就職にともなう自立，他施設への措置変更などさまざまである。このような状況をふまえ施設養護現場では，施設生活の中で子どもの不安を汲み取り課題を把握しながら自立に向けた支援が保障されなければならない。また，退所後も施設生活で相互に培った関係性を基軸にしながら自立に向けた継続的な支援が必要となってくる。
　「自立支援保障」の原則にもとづく施設養護の実践場面で施設保育士に求められる対応の主な方法や留意点については以下の通りである。
①措置変更または受入れに当たり，継続性に配慮した対応を行う。
②子どもの個々の状況に応じた**リービングケア**を行う。
③職場実習や職場体験等の機会を通して，社会経験の拡大に取り組む。
④子どもが安定した社会生活が送ることができるように，**アフターケア**を積極的に行う。
⑤できる限り公平な社会へのスタートが切れるように，措置継続や措置延長を積極的に利用して継続して支援する。

重要語解説

リービングケア

　退所に向けての援助のこと。内容としては，子どもたちが積極的に社会参加・体験すること，社会の一員としての行動様式を身につけること，社会生活の実際的な技術や技能を獲得することなどを目的として行われる。

重要語解説

アフターケア

　施設を退所した子どもあるいは家族への取り組みや援助のこと。2004（平成16）年

47

の児童福祉法改正で新たに一部の児童福祉施設に対して，退所後の援助が目的として追加された。

4）「家庭支援保障」の原則

　施設養護実践は，入所（通所）している子どもの支援だけを行うものではない。入所施設の子どもに対しては，早い時期に家庭での養育が可能となるように，あるいは子どもが入所しながらも施設と協力しながら親子関係が継続できる環境をつくり出せるよう支援を行わなければならない。このことは通所施設も同様で，親と施設の協力によって，より良い子どもの育ちの支援が行える環境となるのである。そのためには，施設養護の専門的機能を十分に活用し，また児童相談所や児童家庭支援センターなどの外部機関との連携も行いながら，家庭に対する支援と親子関係の調整を行わなければならない。

　以下は，「家庭支援保障」の原則にもとづく施設養護の実践場面で施設保育士はじめとする施設職員に求められる主な対応の方法や留意点についてである。

　①子どもと家族の関係づくりのために，面会，外出，一時帰宅など積極的に行う。
　②親の恣意的なふるまいから子どもを保護する。
　③親子関係の再構築等のために家族への支援に積極的に取り組む。
　④児童相談所や家族の住む市町村と連携し，子どもと家族との関係調整を図ったり，家族からの相談に応じる体制づくりを行う。

重要語解説

恣意的なふるまい

　気ままで自分勝手なさま。論理的な必然性がなく，思うままにふるまうさまのこと。ここでは，子どもの最善の利益を考えず親のわがまま勝手な行動や対応のこと。

5）「乳幼児・障害児への特別支援」の原則

　これまで施設養護の原理とそれにもとづく原則は，児童養護系施設の子どもを基軸に児童の権利に関する条約等の理念にもとづいて表現されてきた傾向に

ある。しかし，2005（平成17）年，国連・子ども権利委員会「乳幼児期の子どもの権利に関する一般的見解第7号」で「児童の権利条約が乳幼児期において全面的に適用されるべきである」ことが強調されたこと，また，さらに2005（平成17）年に施行された「発達障害者支援法」や2006（平成18）年に第61回国連総会にて採択された**障害者権利条約**，そして2012（平成24）年の児童福祉法改正による**障害児施設・事業所一元化**の動きなどによってさらに障害児者の権利擁護と人権保障の重要性とその方策が示されたことなどから今後，乳幼児と障害児への特別支援は，施設養護の原理・原則に対しても変化をもたらす可能性がある。

そして，現在，児童養護施設では，在籍児童のうち53％の児童が虐待を受けた経験を持ち，23％の児童が発達障害や知的障害を有しているとされる状況から，今後さらに施設養護場面で，特別支援の必要性が求められる。[5]

重要語解説

障害者権利条約

第61回国連総会にて12月13日に採択された。しかし，日本は2007（平成19）年に署名したが批准（条約を結ぶにあたって当事国が最終的な確認，手続きを取ること）には至ってはいない。

重要語解説

障害児施設・事業所一元化

2012（平成24）年4月1日施行の児童福祉法改正によって，障害のある子どもの支援の強化を図るため，これまで障害種別ごとに分かれた施設サービス等について，通所による支援を行う施設等は主に児童発達支援センターへ，また，入所による支援を行う施設等は，主に障害者入所施設へ一元化された。

以下，「乳幼児・障害児への特別支援」の原則にもとづく施設養護の実践場面で求められる留意点を例示することとする。

①障害を持つ児童や乳幼児であることを理由に，そのレッテルを貼ることなく一人ひとりの児童の最善の利益にもとづいた支援を行う。

②障害を持つ児童や乳幼児のあらゆる意思表示に対して，これを受け止め尊重し，自己選択，自己決定できる環境構成を整える。
③障害を持つ児童や乳幼児は，身体的，心理的，社会的に弱い状況にあるがゆえに他者に依存せざるを得ない特性を十分に理解し，生命の安全と活動・参加の保障を行う。
④障害を持つ児童や乳幼児に対し継続した愛着・愛情と早期療育を確保できるよう環境整備を行う。

第3節　施設養護の実施体系

（1）施設養護の類型

　施設養護を類型化するにあたっては，児童福祉法で定める児童福祉施設および児童福祉事業に対して「社会福祉法にもとづく分類」，「施設機能による分類」，「設置目的による分類」，「生活形態による分類」，「利用方式による分類」，「運営主体による分類」等など，その用いる基準によって異なる。本節では，まず，類型化（種類を区分けすること）にあたっての基準について理解し，次に類型化にもとづく体系的な理解を行うこととする。

コラム

障害系施設の名称

　2012（平成24）年4月1日施行の児童福祉法改正によって，知的障害児施設，肢体不自由児施設，重症心身障害児施設等をはじめとする障害児系の施設（入所・通所を含む）は，「障害児入所施設（福祉型・医療型を含む）」と「児童発達支援センター（福祉型・医療型を含む）」等へ名称・機能の変更となった。
　しかし，本節では，当面，各障害児入所施設では，旧・児童福祉法で規定していた対象とする障害児の支援を行ってゆくことが推測されること，また，施設養護の類型を学ぶにあたっては障害種別にもとづく詳細な施設の特徴が明記されていた方が理解しやすいと想定されること，以上2点の観点から旧・児童福祉法にもとづく施設種別の名称を用いることとする。

1）社会福祉法にもとづく分類

社会福祉法第2条では，社会福祉事業を「第1種社会福祉事業」と「第2種社会福祉事業」に区分している。

①第1種社会福祉事業：事業の継続性や安定性を確保する必要性が特に高いものであり，その多くは児童養護施設や障害者の支援施設等の入所型施設を経営する事業で，適正な運営がなされなければ，入所者の人権に及ぼす影響が大きいと危惧されるため，強い公的規制が行われ，経営主体は原則として国や地方公共団体，社会福祉法人と定められている。

②第2種社会福祉事業：第1種社会福祉事業に含まれないものであり，相対的に見て事業実施にともなうリスク等の影響の可能性が低いものである。事業の経営主体に制限は設けられていないが，事業開始から1か月以内に都道府県知事への届け出が必要である。

2）設置目的による分類

児童福祉法で定める設置目的を根拠に区分したもので，学者によって呼称の付け方や分類の方法に若干の違いがあるがおおむね以下のように区分される。

①養護系施設：保護，養護，自立支援などを目的とした施設。

②障害児系施設：障害を持っている子どもに対して保護，療育，自活訓練などを目的とした施設。

③育成系施設：子どもの健全育成などを目的とした施設。

④保健系施設：出産に関する保健的支援を目的とした施設。

3）生活形態による分類

施設養護を生活形態で大別すると，「居住型の施設に入所して生活を行う形態」と「居住場所は家庭におき，生活の一部を施設で過ごす形態」とに区分され，後者は，さらに利用に至る手順や方法によって2つに区分できる。

①入所施設：生活の拠点を施設におく形態をとる施設。居住型施設。

②通所施設：主に措置や利用する児童もしくはその保護者が申請し，認可を受けて利用する施設。

③利用施設：主に制度上，申請し認可を受ける必要もなく利用できる施設。

表3-7 施設養護の類型化にもとづく児童福祉施設の概要

施設の種類	福祉事業種別	生活・利用形態別	施設機能別	設置目的別	施設の概要
乳児院	第1種	入所	家庭養育代替	養護系	要保護乳児を入院させて養育する。
児童養護施設	第1種	入所	家庭養育代替	養護系	要保護児童を養護し、自立支援をおこなう。
母子生活支援施設	第1種	入所	地域支援	養護系	母子家庭の保護、自立のための生活支援をおこなう。
情緒障害児短期治療施設	第1種	入所	療育	養護系	情緒障害児の治療をおこなう。
児童自立支援施設	第1種	入所	療育	養護系	不良行為をおこなったまたはおそれのある子どもへの生活指導と自立支援をおこなう。
知的障害児施設	第1種	入所	療育	障害児系	知的障害児を保護、治療し、療育する。
自閉症児施設	第1種	入所・通所	療育	障害児系	自閉症児を保護、治療、療育する。
盲児施設	第1種	入所	療育	障害児系	視覚障害のある子どもを保護し、指導援助をおこなう。
ろうあ児施設	第1種	入所	療育	障害児系	聴覚障害のある子どもを保護し、指導援助をおこなう。
肢体不自由児施設	第1種	入所・通所	療育	障害児系	肢体不自由児の、治療、療育をおこなう。病院の設備を備える。
肢体不自由児療護施設	第1種	入所	療育	障害児系	家庭における療育が困難な肢体不自由児の療育をおこなう。
重症心身障害児施設	第1種	入所	療育	障害児系	重度の知的障害で肢体不自由の子どもを保護し、治療、療育をおこなう。
知的障害児通園施設	第1種	通所	療育	障害児系	知的障害児の療育、相談をおこなう。
難聴幼児通園施設	第1種	通所	療育	障害児系	聴力に障害のある幼児の療育、相談をおこなう。
肢体不自由児通園施設	第1種	通所	療育	障害児系	肢体不自由児の治療、療育、相談をおこなう。診療所としての設備を備える。
保育所	第2種	通所	家庭養育補完・増進	育成系	家庭で日中保育ができない乳幼児を保育する。
児童館	第2種	利用	家庭養育補完・増進	育成系	子どもに健全な遊びを提供し、健康増進、情操を育むことを図る屋内の施設。
児童遊園	第2種	利用	家庭養育補完・増進	育成系	子どもに健全な遊びを提供し、健康増進、情操を育むことを図る屋外の施設。
地域子育て支援センター	第2種	利用	地域支援	育成系	子育て支援のための地域の総合的拠点施設。相談援助、子育てサークルの活動支援などをおこなう。
児童家庭支援センター	第2種	利用	地域支援	育成系	地域児童に関する相談、指導、援助をおこなう。
助産施設	第2種	利用	地域支援	保健系	経済的理由で入院助産を受けられない妊産婦の助産をおこなう。

注:障害児系施設の名称は児童福祉法改正前(旧法)による表記である。
出所:加藤孝正・小川英彦編著『基礎から学ぶ社会的養護』15頁を一部筆者加筆修正。

4）利用方式による分類

児童福祉施設を利用するにあたっては，現行の制度上，次の3つの利用方式がある。
　①措置施設。
　②行政との契約による施設。
　③直接利用施設。
5）運営主体による分類

施設は，「施設を建てる主体者（設置主体）」と「施設を運営する主体者（運営主体）」に区分できる。その基準をもとに類型化すると次の3つに区分される。
　①公設公営施設（行政直営施設）。
　②公設民営施設。
　③民設民営（民間施設）。

(2) 施設養護の実施状況

　表3-8は，2011（平成23）年10月1日現在の施設数・定員数・在所者数である。このうち入所施設で顕著に施設数・定員数・在所者数が多いのは，児童養護施設で，次いで知的障害児施設となっている。通所施設では，圧倒的に保育所であるが，障害児系通所施設では知的障害児通園施設も多いことを理解しておきたい。利用施設では，施設数で地域子育て支援センターとなっている。

　過去5年前の施設数・定員数との比較増減では，児童養護施設が施設数でもっとも高い増加傾向を示しており，近年，増加する虐待相談件数と同様，社会的ニーズを反映した結果となっている。一方，障害児系施設では全般的に減少傾向にあり，特に知的障害児施設，肢体不自由児施設，肢体不自由児通園施設では，定員数に顕著な減少傾向がある。これら障害児系施設の入所施設の施設数・定員数に減少傾向があるのは，ノーマライゼーション理念の浸透と共に在宅福祉サービスの環境整備が徐々に進み，生活の拠点を地域・家庭に置きながら療育を受けるニーズが高まってきた影響であることが考えられる。

表 3-8　2011（平成23）年10月1日現在の施設数・定員数・在所者数

施設の種類	施設数	定員数	在所者数	過去5年前との施設数（定員数）比較増減
乳児院	127	3,823	3,035	7（　　116）
児童養護施設	578	33,782	29,214	19（　　221）
母子生活支援施設	259	5,240[1]	10,042[2]	−19（　−239）[3]
情緒障害児短期治療施設	37	1,704	1,251	6（　　218）
児童自立支援施設	58	3,949	1,622	0（　−152）
知的障害児施設	225	9,461	8,255	−29（−2,471）
自閉症児施設	7	283	185	0（　　−17）
盲児施設	9	183	119	−1（　　−71）
ろうあ児施設	10	214	142	−3（　−194）
肢体不自由児施設	59	3,684	1,954	−3（−1,386）
肢体不自由児療護施設	6	260	235	0（　　−30）
重症心身障害児施設	133	13,289	12,771	2（　1,863）
知的障害児通園施設	256	9,541	11,174	2（　　192）
難聴幼児通園施設	23	788	893	−2（　　−55）
肢体不自由児通園施設	97	3,620	2,706	−2（　−169）
保育所	21,751	2,059,667	2,084,136	−969（−23,394）
児童館	4,318	―	―	―
児童遊園	3,164	―	―	―
地域子育て支援センター[4]	5,722	―	―	―
児童家庭支援センター	87	―	―	―
助産施設	403	―	―	―

注：1）母子生活支援施設の定員は世帯数であり，定員の総数に含まれない。
　　2）母子生活支援施設の在所者数は世帯数であり，定員の総数に含まれない。
　　3）母子生活支援施設の過去5年前との定員数の比較増減は世帯数であり，他の項目の定員数の比較増減に含まれない。
　　4）内閣府「平成23年度版子ども・子育て白書」より。
出所：厚生労働省「平成22年社会福祉施設等調査」より筆者作成。

【演習課題】

施設養護の原理・原則にもとづいて，あなたが理想とする児童養護施設を考えてみよう。

　例：「施設の名称」，「支援の特徴」，「デイリープログラム」，「建物の見取り

図」,「建物の　周辺の環境の絵」など

〈引用文献〉
(1)　『広辞苑（第6版）』岩波書店。
(2)　厚生労働省雇用均等・児童家庭局長通知「指定保育士養成施設の指定及び運営基準について」別紙3，雇児発第0227005号，2009年2月27日。
(3)　加藤孝正・小川英彦編著『基礎から学ぶ社会的養護』ミネルヴァ書房，2012年，40頁。
(4)　滋賀県児童養護施設協議会　職員倫理綱領『施設で生活する子どもの権利擁護指針』，2001年。
(5)　厚生労働省『社会的養護の課題と将来像――児童養護施設等の社会的養護の課題に関する検討委員会・社会保障審議会児童部会社会的養護専門委員会とりまとめ』，2011年。

〈参考文献〉
山縣文治・林浩康編『よくわかる社会的養護』ミネルヴァ書房，2012年。
全国児童養護問題研究会『施設養護における子どもの権利のための指針――児童養護の実践指針（第4版）』，1997年。
厚生労働省『社会的養護の課題と将来像――児童養護施設等の社会的養護の課題に関する検討委員会・社会保障審議会児童部会社会的養護専門委員会とりまとめ』，2011年。
改訂・保育士養成講座編纂委員会『児童福祉』全国社会福祉協議会，2009年。
改訂・保育士養成講座編纂委員会『養護原理』全国社会福祉協議会，2009年。
伊達悦子・辰巳隆編集『保育士をめざす人の養護原理』みらい，2010年。
伊達悦子・辰巳隆編集『保育士をめざす人の養護的養護』みらい，2012年。
中野菜穂子・水田和江編『社会的養護の理念と実践』みらい，2012年。
神戸賢次・喜多一憲編『新撰　児童の社会的養護内容』みらい，2011年。
吉田眞理『児童の福祉を支える児童家庭福祉』萌文書林，2010年。
加藤俊二編著『現代児童福祉論（第2版）』ミネルヴァ書房，2008年。

(野田敦史)

第4章
施設養護における支援の実際

> **学習のポイント**
> 　社会的養護の活動として「施設養護」がある。本章では「施設養護」を利用するに至るまでの流れについて理解し，施設養護における，「1日の生活の流れ」や「生活支援」と「子どもの自立」の関係についての理解を行うとともに，施設の生活について，子どもの視点から考え，一般家庭での生活と施設生活の違いについて理解できるよう学習を進めてほしい。

第1節　施設養護のプロセスの理解と基本的な視点

　施設養護は，言うまでもなく，「児童が施設に入所すること」から始まる。しかし実際には，施設入所（措置）に至るまでの段階で，既に様々な支援が開始されている。また，児童（と家族）の抱える課題を的確に把握し，支援の方策を見きわめることは，後々の児童の自立や家庭復帰に必要不可欠である。
　ここでは，「保育所で，児童虐待が疑われる児童を発見した」というケースを例に，施設養護の前段である「要養護理由の発生」の段階から，施設退所後までを含めた全体像を説明し，特に「施設養護（施設での支援・生活）が始まるまで」について，詳解する。

（1）要養護問題の発生

　児童虐待をはじめとする要養護問題の発生は，何も特別な子ども，特別な家庭にのみ起こる事態ではない。「アルコール依存症の父親が，日常的に虐待

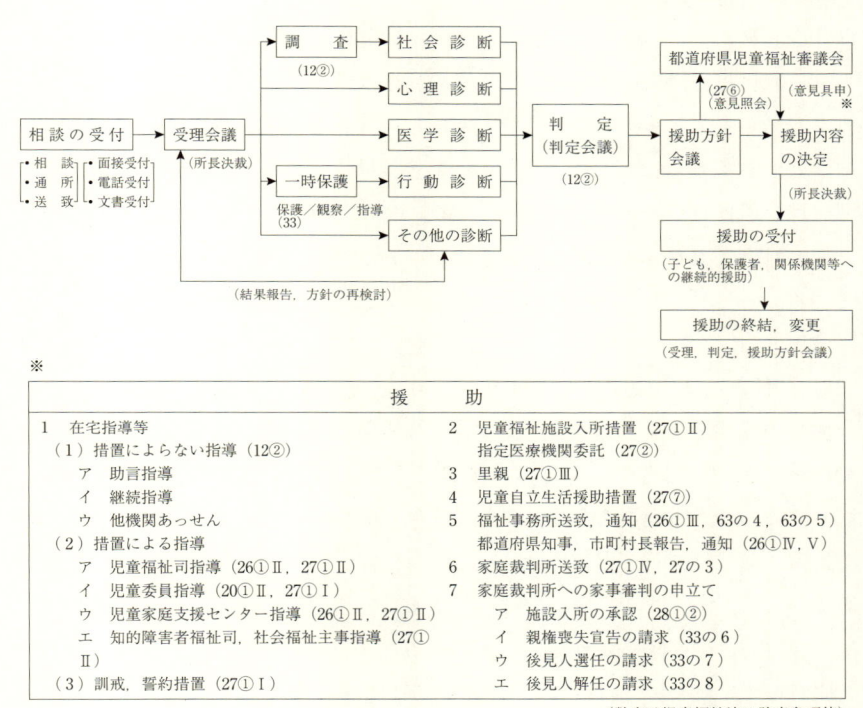

第 4 章　施設養護における支援の実際

```
[相談の受付]→[受理会議]→[調査]→[社会診断]→[判定]→[援助方針会議]→[援助内容の決定]
                      [一時保護] [心理診断] (判定会議)
                             [医学診断]  (12②)
                             [行動診断]
                             [その他の診断]
```

（図の注記）
- 相談の受付：相談／通所／送致／面接受付／電話受付／文書受付
- 受理会議（所長決裁）
- 調査（12②）
- 一時保護：保護／観察／指導（33）
- 判定（判定会議）（12②）
- 都道府県児童福祉審議会（27⑥）（意見照会）（意見具申）※
- 援助の受付（子ども，保護者，関係機関等への継続的援助）
- 援助の終結，変更（受理，判定，援助方針会議）
- （結果報告，方針の再検討）

※

	援　　助
1　在宅指導等 （1）措置によらない指導（12②） 　ア　助言指導 　イ　継続指導 　ウ　他機関あっせん （2）措置による指導 　ア　児童福祉司指導（26①Ⅱ，27①Ⅱ） 　イ　児童委員指導（20①Ⅱ，27①Ⅰ） 　ウ　児童家庭支援センター指導（26①Ⅱ，27①Ⅱ） 　エ　知的障害者福祉司，社会福祉主事指導（27①Ⅱ） （3）訓戒，誓約措置（27①Ⅰ）	2　児童福祉施設入所措置（27①Ⅱ） 　　指定医療機関委託（27②） 3　里親（27①Ⅲ） 4　児童自立生活援助措置（27⑦） 5　福祉事務所送致，通知（26①Ⅲ，63の4，63の5） 　　都道府県知事，市町村長報告，通知（26①Ⅳ，Ⅴ） 6　家庭裁判所送致（27①Ⅳ，27の3） 7　家庭裁判所への家事審判の申立て 　ア　施設入所の承認（28①②） 　イ　親権喪失宣告の請求（33の6） 　ウ　後見人選任の請求（33の7） 　エ　後見人解任の請求（33の8）

（数字は児童福祉法の該当条項等）

図 4 - 1　児童相談所運営指針（2012〔平成24〕年）

（暴力）を繰り返す」といったものから，「ごく普通の家庭の母親が，父親（夫）の子育てに対する無理解から，ストレスを溜め込んでしまい，ふとした弾みに子どもに向けて爆発させてしまった」というような事態まで，様々である。保育士は，児童や親（保護者）に関するあらゆる情報を考慮し，虐待の兆候を，極力早期に発見しなければならない。

　子どもが低年齢の場合，子ども自身が相談・通告を行うことは，極めてむずかしい。そのため，地域住民や保育所・幼稚園・各学校の教職員などが，子どもや家庭の様子から，「児童虐待のおそれがある」と考え，通告することが多い。児童虐待の防止等に関する法律（以下，「児童虐待防止法」と記す）が成立した当初，通告の対象は，「虐待を受けた児童」であったが，2004（平成16）年の

57

同法改正により,「虐待を受けたと思われる児童」へと,その範囲が拡大された。これには,「関係者や一般市民が,虐待の確証を得ていないがために,通告をためらってしまう」という背景があった。なお同法第5条では,児童福祉にかかわる関係者に対して,「児童虐待を早期発見する努力義務」を課している。保育所保育指針(第12章　健康・安全に関する留意事項)に,虐待の早期発見とその対応が謳われていることからもわかる通り,保育士も,当然その中に含まれる。

(2) 関係者・関係機関での検討

　虐待の兆候を発見した場合,まずは,保育所内での検討を行う。主任保育士や園長(所長),場合によっては全職員で会議を開き,保育所内の情報共有を図る。この時,重要なことは,決して「確証を得るための会議」にしないことである。前述の通り,児童虐待防止法では,通告に際し,確証があることを求めていない。あくまで「虐待の疑い(可能性)」がある時点で,児童相談所等に通告を行うことが求められているのである。

　児童の様子については,保育所の担当保育士がくわしいが,家庭状況となると,必ずしも,保育所が十分に把握できていない場合がある。その際は,地域の児童委員(民生委員),主任児童委員などにも情報提供・協力を求め,地域の情報を把握するよう努める。また,市町村を通じて,家庭児童相談室などの関係機関に相談が寄せられていないか,確認を行う。なぜなら,保育所が虐待の可能性を疑う段階,あるいはそれ以前に,近隣住民からの相談や,あるいは,保護者自身が関係機関に相談していることも考えられるためである。

(3) 通　告

　このような関係者・関係機関での検討を経て,「虐待の可能性がある」と判断した場合,児童相談所や市町村に対して,虐待の通告を行うこととなる。幼稚園の場合には,教育委員会への連絡も,あわせて必要となる。しかし,関係者間での検討を重視するあまり,通告が遅れてしまう事態は,避けなければな

らない。虐待が事実であるならば，1日の通告の遅れが，子どもの死につながることさえあり得るためである。

　また，児童相談所等に通告した後,「もう児童相談所に任せた」と考え，積極的にかかわろうとしない，「投げっぱなし通告」の状況は，避けなければならない。2012（平成24）年の「社会福祉行政業務報告」（厚生労働省）によると，児童相談所に寄せられる虐待に関する相談のうち，児童福祉施設に入所となったケースは，全体の7.1％に過ぎず，大半は面接指導（84.3％）となっている。これは，保育所が，継続的に子どもや親（保護者），家庭に対する「見守り」の役割を継続していかなければならないことを意味する。

（4）安全確認と一時保護

　通告を受けた児童相談所は，児童の安全確認を行う。2007（平成19）年の，児童相談所運営指針の改訂により，児童相談所に虐待通告がなされた場合，児童の安全確認を48時間以内に行うことが望ましいとする，いわゆる「48時間ルール」が周知された。これにより，通告から3日以内には，何らかの形で，児童の安全確認が行われることになる。保育所での様子，通園時の状況などの確認のほか，子どもの家を訪問し，直接，安全確認を行う。なお，親（保護者）が安全確認に難色を示すなど，緊急的な介入が必要と判断される場合には，警察官を同行した立ち入り調査が行われることもある。2004（平成16）年の児童虐待防止法改正では，児童相談所長に対し，「児童の安全確認・安全確保に必要と認められる場合，適切に，警察署長に対する援助の要請を行わなければならない」としている。また，2008（平成20）年の同法改正では，裁判所の許可を得た児童相談所職員が，強制的に（鍵を開けて），子どもの家庭に立ち入って安全確認を行うことのできる「臨検」が定められた。

　安全確認を行い，「親（保護者）と共に生活を継続させることは，子どもにとってふさわしくない（劣悪な環境である，生命の危険がある，等）」と判断された場合には，一時保護を行う。一時保護中は，子どもの安全確保が最優先である。そのため，幼稚園や保育所，学校等に通うことはできず，義務教育機関中を除

いては，通常の欠席扱いとなる。また，外との通信（電話等）や，外出についても，制限が掛けられる。このように，「一時保護」という行為は，子どもの行動を制限する。そのため，その期間は最小限でなければならず，「原則として2か月以内」とされている。なお，すべての児童相談所に一時保護所が附設されているわけではない。また，定員が満杯で，それ以上一時保護児童を受け入れることができない場合もある。この場合，近隣の児童養護施設や乳児院に対して，「一時保護委託」を行うこともある。一時保護（所）は，危機的状況にある児童を保護する，医療で言えば「救急外来・救急病棟」のような役割を担っている。そのため，一時保護所を拡充し，全ての児童相談所に附設することが強く求められている。

　一時保護中は通学できないことから，一時保護所内で，いわゆるフリースクールのような形で，職員らによる学習指導が行われる。乳幼児の場合には，一時保護所内で，保育士ら職員が生活の面倒をみる。小中学生，高校生の場合には，年齢に応じて生活プログラムを組み，一時保護解除後（あるいは施設への措置後）に，速やかに通常の生活に戻ることができるよう，援助を行う。また，一時保護中には，親（保護者）の状況に関する調査のほか，保護されている子どもに対しては，児童福祉司による社会診断，児童心理司による心理診断，医師による医学診断，一時保護所職員（保育士など）による行動診断が行われ，一時保護解除後の援助方針の参考とされる。

（5）児童相談所による判定会議と措置決定

　子どもを一時保護した後（一時保護期間中に），児童相談所では判定会議が行われる。判定会議では，児童相談所が親（保護者）を調査した結果のほか，子どもの情報（社会診断等，前述），関係機関からの情報などを総合的に判断し，援助方針を決定する。子どもの安全が確保されると考えられる場合には，一時保護解除の後子どもは，家庭に帰され，児童相談所は，見守りを継続する。逆に，親元に帰すことが危険と判断される場合には，児童養護施設や乳児院などの施設に措置されることになる。基本的には，子どもを施設に措置する場合，

親（保護者）の同意が必要である。しかし，子どもの生命・人権が脅かされているにもかかわらず，親（保護者）の同意が得られない場合には，児童相談所は児童福祉法第28条（家庭裁判所の承認を得た上での，子どもの強制的な保護・措置）を適用し，強制的に子どもを保護し，施設に措置する。

　措置が決定すると，児童相談所は，児童票などの関係書類を施設に送付する。実際には，書類送付以前に，施設側（施設長や主任クラスの職員）らと協議し，「その児童を，その施設に措置することが適当であるか」を判断した後，措置する施設が決定されることが多い。書類には，児童の家庭環境や養育状況，措置理由などのほか，児童相談所が把握した，さまざまな情報が記載されている。

　子どもにとって「施設に措置される」ということは，親（保護者）との別れや，慣れ親しんだわが家，親しい友人との別れを意味する。したがって，くわしくは第2節で述べるが，児童の精神的負担を少しでも軽減するため，施設側，児童相談所側，双方に適切な配慮が求められる。

（6）施設の利用開始（措置）と措置中の支援

　児童養護施設（もしくは乳児院，以下同）に児童が措置された後も，児童相談所や，関係機関の役割は終らない。児童相談所は，児童の施設での生活状況を把握するために，定期的な面談を行うことが多い。担当児童福祉司が施設を訪問する場合もあれば，逆に，環境を変えての面接の方が望ましいと判断される場合には，施設側の担当職員が同行し，児童相談所での面談を行うこともある。

　また，児童養護施設は，子どもにとっての「最善の住処」ではなく，可能な限り早期に，家庭復帰が実現されるべきである。そのため，親（保護者）に対して，要養護問題が解決されるよう，助言指導を行う。なお2004（平成16）年，児童養護施設などに，家庭支援専門相談員（ファミリーソーシャルワーカー）が配置された。これまで，施設職員は，もっぱら施設で生活する子どもへの支援を行ってきたが，家庭支援専門相談員は，子どもの早期家庭復帰を支援する専門職として，児童相談所の担当児童福祉司らと連携し，家庭環境や，親（保護者）の就労状況，養育意思の確認など行う。

（7）措置解除とアフターケア

　措置解除とは，児童養護施設の場合，「施設を退所すること」を意味する。児童養護施設での子どもの状況や，要養護問題の発端となった親（保護者）の状況，子どもと（保護者）双方の意見などを考慮し，家庭復帰が可能であると判断された場合，措置解除を行い，親（保護者）が引き取りを行う。また，児童養護施設の措置年限は，原則として18歳（注：誕生日を迎えた年度末）までである。そのため，要養護理由が解消されないまま18歳を迎えた子どもの場合，家庭復帰はせず（叶わず），施設を退所した後は，自力での生活をスタートさせる者も多い。なお，特段の理由がある場合には，措置を20歳まで延長することが可能である。しかし，仮に大学進学を理由に措置延長を行ったとしても，大学卒業前に措置年限が来てしまうことから，措置年限の延長が求められている。

　施設を退所した後も，退所児童（退所者）への支援は，アフターケアという形で継続する。要養護問題の解決に伴う退所の場合，その後，家庭において，要養護問題の再発が見られないか，定期的な訪問・面談などを行う。また，子どもが新たに通っている幼稚園や学校とも連携し，見守りを行っていく。措置年限満了にともなう退所の場合，退所児童は，就職や進学していることがほとんどであり，単身生活者も多い。生活の中での困りごとや，学業あるいは仕事上の悩みなどについて，施設からの訪問のほか，定期的に施設に来る（戻ってくる）機会を設け，その後の生活が安定しているか，見守ることが重要である。

第2節　支援を進めるためのケアに関する基礎的な理解

　前節では，施設養護に至るプロセスについて述べてきたが，本節では，施設養護の実際，施設養護の過程について，述べていくこととする。

　一般に，「施設養護のプロセス」という場合，「入所から退所まで」の時間の流れを中心に捉えることが多い。しかしそれ以外にも，児童を取り巻く援助の過程はさまざまであり，その基礎を理解しておくことは，支援を進める上で不可欠である。ここでは，児童養護施設（一部，乳児院を含む）を例に，施設養護

第4章　施設養護における支援の実際

の形態について説明した後，施設養護のプロセスについて，児童を取り巻くさまざまな要素を通して解説していくことにする。

(1) 施設養護の形態

　児童養護施設の養育形態には，大きく分けて，大舎制，中舎制，小舎制，グループホーム，の4つがある。

　大舎制とは，児童養護施設の養育形態で最も多い形態であり，全施設のおよそ7割を占めると言われている。1つのホーム（生活単位）に20人以上の子どもが生活する形態で，施設全体がいくつかの生活単位に区切られているが，子どもの居室は原則として相部屋であり，個室があるとしても，高年齢児（中学生や高校生）に限られる場合が多い。また大舎制の特徴として，その多くで，「調理が一括調理」であることが挙げられる。夕食の時間になると，施設の子どもと職員が大きな食堂に集まり，一斉に食事をする。調理作業も，専任の調理員などが行うことが一般的である。同様に，入浴も，大きな風呂場で一斉に行われることが多い。このような形態のため，「共同生活」という色彩が非常に強くなるのが，大舎制の特徴である。施設側としては管理が容易になる反面，子どものプライバシーが確保されにくいことや，被虐待児童など個別的な関わりが必要な子どもが多い今日，子どものニーズに則していないという指摘がある。

　中舎制とは，1つのホームに13人～19人の子どもが生活する形態である。前述の大舎制と，後述する小舎制との中間的な養育形態であり，施設によっては，小学生以上のすべての子どもに個室が実現できている施設や，食事がそれぞれのホームでの自炊方式となっている施設もある。大きな園舎の中をいくつかの生活単位に区切り，共同で使用する場，個々で使用する場などが，施設の規模に応じて整備されている。

　小舎制とは，1つのホームに12人以下の子どもが生活する形態である。敷地が広い施設では，敷地内に完全に独立した家屋を複数建て，それぞれの家屋を1つのホームとしているケースがある。一方で，都市部で敷地が限られた施設

図4-2 児童養護施設の形態

大舎制の例

相談室	児童居室（4人部屋）
ホール兼食堂	児童居室（4人部屋）
	児童居室（4人部屋）
	児童居室（4人部屋）
男子トイレ	児童居室（4人部屋）
洗面所	
女子トイレ	児童居室（4人部屋）
洗濯場	
脱衣場	児童居室（個室）
浴室	児童居室（個室）
	児童居室（個室）
宿直室	児童居室（個室）

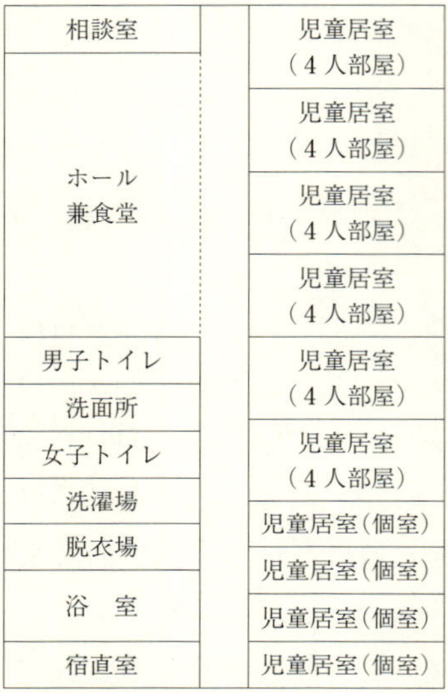

- 児童数20名以上
- 原則相部屋，高年齢児は個室の場合もある。
- 厨房で一括調理して，大食堂へ集合して食べる。

小規模グループケアの例

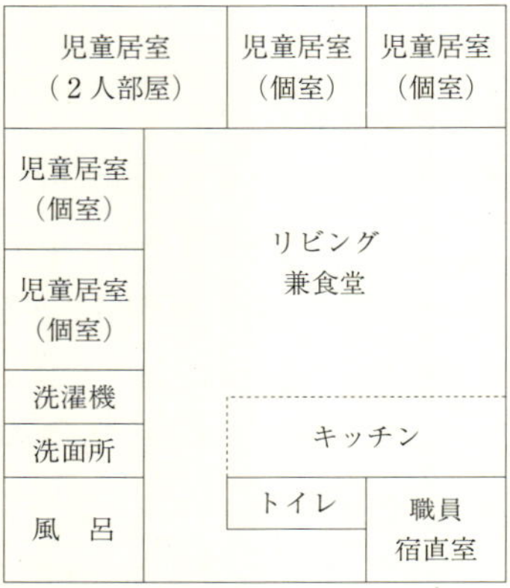

児童居室（2人部屋）	児童居室（個室）	児童居室（個室）
児童居室（個室）	リビング兼食堂	
児童居室（個室）		
洗濯機		
洗面所	キッチン	
風呂	トイレ	職員宿直室

- 児童数6～8名
- 原則個室，低年齢児は2人部屋など
- 炊事は個々のユニットのキッチンで職員が行い，児童も参加できる。

出所：厚生労働省「社会的養護の現状について」より。

では，建物としては1つであるが，その中を細かく区切ってホームとしているケースがある。いずれの形態にせよ，小舎制の場合，「ホーム内で生活がすべて完結する」という特徴がある。台所，リビング，風呂場などは一般家庭とほぼ同規模のものが完備されており，一般家庭ときわめて近い生活環境・住環境が実現できていると言える。

グループホームとは，ホーム内の様子は小舎制と同様であるが，施設の敷地の中にホームが存在するのではなく，施設の外に存在する点が特徴である。園長室や事務所など，施設の管理的機能を担う場を「本体施設（本園）」とし，その近隣，徒歩10分程度の圏内に，通常の家屋を「グループホーム（分園）」として整備し，子どもたちの生活はグループホームで行われる。地域との密接なかかわりを持ちながら生活すること，また，一般家庭では普通に経験するさ

まざまなできごとを経験できる形態であることから，今後の児童養護施設が目指す養育形態とされている。なお，グループホーム形態での養育をすべての児童養護施設で提供することを目的に整備されたものが，「地域小規模児童養護施設」である。

その他，ケア単位の小規模化・少人数化を図り，できる限り家庭に近い環境で養育するための措置として，小規模グループケアなどがあるが，いずれにせよ，今日の児童養護施設は，「ケアの小規模化」に向けて進んでいる。厚生労働省も，児童養護施設を含む社会的養護の施設について，将来的には，「小舎制化した児童養護施設で3分の1，ファミリーホームで3分の1，里親委託で3分の1」というビジョンを描いている。

(2) 年　齢

児童は，その年齢に応じてさまざまな発達段階を経ることから，その年齢を基準とした見立てや，援助プロセスの構成が求められる。保育士というと，一般的に，「小さな子ども」を支援の対象として想定することが多いが，施設に入所する児童の年齢層は，実に幅広い。そのため施設職員（施設保育士）には，多様な年齢層の児童についての理解が求められる。ここでは，大まかに4つの時期に分けて，年齢に応じた援助のプロセスについて述べる。

1) 乳児期

原則的には，乳児は，乳児院に措置される。しかし現在は，特段の理由（例，きょうだいの分断を避ける，など）がある場合には，児童養護施設に措置される場合もあることから，ここで取り上げることにする。

乳児期には愛着関係形成が適切になされるような援助が必要である。そのため，できる限り担当職員を固定し，特定の養育者との間に濃密な愛着関係が形成されるよう配慮しなければならない。また乳児期には，養育者との身体接触を通じて，「自分が守られている」という安心感を得る。特にネグレクト状態にあった児童では，まともに親（母親）から抱かれた経験のない場合も多いため，施設職員は，頻繁な抱っこや，オムツ交換などの時も，できる限り目を見

て話しかけるなど，児童との愛着関係形成に努めることが求められる。

　2）幼児期

　幼児期は，基本的生活習慣の獲得の時期である。自我が強くなり，特に幼児前期は「自分で，自分で」と，大人からの援助を嫌がることがある。しかし，だからといって突き放すのではなく，いつでも手をさしのべられるような姿勢で見守り，児童が困った素振りを見せた時，スッと職員が手をさしのべることが重要である。これにより，乳児期と同様，「見守られている」という安心感につながり，児童は自信を持って，外の世界とかかわろうとする姿勢を強くしていく。

　また，幼児後期になると，さまざまな遊びを通じた経験を得ていく。たとえば，時に友だちとのケンカから自己主張することを学び，ケンカした相手を許すことから寛容さを学ぶ。もちろん，重篤なケガに繋がるような遊びは，職員が適切に配慮して回避することが必要であるが，何でも「危ないから」と言って，止めさせてしまうことは避けるべきである。幼児期の遊びは，大人社会の縮図である。遊びの中で「小さな失敗（小さな危険）」を経験することで，学童期，あるいはその後の生活の中で，「大きな失敗（大きな危険）」を未然に回避する力を身につけていくのである。

　3）学童期

　学童期には，基本的生活習慣の獲得がさらに進み，身体的・精神的な活動に関心が向くようになる。外遊びの範囲は広がり，時におもしろがって，より危険な遊びにも気持ちが向く。しかし，幼児期で述べた通り，適切な配慮を行いつつ，さまざまな失敗を重ねることで，経験を獲得できるよう援助することが求められる。

　また近年は，幼稚園でもかなり早い段階で学習に取り組むところが増えているが，小学校入学と同時に，本格的に学習に取り組むことになる。「学習がすべて」ではないが，学力面の遅れは，児童の自己肯定感の欠如にも繋がることから，年齢相応の学力が獲得できるよう，援助することが求められる。また学童期には，施設内での生活で一定の役割を担うことで，自信を身につけるほか，

「人の役に立っている」という自己有用感(自己肯定感)が醸成される。集団の中での「育ち合い」を援助するという視点も重要である。

4)青年期

青年期(含む,学童期後半)は,自分の価値観,将来に向けての展望などに目が向くようになる時期である。児童によっては,自分の措置理由(親の抱えている問題)を気にするようになる。また,自身の持つイメージと,他者の自分に対するイメージとの違いに苦しみ,必要以上に容姿などを気にすることもある。このような精神面の混乱から,施設生活の中で,時に周囲の低年齢児に強く当たったり,一方で,極端な自信喪失に陥ることがある。施設職員は,目の前の事象にのみ惑わされるのではなく,「児童が成長のために通るべき通過点」という理解に立って,児童の気持ちに寄り添い,耳を傾けるよう努めたい。

また,学童期後半から青年期に掛けては,第二次性徴など,思春期特有の問題に向き合うことになる。異性との関係(施設内の他児や,職員)を気にするようにもなることから,適切な距離感を持ちつつ,かかわることが重要である。特に,大学や短期大学を卒業し,施設に入職したばかりの職員は,児童と年齢的にも大差なく,恋愛の対象や,性の対象であることを,自覚しておかなければならない。

このように,児童の年齢に応じて,発達段階も,課題もさまざまである。ここでは発達の詳細についてはふれないが,施設での援助に際しては,児童の発達についての基本を理解しておくことが,大前提となる。その一方,施設に措置される児童は,さまざまな家庭環境の問題から,年齢相応の社会経験を獲得できていないことも多い。年齢に捉われるのではなく,児童一人ひとりの育った環境,生育歴などにも目を向けつつ,施設養護の間に,適切な社会経験を獲得できるよう,援助することを心がけるべきである。

(3)入所から退所まで

施設養護が展開される場面は,「施設に入所してから,退所するまで(含む,退所後)」という流れの中で進行する。ここでは,施設入所(直前)から退所ま

での流れを追って，援助のプロセスについて述べる。

1）アドミッションケア

アドミッションケア（Admission Care）とは，施設入所段階における支援を指す。

児童は，児童相談所による措置決定の後，児童養護施設に措置されるが，多くが，親元から離れて一時保護所での生活を経た後，措置となる。また，一時保護所で生活している間，児童は，その身柄の安全確保のため，通学せず，一時保護所の中で学習指導を受けて生活する。さらに，施設入所直後は，新たな生活環境に慣れるまでの間，さまざまなストレスに晒されることになる。このような状況を踏まえ，子どもができるだけ早期に施設での生活を開始できるよう，支援しなければならない。

また，施設への入所に関しては，基本的に親（保護者）の同意が必要であるが，同意が得られていない場合には，親（保護者）に対する適切な説明を行い，一定の理解を得ておくことも重要である。子どもの施設生活が始まると，親（保護者）とのかかわりが希薄になりがちであるが，子どもにとって親（保護者）は，やはり特別な存在なのである。

このように，子ども自身，そして親（保護者）の意向なども踏まえ，中長期的視点で子どもの支援を検討するために作成されるのが，「児童自立支援計画」である。児童自立支援計画は，児童養護施設等に作成が義務付けられているものであり，児童の自立に向けて，関係者の見立てや，児童自身の意見を総合して作成されるものである。児童の自立に向けての指標となるものであり，児童の日常を知る担当職員が中心となって作成する。

このような，入所直前から直後の児童の不安に対応した援助，ならびに，そのために必要な，親（保護者）への支援が，アドミッションケアで求められる視点である。

2）インケア

インケア（In Care）とは，施設入所後の，施設での日常生活場面を指す。

児童養護施設をはじめとする社会的養護の施設に入所する子どもたちは，こ

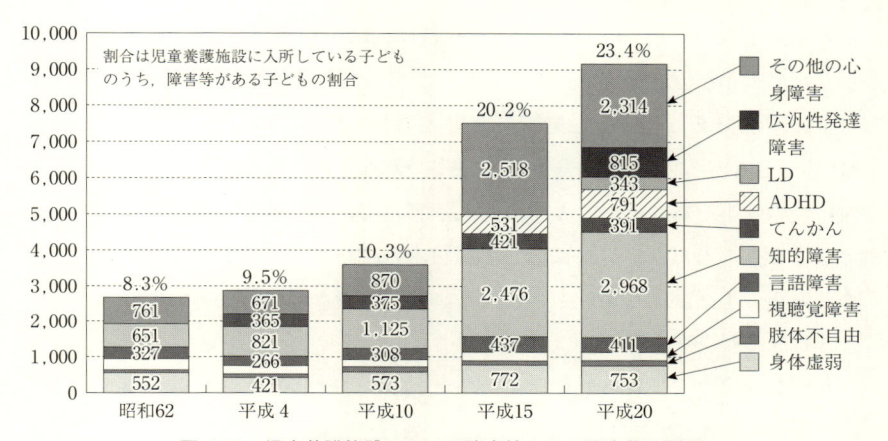

図4-3 児童養護施設における障害等のある児童数と種別
出所：厚生労働省ホームページ「社会的養護の現状について（平成24年9月）」および，「社会的養護の現状について（平成24年6月版）」より。

れまでの生育環境の問題から，年齢相応の社会経験が獲得できていない場合がある。そのため，生活の中で，他の入所児童とのトラブルも少なくない。しかし，このような経験を経て，施設職員や，共に生活する仲間との良好な関係を築くことで，自信を高めていくのである。

子どもたちに，これまで「当たり前」に訪れていた日常と，施設の日常とでは，大きく異なる場合が多い。たとえば，ネグレクト状態にあった児童の場合，食事に困ってコンビニエンスストアでパンを万引きしたり，飲食店の裏手で残飯を漁ったりするなど経験をした児童も少なくない。このような生活の結果，通学の機会を奪われてきた児童も多く，施設入所児童の多くは，学力が低い傾向にある。学力の低さは，学校生活の中で自己肯定感の欠如に繋がるほか，将来の自立（進学や就職）においても，不利な要素として働く面は否めない。そのため，日常生活の中で，学習面への援助（学習指導）を提供することも，忘れてはならない。

またインケアにおいては，施設内やホーム（ユニット）内で，児童がさまざまな役割を担うことが多い。一見，児童に役割を与えることは，単に職員の業務を手伝わせているようにも見えるが，生活の中で児童に適切な役割を与える

ことは，手伝いの範疇を超えた，自立援助にほかならない。

さらに近年，課題とされているのは，児童養護施設における，障害を有する児童の増加である。厚生労働省の調査（「社会的養護の現状について：2012〔平成24〕年6月版〕」によると，児童養護施設に入所する児童のうち，4人に1人は何らかの障害を有しているとされる。障害の特性を理解し，適切な援助を行うことはもちろんだが，必要に応じて施設内の改修や，ハードウェアの整備を進め，児童の生活がよりよいものとなるよう，努めなければならない。

3）リービングケア

リービングケア（Leaving Care）とは，施設退所を控えた児童への，退所直前の支援を指す。

施設を退所した児童は，要養護問題が解決していれば，基本的に親（保護者）のもとに帰ることになる。ここでは便宜上，これを「家庭復帰」と呼ぶ。家庭復帰の場合，親（保護者）の状況は，児童が措置される以前よりも改善している。そのため，親（保護者）からのさまざまな援助が期待できる。

一方，措置年限満了にともなう退所の場合には，就職や進学にともない，自立援助ホームでの生活や，単身生活に移行することになる。同じく便宜上，これを「卒園」と呼ぶ。卒園の場合は，必ずしも，要養護問題の解決を意味しておらず，親（保護者）からの援助が期待できないことも多い。そのため，児童が自立した生活を営めるよう，さまざまな準備（社会経験，生活スキル，貯蓄，等）を整えておくことが求められる。

いずれの場合でも，多くの子どもたちは家庭復帰を喜ぶが，その一方で，慣れ親しんだ施設や職員との別れも経験することになる。そのため，退所が決定したら，児童の理解度に応じて，その理由や，今後の生活についての説明を始めなければならない。また，家庭復帰後に要養護問題が再発することも考えられるため，「そのような場合には，施設や職員がいつでも援助する」ということを伝えておく必要がある。

実は，施設での生活は，極めて「便利」である。病院に通院しても，「受診券」と呼ばれる，児童養護施設等に措置されていることを証明する書類を提示

すれば，全額公費で支払われるため，薬局を含めて，窓口での支払いはない。また，施設の行事で外出する場合は，職員が運転する車で出かけることも多く，公共交通機関を利用する場合にも，職員が一括して支払う場合が多い。そのため，一般家庭では当たり前に経験できることの多くを，経験できていないことがある。職員の多くは一般家庭で育っているため，そのような違いに気づきにくい。リービングケアにあたっては，このような違いを意識し，社会経験の機会を意識的に創っていくことが求められる。しかしながら，「リービングケア」という援助のあり方を中長期的に考えるならば，施設養護におけるケアの小規模化を進め，普段の生活の中に，自立に向けた社会経験の多くが内包されている形に移行すべきであると言えよう。

4）アフターケア

アフターケア（After Care）とは，文字通り，施設退所児童に対する支援を指す。

2004（平成16）年の児童福祉法改正で，各施設の業務に，「退所者への援助」が規定された。それまでも，独自にアフターケアに注力してきた施設はあったが，明文化されたことで，施設には，一層の責任が課せられることになった。ここでは，リービングケアの項で述べた，「家庭復帰」と「卒園」に分けて，それぞれの支援について述べることにする。

家庭復帰の場合，児童が比較的低年齢である場合もある。そのため，要養護問題の再発を未然に防ぐ，あるいは，なるべく早期に発見し適切な支援に繋げることが重要となる。定期的な家庭訪問や，親（保護者）を呼び出すなどして，家庭状況の確認に努めなければならない。また，親元への家庭復帰が困難と認められた場合，里親への委託（措置変更）や，養子縁組の成立による引き取りのケースもある。里親への措置変更の場合には，施設での情報を里親に適切に引き継ぐと共に，施設の職員が適宜面会を行うなど，里親との連携を続けていくことが重要である。なお，養子縁組の場合には，要養護問題とは基本的に切り離して考えることができるが，児童の情報の引き継ぎなどは，里親の場合と同様に必要である。

卒園の場合，児童が単身生活を始めることが多いため，児童の生活スキルが未熟で，結果，生活が破綻することが考えられる。そのため，定期的な訪問などを通じて，精神的なサポートを行うことが重要である。また，退所児童同士の交流の場を設けるなどして，児童がひとりで悩み，課題を抱え込まないような援助の仕組みづくりが求められる。このほか，卒園の場合には，就職先や進学先との連携が効果的な場合もある。しかし，訪問の際には，事前に退所児童本人の同意を得ておくことが前提である。また，児童の中には，自立援助ホーム（自立生活援助事業，1997〔平成9〕年の児童福祉法改正で法定化）での生活に移行する者もいる。交代で食事をつくったり，ゴミ出しを行うなど，生活上の役割を分担し，実際の生活を通して，社会生活に必要とされるスキルを獲得していく。その後，児童がひとり暮らしを始める際には，アパートの賃借で，保証人が必要となる場合がある。かつては，施設長が善意で保証人を引き受け，施設長個人が負担を負うことが少なくなかったが，現在は，児童福祉施設出身の児童のための「身元保証人確保対策事業」が整備されており，施設長等が保証人を引き受ける際の負担を軽減している。

　このように，「入所から，退所まで」の流れの中で，児童が現時点で，どの段階にあるのかをふまえ，段階に応じた適切な援助を展開することが求められる。しかし，同じ「アドミッションケア」でも，幼児に対するものと，中学生・高校生に対するものでは，その中身は大きく異なる。また，アフターケアの項で述べた「家庭復帰」と「卒園」の違いのほか，児童によっては，要養護問題の再発にともない，「一度退所した児童が，再び措置されてくる（他の施設への，施設からの措置を含む）」場合もあることから，求められる援助の中身を，画一的に考えることはできない。

　「入所から，退所まで」という大きな時間の流れを捉えると同時に，児童の抱える背景，年齢などの要素も総合的に勘案しつつ，援助を展開することが必要なのである。

（4）年度（年間）

ここでは，施設の生活を，入園入学，卒園卒業といった「年度（年間）」の区切りで考えていくことにする。

1）年度始めの時期（4月〜5月頃）

年度始めのこの時期は，児童が新学年での生活に慣れるまで，時間を要する時期である。特に小学校1年生の場合，学校の45分授業に集中して臨まなければならず，幼稚園までの，「基本的なルールはあるが，自分たち（児童）にあわせて大人が動いてくれていた生活」から，大きく変化する。担当職員は，児童の気持ちに寄り添いながら，スムーズな新生活をスタートできるよう，援助することが求められる。

また，中学校1年生の場合，小学校と生活時間帯が大きく変化する。部活動などで帰りが遅くなり，職員とかかわる時間が少なくなりがちであるため，意識的に声を掛けるなどしたい。

高校1年生の場合，特に生活の変化が大きい。自分の自由になる時間も増え，職員の目の届かない場面も増えることから，児童の自主性・自立性を尊重しつつも，大きな失敗をすることのないよう，目を配ることが重要となる。

2）夏休み前の時期（5〜7月頃）

この時期は，児童の生活が比較的安定してくる時期であるが，逆にこの時期から，不登校や，起床時間が遅くなるなど，児童の怠惰な一面が覗くことがある。一度生活のリズムを崩してしまうと，立て直すことは容易でないため，「児童が学校で何か問題を抱えていないか」という点に注意しつつ，ある程度の後押し（登園・登校刺激）が必要となる。

なお，幼稚園や小中学校では，この時期に運動会（体育祭）を開くところが増えてきている。可能であれば，親（保護者）に連絡を取り，運動会などの機会に，児童と一緒に過ごす時間を設ける工夫が重要である。

3）夏休み（7月〜8月頃）

夏休みに入ると，児童の多くは施設で過ごし，時間的な束縛が幼稚園や学校よりも緩やかになるため，生活リズムが崩れがちである。また，児童が日中施

設にいる分，施設職員とのかかわりは密になる。そのため，このような長期休み期間中には，職員と児童がともに過ごす行事を設けるなどし，愛着関係・信頼関係が一段と深まるような援助を心がけなければならない。

またこの時期は，主にお盆の時期に，親元への一時帰省を行う児童が多い。基本的には，親と一緒に過ごせる時間を創出するよう心がけるべきであるが，必要に応じて，施設側から親に支援をし，帰省が過度な負担とならないよう，調整すべきである。

4）2学期（9～10月頃）

中学校3年生や高校3年生の場合，2学期から，進路選択の検討が本格化する。中学校3年生の場合，受験する高校の選択・決定のほか，保護者と，高校の学費等に関する協議も行わなければならない。また，現在は少数になったものの，中学校卒業と同時に就職し，施設を離れる児童もいる。この場合，高校3年生と同様，残り半年あまりの施設生活になることから，自立に向けた準備を本格化させる時期となる。

5）年末～年始，3学期（11月～翌年1月頃）

この時期は，年末年始に一時帰省をする児童が多い。親（保護者）の経済状況によっては，さまざまな負担が考えられるため，親の生活状況を適切に把握しておくことが重要となる。

さらに年明けからは，いよいよ新たな進路に向けて，受験に際しての学習指導や，就職，自立生活に向けての自立訓練等が本格化する。特に高校進学を検討している児童については，いずれの高校にも合格できなかった場合，実質的に就職（施設退所）という選択を余儀なくされるため，児童の希望と学力，親（保護者）の意向などを総合的に判断し，可能な限り高校進学の道筋の立つよう支援しなければならない。

6）春休み（2月～3月頃）

この時期になると，春からの進路が決まっている児童が大半である。高校生で，就職や進学にともない退所する児童は，新たな生活の場に居を移すことになる。児童によっては，20年近く生活した施設を離れる場合もある。また中学

生で高校進学予定となった児童は、親（保護者）との協議が始まる時期である。
　施設の場合、進級進学にともない、施設内でのホーム異動や、担当職員の交代などが起こり得る。また、職員の退職も、年度替わりのこの時期が多い。職員の退職による養育者交代はいかんともしがたいが、児童に突然告知するのではなく、ある程度時間に余裕を持って伝え、児童の意向も尊重するよう努めたい。
　このように、1年間（年度）という視点で見ると、子どもたちの生活は、それぞれの時期や季節ごとの行事に影響されていることが分かる。2歳児を除いては、基本的に、学校生活が、その基準となる。そのため施設職員は、自分自身の学校生活経験も踏まえながら、子どもたちの今の教育課程に関する情報も、的確に把握し、理解しておかなければならない。

(5) 1 日
　ここでは、朝から夜への時間の流れに沿って、施設の1日の生活を見ていくことにする。
1) 朝（起床）～身支度
　施設の多くは、低年齢児から高年齢児までを同じ生活単位に構成する、「縦割り方式」を採っている。そのため、遠方まで通学する高校生や、部活動の早朝練習がある子どもは、施設全体が動き始めるよりも早く、登校の準備を始めることがある。施設職員の出勤時刻より前に、子どもたちが身支度を始めることもあるため、前日の勤務者は、前夜のうちに、子どもたちの朝の準備に必要な準備を整えておく必要がある。もちろん、学校行事などの場合は、出勤時刻を調整して、子どもたちの生活を第一に考えなければならない。「職員の出勤時刻は○○時なので」といった理由で、「子どもたちが、職員に合わせる」ようなことがあってはならない。
　なお、ほぼ同年齢の児童を同じ生活単位に構成する「横割り方式」を採る施設もあるほか、高校3年生だけを1つのホームに集中（横割り）させ、他の児童は縦割りとする、「混合型」を採る施設もある。

2）朝食～登校・登園

　この時間帯は，職員と児童の団らんの雰囲気を大切にしつつ，時間を過ごすことが重要である。施設職員も一緒に朝食をとることから，職員自身の食事（マナー・偏食等）にも気をつけたい。児童の多くは，朝食を済ませると，順次登校・登園していく。朝は，少しでも時間に余裕のある生活を心がけたい。また，施設や学校でさまざまなトラブルを抱えている児童は，時に，登校・登園を渋るなどの反応を見せることがあるため，このような児童のサインにも留意することが重要である。

3）登校後・登園後

　施設の多くはこの時間帯に朝礼や会議を実施する。重要な案件は，職員が出勤した時点で，前日の担当職員から引き継ぎが行われていることが多いが，会議で改めて職員全体に周知する。また，通院予定の子どもや診療科などを把握し，受診を忘れないよう注意しなければならない。なお，病気で幼稚園や学校を欠席している場合，主としてこの時間帯に通院を行う。

　縦割り方式の施設では，2歳児がいくつものホームに分散していることが多いため，2歳児を集めて，いわゆる「園内保育」的な場で養育している場合が多い。本来であれば，担当職員が継続して養育に関わることが望ましいが，勤務時間調整の観点から，このような形態を採る施設が多い。

4）休日の日中

　平日は，子どものほとんどが登校・登園しているため，職員は休憩時間となることが多い。一方，休日の日中は，子どもたちと職員は，長い時間をともに過ごすことになる。大舎制の施設の場合，食事は全体で一括調理し，提供される場合が多い。そのため，料理が出来る過程を知らない児童も多く，自立支援の観点から，「休日の昼食だけは，担当職員と児童でつくる」という施設も多い。

5）下校・降園後

　施設の勤務体制にもよるが，基本的にはこの時間帯から，職員の多くが出勤する。

幼稚園児の場合、各ホームに帰ってくる場合もあれば、主として大舎制(たいしゃせい)の施設では、夕方まで、園内保育で一時預かりを行う施設もある。学童の場合は、ホームに帰ってきたあと、宿題を済ませたり、施設独自の学習指導の時間になることが多い。施設職員のほか、大学生などの学習指導ボランティアを配し、指導を行う施設もある。

その後の時間は、小舎制(しょうしゃせい)やグループホームの施設では、一般家庭と同様に、友だちの家に遊びに行ったりして過ごすことが多い。しかし大舎制の施設では、地域に出て行かずとも、同年代・同学年の児童が施設内に多数いるため、施設内での遊びに止まってしまう傾向にある。なお、児童によっては、親（保護者）による連れ去りの危険性から、外出を許可できない場合がある。この場合は、児童の年齢に応じて適切な説明を行い、一定の理解を得ることが必要である。なお、この時間帯には、児童の通院も行われるため、朝礼などの場で、職員全体に周知しておくことが求められる。

6）夕　食

夕食時は、施設がもっとも慌ただしい時間帯である。大舎制の施設では、大きな食堂で一斉に食事を取る施設も多いため、食事中の会話で、メニューについて適宜(てきぎ)説明するなど、子どもの理解が進む工夫が重要である。なお、中学生・高校生になると、部活動の練習等で帰園が遅くなり、ひとりで食事をするケースも多い。職員はつい、低年齢児童への対応に追われ、中学生・高校生への対応を忘れがちになるが、可能な限り、職員も横でお茶を飲みながら話に耳を傾けるなど、支援の方法を考えるべきである。

7）入　浴

大舎制の施設の場合、大きな浴室が備えられており、「時間になると、年齢やホーム単位で一斉に入浴」という施設も多い。低年齢児にとって入浴は、時に職員らと遊びながらの、楽しいひとときである。また、学童後期から中学生、高校生の場合には、児童の性について意識するなど、年齢や発達状況を意識した支援を心がけたい。児童養護施設の職員には、一般に、女性の保育士が多い。そのため、学童後期（小学校5、6年生頃）以降は、たとえば入浴のタイミング

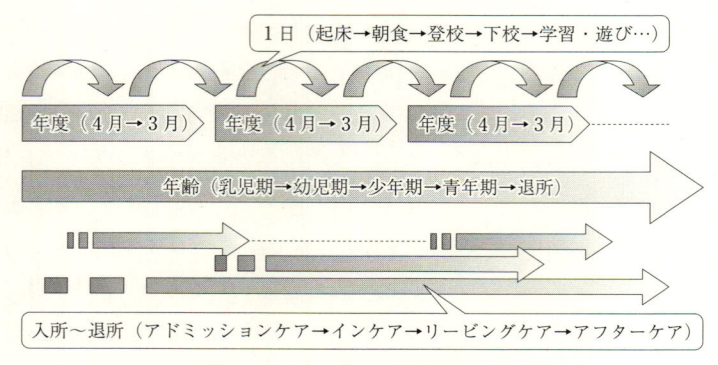

```
         ┌──1日（起床→朝食→登校→下校→学習・遊び…）──┐
    ⤴  ⤴  ⤴  ⤴  ⤴  ⤴
 ┌年度（4月→3月)┐┌年度（4月→3月)┐┌年度（4月→3月)┐ ……
 ┌──────年齢（乳児期→幼児期→少年期→青年期→退所)──────→
 ┌──入所〜退所（アドミッションケア→インケア→リービングケア→アフターケア)──┐
```

図4-4　さまざまな援助のプロセス

出所：筆者作成。

を児童に任せたり，一定の間，1人になれる時間を設けるなどの配慮が求められる。

8) 就　寝

入浴を済ませ，明日の登園・登校の準備を済ませると，低年齢児から，順次就寝することになる。職員は非常に多忙であるが，この時間こそが，児童の安心・安定に資することを忘れてはならない。

施設の高年齢児は，低年齢児の前では，プライドもあり，弱みを見せずに欲求を抑え込んでいる場合がある。低年齢児の就寝が済んだ後は，普段なかなか密にかかわることのできない高年齢児とのかかわりの時間を大切にしたい。

このように，ありふれた「1日」という時間の流れも，施設職員としての援助者の視点から見れば，さまざまな援助の機会にあふれている。漫然と時間を過ごすのではなく，まさに1日の積み重ねが，子どもたちの生活をつくり，人間形成・人格形成につながっているということを，忘れてはならない。

以上，さまざまな視点から，施設における支援のプロセスについて述べてきたが，これらの視点が実に複雑に絡み合って，同時並行的に進行しながら，支援を構成していると言える。年齢で画一的に評価したりするのではなく，子どもを取り巻く複数の要素を関連させ，他職種連携の下に，児童一人ひとりに応じた援助を展開することが求められる。

第4章　施設養護における支援の実際

― 事　例 ―

ジュースとポテトチップスが食事

　小学校5年生の太くん（仮名）は，父親を早くに亡くし，母親と2人で生活してきた。母親は，小さな飲み屋を経営しており，その2階が母子の住居となっていたが，昼夜逆転の生活が続き，まともに学校にも通ってきていないことなどから，母親と協議，納得の上，太くんを一時，児童養護施設に預けることになった。

　入所直後，職員は太くんの体型に驚いた。身長は平均だが，体重は60kg近くあり，小学校5年生の平均体重を大きく上回っていた。肥満のため，太股の内側は擦れており，歩き方もぎこちないものであった。職員が太くんに尋ねたところ，「喉が渇けばオレンジジュースを飲み，お腹が空いたらポテトチップスやチーズを食べていた」とのことであった。母親が食事を作ってくれ，一緒に食べることは，ほとんどなかったようである。

　おそらく太くんは，母親の経営する飲み屋に用意された，飲料やつまみの類を食べ，飢えを凌いでいたものと思われる。そのため，施設の食事も「味が薄い，量が少ない」と，不満をこぼすことがたびたびであった。職員は，太くんの健康面を考え，食生活改善の必要性を感じつつも，「施設の食事に急激に合わせさせることは，太くんにとって負担が大きい」と考え，食事の量や内容について，栄養士らと相談し，少しずつ，通常の味つけと量に近づけていくことにした。

― コラム ―

子どものために，施設を選ぶ

　厚生労働省の「社会的養護の現状について（2012〔平成24〕年6月版）」によると，児童養護施設は全国に585か所，定員34,522人，現員29,114人となっている。単純計算で，定員充足率は，84％あまりに達する。

　本来，児童養護施設での養育は，里親委託や養子縁組など，さまざまな社会的養護施策のひとつとして実施されるべきものである。すなわち，「その児童にとって，施設での養育が最善」と判断される場合にのみ，実施されるべきなのである。しかし現状は，里親委託児童数が4,000人弱であることからもわかる通り，児童養護施設は，社会的養護の第一選択肢として候補に挙がることがほとんどである。

　さらに言えば，措置施設を決定する場合には，「その施設での養育こそが最善」であるべきである。しかし，先に述べた定員充足率からもわかる通り，定員に余裕のある施設がある一方，ほぼ満杯の施設も存在する。すなわち，実質的には，「この施設に措置せざるを得ない」という状況も発生していると考えられる。つまり，児童にとって最善の選択としての措置ではなく，受け皿の問題で，「選択肢が，それしかない」

ということである。

　現在，わが国の社会的養護においては，家庭養護，家庭的養護の推進が進められている。施設養護に関しても，その約７割が大舎制という現状から，徐々にではあるが，ケア単位の小規模化を進めてきているところである。しかし，根本的な課題として，この少子化の現代にあって，要養護児童が増加している以上，社会的養護全体に対して，より多くの予算措置が講じられて然るべきであろう。

　大人の側の論理ではなく，「子どものために，その子に最もふさわしい施設を選ぶ」ということができるためには，施設数，あるいは定員の拡充と共に，ケアの小規模化という２つの命題を同時に解決していくことが求められる。

コラム

職員の勤務時間と子どもたちの生活

　施設職員の勤務時間は，労働基準法に従って，１日８時間，週40時間と定められている。しかし，実習などで施設を訪れた人ならわかる通り，１日の勤務が，到底，８時間で終わろうであろうはずがない。施設の多くは慢性的なマンパワー不足状態にあることから，「ギリギリの人数で回している」といった声も聞かれる。

　中でも，児童養護施設は，その特殊性から，実際の勤務時間がかなり超過する傾向にある。児童養護施設は子どもたちの生活施設であり，「家代わり」である。そのため，子どもたちが幼稚園や学校に行っている日中に職員の休み時間を入れ，８時間の勤務を，「朝３時間＋夕方～夜５時間＝合計８時間」などの，いわゆる「断続勤務」とする施設も多い。しかし，どのような仕事であれ，勤務時間ピッタリで終業できることはなく，しかも，断続勤務で「勤務の終わり」が１日のうちに複数回数訪れると，ついつい，実際の勤務時間は，延びる傾向にある。また，施設職員の実際の声として，「『８時間ピッタリで終わらなければイヤだ』とは思わない」という声がある。施設が子どもたちの生活の場であることを考えると，職員自身，「子どもにとって，何が一番大切か」を考えた時，当然の結論と言えるだろう。しかし，その問題と，「だから，８時間の勤務を超過するべきだ」とか，「超過は仕方がない」というのは，論のすり替えのように思われる。そもそも，「８時間ピッタリ」で終われないのであれば，７時間で子どもたちの担当としての業務を終え，残る１時間で，記録の整理や次の職員への引き継ぎなど，比較的時間調整可能な業務を行う，というのが，望ましい方式ではないだろうか。

【演習課題】

1. 一般家庭では当たり前に経験できるが，施設生活では経験できない（経験しにくい）ことには，どのようなものがあるだろうか。考えてみよう。
2. 運動会など，親子で過ごすことのできる機会に，職員はどのような配慮をしなければならないか。考えてみよう。
3. 自立を間近に控えた子どもについて，どのような準備（モノ，手続き，その他）が必要となるか。考えてみよう。

〈参考文献〉
伊藤嘉余子『児童養護施設におけるレジデンシャルワーク──施設職員の職場環境とストレス』明石書店，2007年。
厚生省児童家庭局家庭福祉課監修『児童自立支援ハンドブック』，1998年。
厚生労働省ホームページ「社会的養護の現状について（参考資料）」，2012年。
櫻井奈津子編著『子どもと社会の未来を拓く養護内容──保育士のための演習ワークブック』青踏社，2010年。
鈴木政次郎編著『現代児童養護の理論と実践』川島書店，1999年。
山根正夫・七木田敦編著『実例から学ぶ子ども福祉学』保育出版社，2010年。

（中島健一朗）

第5章
児童福祉施設・機関における支援の実際

― 学習のポイント ―

　児童福祉施設は，養護系（乳児院，児童養護施設，母子生活支援施設），障害児系施設（障害児入所施設，児童発達支援センターなど），情緒・行動系施設（情緒障害児短期治療施設，児童自立支援施設など）に便宜上分類することができる。本章では，それぞれの系統別に各施設や関係機関の役割，支援活動の実際について解説を行う。本章での学習を通して，施設養護活動や支援するための制度や支援機関の活動の実際についての理解を深めてほしい。

第1節　養護系施設の実践の現状と課題

（1）乳児院における実践の現状と課題
1）利用者の現状

　乳児院は児童福祉法に定められた児童福祉施設で，親の養育拒否や病気，貧困，死亡等，さまざまな事情で，家庭で養育を受けることができない0歳からの子どもたちが，児童相談所の判断（措置）により入所し，生活している施設で，児童福祉法（第三十七条）には，「乳児（保健上，安定した生活環境の確保その他の理由により特に必要のある場合には，幼児を含む）を入院させて，これを養育し，合わせて退院した者について相談その他の援助を行うことを目的」とする施設であることが示されている。

　乳児院はこれまで，「おおむね2歳の誕生日」を迎えるまで利用することが可能とされていたが，2004（平成16）年12月に行われた児童福祉法の改正によ

表5-1 乳児院の主な入退所理由

乳児院の【主な入所(措置)理由】

区 分	児童数	割 合
父母の死亡	16	0.7%
父母の行方不明	59	2.5%
父母の離婚	65	2.8%
父母の不和	39	1.7%
父母の拘禁	128	5.5%
父母の入院	272	11.7%
父母の就労	90	3.9%
父母の精神障害	465	19.9%
父母の放任怠惰	190	8.2%
父母の虐待	374	16.0%
棄 児	12	0.5%
父母の養育拒否	158	6.8%
破産経済的理由	148	6.3%
その他	315	13.5%
合 計	2,331	100.0%

乳児院の【主な退所理由】

区 分	児童数	割 合
親元引き取り	1,684	55.4%
親戚引き取り	31	1.0%
里親委託	246	8.1%
養子縁組	32	1.1%
他の施設に移管	864	28.4%
児童養護施設	765	25.1%
知的障害児施設	26	0.9%
肢体不自由児施設	16	0.5%
重症心身障害児施設	15	0.5%
その他	42	1.4%
母子生活支援施設	9	0.3%
死 亡	3	0.1%
その他	173	5.7%
合 計	3,042	100.0%

出所:厚生労働省児童養護施設等調査結果(平成20年2月1日現在)。

り,「保健上安定した生活環境の確保その他の理由により特に必要のある場合」には就学前の6歳まで利用することが可能となった。

　乳児院は厚生労働省の資料(「社会的養護の現状について〔参考資料〕」〔平成24年11月〕)によれば,全国に129か所設置されており,2,843人の乳幼児が施設を利用している。(乳児院の総定員数は3,860人)で,乳児院の入所理由は,母親の疾病(精神疾患含む),虐待,ネグレクト,父母就労,父母の拘禁などが多かったが,最近では母親の精神疾患や虐待による入所が増加傾向にある。入所に至るまでの経緯は複雑で,主な入所理由が改善されても別の課題が明らかになることも多い(主な入・退所理由については表5-1参照)。

2) 生活支援についての基本的な視点

　乳児院における養育については乳幼児の成長発達を支えるきわめて大切な活

動であることを踏まえ，厚生労働省は2012（平成24）年3月に「乳児院運営指針」を示した。

　この運営指針は，乳児院における養育・支援の内容と運営に関する基本的な指針を示したものである。

　目的の中には，「家庭や地域における養育機能の低下が指摘されている今日における，養育のモデルを示せるような養育の水準が求められているとして，子どもとしての人格の尊重，子ども期の生き方が大切としている。そして，子ども期の精神的・情緒的な安定と豊かな生活体験が発達の基礎となるとしつつ，成人期の人生に向けた準備期」であるとし，乳児期の大切さと，それを担う社会的養護施設である乳児院のあり方，取り組みについての重要性と方向性を示している。指針の中で，乳幼児は，「安全で安心感のある環境のもと，周囲の豊かな愛情と，応答的で継続的なかかわりを通しておとなや世界に対する絶対的な信頼を獲得していく」のであって，乳幼児期は「子どもの心身の傷を癒し，発育・発達を改善していく回復可能性の高い時期」としている。さらに，「乳幼児期の適切な手厚い支援」の重要性を示しており，乳児院にはこうした視点を持った支援が求められている。

　また，乳児院を設置運営する団体である「全国乳児福祉協議会」では，「乳児院は，言葉で意思を表現する事がむずかしい乳幼児の子どもの命を守り育んでいる。職員（養育者）は子どもの権利を擁護する代弁者であり，一人ひとりの子どもを大切に思い，担当養育制をとりながら子どもとの関係を深め，安全で安心な生活環境と，きめ細かな配慮の中で日々，子どもの心と身体を育んでいく。乳幼児期は，人間の基礎を培う大切な時期であり，職員（養育者）との愛着関係の形成が子どもの発達にきわめて大切なことから，適切な養育を行う必要がある」ことを示している（全国乳児福祉協議会発行「新版　乳児院養育指針」より）。

　①乳幼児に寄り添うための視点

　厚生労働省の示した指針では，乳児院で乳幼児に対する支援を進める際に配慮すべき点としては「子どものこころに寄り添いながら，子どもとの愛着関係

を育む」ことが大切であるとして,「特定のおとなとの愛着関係」を築くために,日常の養育においては,乳児院への入所から退所まで,一貫した「担当養育制」をとること,「子どもの遊びや食,生活体験に配慮し,豊かな生活を保障」するために,「一人ひとりに応じた日々の営み」,「養育者との十分な遊びの時間」の確保が求められている。また,乳幼児の使用する玩具や遊具については,「安全で使いやすい」ものを準備するだけではなく,「自分のもの」と言えるよう,玩具や食器,衣類,戸棚などの個別化を図ることが大切であるとしている。こうした取り組みを積み重ねることにより,「子どもの発達を支援する環境」を整えることが求められている。

②成長発達を促進するための日常的な支援

乳児院での食生活に関する支援は,乳幼児の成長・発達を支える観点からも重要な支援課題である。指針では,乳幼児に対して適切な授乳を行うために「発達に応じた量や時間の間隔,排気のさせ方などの基本的な援助方法」の確保,「一人ひとりの乳幼児の個性やその日の体調などに合わせた授乳を行う」ほか,離乳食を進めるに際しても個々の状態に合わせ,食事がおいしく楽しく食べられるよう工夫し,栄養管理の行き届いた食生活の提供が求められている。食生活は成長を促進するばかりではなく,「生活リズムを整える」という観点からも大切なことである。

乳幼児の生活の中で大切なこととして「安心して睡眠」できる環境の保障がある。授乳時の母親との関係が大切であると言われるように,「睡眠」も乳幼児の心身の成長・発達にとって大切な活動である。乳児院で生活する乳幼児の場合,お話や絵本を読んで寄り添ってくれる母親の存在がないため,睡眠不安を来たし,乳幼児の生活に影響を与えてしまう場合もある。指針では,乳幼児が安心して十分な睡眠をとれるよう,「安心した心地よい入眠やさわやかな目覚め」を支援のために,ベッドや寝具,室内の装飾,照明,適切な室内の温度調整などを行い,乳幼児にとって「快適な睡眠環境」をつくることが求められている。

乳幼児の成長発達は個人差が大きいことに配慮し,乳幼児の年齢に配慮し,養育者となる担当保育士との日常的なふれ合いを通して確立される,「基本的

な信頼関係」をもとにした生活全般にわたる支援が必要であり，たとえば，「排泄」については，トイレでの排泄が自立できるまでは通常「おむつ」を使用するが，ともすると汚れたから，（おむつ交換の時間だから）と，毎日の生活上のメニューとして機械的におむつ交換をしてしまう場合があるが，発達段階に応じて乳幼児が排泄への意識を持てるように工夫することの大切さが示されている。

乳児院では，「病気などへの抵抗力の弱い」乳幼児を入所させている関係上，養育者のわずかな不注意が重大な事故へと結びついてしまう場合がある。そのため子どもたちの「生命の危機」，「健康」や「安全面」の取り組みについては最新の注意が必要である。

この点について，指針では，毎日の体温測定や健康観察を通して一人ひとりの乳幼児の健康を管理し，異常がある場合には適切に対応することや，病・虚弱児等の健康管理についての適切な対応策をとること，インフルエンザなどをはじめとした感染症などへの予防策を講じることなどが示されている。

③子どもの心の成長への支援

乳児院では，愛着形成や信頼関係の形成を体験することがむずかしく，乳幼児の心理的な発達に影響を及ぼすことがあり，心理的な支援が必要となる場合がある。こうした場合，施設で生活する乳幼児への心理的ケアだけでなく，親子関係の構築，家族との再統合など保護者への支援を含めた取り組みを行うことが必要であり，心理士を配置したり，必要に応じて外部の専門家から支援を受けるなどの体制を整備することが必要であり，乳児院への心理職員配置の見直しなども行われている。

④退所へ向けての支援

乳児院の乳幼児は「2歳の誕生日」を迎える前後で，退所し，新たな生活環境へ移る場合が多い（前掲の「表5-1　乳児院の主な入退所理由」を参照）。

家庭の場合には家族の転勤などにともない生活環境が変わるとしても，特別な事情がない限り，同じ者同士での生活が継続されるが，乳児院から児童養護施設等に生活環境が変わるということは，「今までまったく接したことのない

第5章 児童福祉施設・機関における支援の実際

人たちとの生活」を行うことになり，幼い子どもにとって強い不安とストレスを抱くことになりかねない。そのため，新たな施設に移る場合には，退所先に乳児院での生活の様子や，子どもの特性を理解するために必要な情報提供を行い，退所先で安定した生活ができるよう，きめ細やかな連携を行うことが必要である。母親の病気等のために乳児院を利用していた場合には，家庭に戻る子どもも多い。このような場合でも，子どもが家庭に戻った時，安定した生活を送ることができるよう「親子宿泊体験」などの家庭復帰へ向けたの支援を行うことが大切である。

3）支援の実際
①毎日の生活日課

乳児院ではこれまでに述べてきたような点をふまえて，乳幼児が親や兄弟姉妹と共に生活できないことによる不安を少しでも軽減し，成長・発達を促進するために必要とされるであろう支援活動に取り組んでいる。

生活の基本となるのは，毎日の生活の流れ（日課）である。表5-2はA乳児院の日課表である。日課表を見てわかるように，乳幼児に対する支援活動は，朝5時には「検温・視診」が開始され，その後，休む間もなく24時間の体制で，切れ目のない支援が年間を通して行われている。

②行　事

A園では，乳幼児が家庭で生活を送る時と同じように誕生会の開催や，季節に合わせてお花見会や，こどもの日の行事，遠足，七夕やスイカ割り，縁日等の夏の行事，クリスマス会やお正月，節分，ひな祭りなどの行事に取り組み，家族と生活できないことによるさびしさを感じないよう配慮している。

4）働く職員に求められること

乳児院を利用する乳幼児は，自分から言葉などによる意思表示を行うことはきわめて困難であり，弱い立場に置かれている。そのため，乳児院で働く保育士などにはしっかりとした倫理基準が求められている。全国乳児福祉協議会では「乳児院倫理綱領」や「より適切なかかわりをするためのチェックポイント」等を示しており，これらを活用することにより，乳幼児の基本的な権利擁

表5-2 A園(仮名)の日課

さくらんぼ室(0歳児)	時　間	こりす室(1歳児)
検温・視診	AM 5:00	検温・視診
哺　乳		オムツ交換
着替え・オムツ交換		顔拭き
顔拭き	7:00	朝　食
オムツ交換		オムツ交換
(哺乳)		着替え・歯みがき
朝礼・申し送り	9:00	朝礼・申し送り
離乳食	9:10	おやつ
哺　乳		オムツ交換
オムツ交換		排泄訓練
温湿度測定		温湿度測定
保　育	10:00	保　育
沐　浴		
オムツ交換		
水分補給(哺乳)		
午　睡	12:00	昼食，オムツ交換
		午　睡
離乳食	PM 1:00	
哺　乳		
検温・視診		検温・視診
オムツ交換	1:30	オムツ交換，排泄訓練
温湿度測定		温湿度測定
哺　乳		おやつ
	2:00	オムツ交換
申し送り	3:00	申し送り
入浴・着替え		保　育
水分補給		オムツ交換
オムツ交換	4:30	入浴・着替え
離乳食	5:00	夕　食
オムツ交換		
哺乳・就眠	5:30	オムツ交換・自由遊び
	6:00	
		就　眠
夜間のオムツ交換	8:00	夜間のオムツ交換と
哺乳・15分間隔の巡視	AM 5:00	30分間隔の巡視

出所：筆者作成。

第 5 章　児童福祉施設・機関における支援の実際

護に努める必要がある。

┌─ コラム ─
愛着形成に関する課題

　乳児院に入所している乳幼児は愛着形成の時期にある。しかし，乳児院での生活には限りがあり（法改正で環境が整えば就学前までの入所が可能），多くの乳児院では2歳の誕生日が退所の時期である。それまでに家庭復帰できない場合は，措置変更による里親委託（優先的に検討される），児童養護施設入所となる場合が多い。乳児院としては，できるだけ安定した状態での退所が望ましいと考える。また，発達の状態によっては医療ケアを受けることもあるのでますます慎重になる場合もある。次に引き受ける側の児童養護施設では，年齢に応じた（特に発達）支援を考える時，2歳を過ぎたら速やかに子どもの移動を行ったほうがよいと考える。乳児は乳児院，幼児は児童養護施設と考えるからである。
　より良いかたちで引き継ぐためには，各施設の家庭支援専門相談員の連携は不可欠である。生まれて初めて利用する社会的養護である乳児院は，次へのタスキを渡すことになる。タスキとは「記録」のことで，児童養護施設では，児童自立支援計画となる。この引継ぎにより豊かな「子ども期」を過ごせるようになってもらいたいと願っている。

┌─ コラム ─
記　憶

　男女の双子がベビーサークルに掴まり立ちして笑っている。この写真が新聞に出ると，里親希望者からの電話が殺到したと聞く。今の時代新聞に写真入りで乳児院の子どもが載ることはないが，当時はそう言う時代だったのだろう。
　この二人には2つ違いの病弱の兄がおり，その兄を看病していた母親の目が突然見えなくなり，母親と兄は共に入院した。父親は就労のためこの双子の面倒が見られない事から乳児院へ入所した。男女の双子はめずらしく可愛がられていたようだ。本人にどれだけ記憶があるかわからないが，双子の女の子は保育士になっている。自分が心地よいものを受けた時，職業を受け継ぐ人になることもある。

（2）児童養護施設における実践の現状と課題
1）児童養護施設の概要

児童養護施設は，児童福祉法7条に規定された入所型の児童福祉施設であり，同法，第41条には「児童養護施設は，保護者のない児童（乳児を除く。ただし，安定した生活環境の確保その他の理由により特に必要のある場合には，乳児を含む。以下この条において同じ），虐待されている児童その他環境上養護を要する児童を入所させて，これを養護し，あわせて退所した者に対する相談その他の自立のための援助を行うことを目的とする施設とする」と規定している。

児童養護施設は全国で585施設設置されており（2011〔平成23〕年3月現在），公立40施設（6.8%），私立545施設（93.2%）となっている。施設の入所定員は34,522人であるが，2011（平成23）年度3月末日の措置委託児童数は29,114人となっており，約3万人の子どもたちが生活している。

全国の児童養護施設の分布状況を見ると，首都圏の1都3県で126施設全体の21.5%を占めている。内訳は東京都58施設，神奈川県29施設，千葉県17施設，埼玉県22施設となっている。近畿圏では，大阪府38施設，兵庫県30施設，京都府13施設となっている。一方で富山県・島根県は3施設，滋賀県・秋田県の4施設と設置施設の数が少ない県もある（示した数字は「第14回社会保障審議会児童部会社会的養護専門委員会資料「社会的養護の現状について」〔参考資料〕平成24年3月。厚生労働省雇用均等・児童家庭局家庭福祉課調べより引用）。

入所状況は，地域によって異なっており，人口の多い都市部の施設は満床状態となっている施設が多いが，地方の施設では入所児童数が減少し定員に満たない施設もある。

2）施設における支援の実際

児童養護施設の半分は従来からの「大舎制」（寮舎1舎あたりの定員が20人以上の生活単位で構成されている施設）と言われる生活形態であり，1舎あたりの40人を超える子どもたちが共同生活を営んでいる。きめ細かな養育を実践するためには，「養育単位の小規模化」を積極的に推進していく必要がある。

児童養護施設の場合，2011（平成23）年に行われた設置基準の改定により，

表 5-3　児童養護施設の生活単位の形態の現状

1舎あたりの定員	寮舎の形態		
	大　舎 20人以上	中　舎 13〜19人	小　舎 12人以下
施設数（N＝552）	280	147	226
％	50.7%	26.6%	40.9%

出所：「社会的養護施設整備状況調査」（参考資料）平成24年3月。厚生労働省雇用均等・児童家庭局家庭福祉課調べ。

　居室面積が「児童1人について 4.95 m² （約3畳）以上」と改められたが，児童養護施設は幼児から中高校生が生活しており，成長発達の著しい子どもたちが生活する環境を確保するためには十分な広さとは言えない。特別養護老人ホームの設置基準は「入所者1人について 10.54 m² 以上」であり，2倍以上の大きな差がある。

　児童養護施設において，「より家庭的な環境で養育」を推進するために，2000（平成12）年度から「**地域小規模児童養護施設**」を，2004（平成16）年度から「**小規模グループケア**」を制度化し，その拡充が進められている。

---重要語解説---

地域小規模児童養護施設

　地域の民間住宅を借り上げるなどして，6人の児童と3人の職員（別に都道府県単独の加算あり）を基本として地域生活を営むところ。原則として1施設あたり2か所まで設置が可能である。厚生労働省は，2011（平成23）年度には650か所に設置されたが，2014（平成26）年度までには800か所の設置目標を立てている。（乳児院含む）。

---重要語解説---

小規模グループケア

　1グループあたり児童6〜8人の単位でケアを実施するもので，本体施設の中でユニットを構成する形と，本体施設の建物外（同一敷地内の隣接する建物，あるいは地域の民間住宅の借り上げ等）で実施する「分園型」と呼ばれる方式がある。
　小規模グループケアを実施することにより，グループごとに職員1名と管理宿直の

非常勤職員を1名加算することができる。

2011（平成23）年度221か所で取り組まれているが，厚生労働省は2014（平成26）年度までの目標値として300か所での取り組みを目指している。

コラム

支援の小規模化の動きと職員の思い

児童養護施設の中には，できるだけ少ない人数で生活することのできる環境をつくろうとする動きがある。「小規模化」と言われる流れである。家庭で生活する子どもたちと同じように，個室を利用することができ，生活にゆとりを持たせようとするもので，「ユニットケア」と呼ばれる。ユニットケアとは，玄関（下駄箱のあるもの）に，トイレ風呂，キッチンがあり，子どもたちの使用する居室は個室か2人部屋で，6人程度の児童が生活する形態を指す。

外見的な形の問題としてだけではなく，「家庭的」な生活とは何かを考える場面である。

児童養護施設では子どもたちとかかわって，もし，子ども同士のトラブルがあった場合，被害を受けた子どもの生活するユニットの職員が「うちの子に何するの」と，加害児のいるユニットの職員に言うことができるくらい，子どもに寄り添うことができないものかと願っている。

3）児童養護施設の職員

児童養護施設の職員については児童福祉施設の設備および運営に関する基準に定められている（表5-4参照）が，24時間体制で，子どもたち一人ひとりを大切にした，きめ細やかな支援を行うためには職員の数が不足しているという現実がある。

コラム

成長を助ける

「こんにちは施設を見せてください」と，家庭引取り当時小学校5年だった男の子が10年ぶりにひょっこり顔を出した。しばらく施設の中を見てまわりポツリと「施設小さくなったなあ〜」と，それを受けて職員は「お前が大きくなったからだろ」と切り返した。卒業生や，一時期施設にいた子どもが訪ねてくれることは職員としてうれしい。「ふる里」になれるといいなあとの思いがある。生まれ故郷は「家」，育った故

郷は「施設」となってもいいのではないか。

G県に2012(平成24)年4月開設の定員36名のユニット(1ユニット6名)の新設の施設がある。ここでは「子どもの故郷」になれることを目指して,「ゆっくりと,丁寧に」の取り組みが行われている。

表5-4 児童養護施設の職種別職員定数

職種別	職員の定数
施設長	1人。
児童指導員・保育士	通じて,満3歳に満たない幼児おおむね2人につき1人以上,満3歳以上の幼児おおむね4人につき一人以上,少年おおむね5.5人につき1人以上とする。ただし,児童45人以下を入所させる施設では,さらに1人以上を加算する。
個別対応職員	1人。
家庭支援専門相談員	1人。
心理療法担当職員	心理療法を行う必要があると認められる児童18人以上に心理療法を行う場合には,心理療法担当職員を置かなければならない。
看護師	乳児が入所している施設にあっては。
職業指導員	実習設備を設けて職業指導を行う場合。
栄養士	1人。定員41人以上の場合に限る。
事務員	1人。
調理員等	定員90人未満の場合は4人。定員90人以上30人ごとに1人加算。
嘱託医	1人。

出所:「児童福祉施設の設備及び運営に関する基準」を参考に筆者作成。

4)施設への入所と措置制度

児童養護施設への入所は,都道府県・指定都市に設置される児童相談所を通じた「措置制度(行政処分による公的支援の利用)」により行われるが,措置以外に,子育て支援の一環として,「ショートステイ(短期預かり)」や「トワイライトステイ(父子家庭等夜間養育事業)」などの事業を市町村から委託されて実施している施設もある。

表5-5 児童養護施設の措置理由児童数

(人,%)

区　分	児童数	割　合	区　分	児童数	割　合
父の死亡	195	0.65%	母の死亡	580	1.8%
父の行方不明	328	1.01%	母の行方不明	1,869	5.9%
父母の離婚	1,304	4.1%	父母の不和	252	0.8%
父の拘禁	563	1.81%	母の拘禁	1,048	3.3%
父の入院	327	1.0%	母の入院	1,506	4.8%
父の就労	1,762	5.6%	母の就労	1,293	4.1%
父の精神疾患等	180	0.6%	母の精神疾患等	3,197	10.1%
父の放任・怠惰	654	2.1%	母の放任・怠惰	3,707	11.7%
父の虐待・酷使	1,849	5.9%	母の虐待・酷使	2,693	8.5%
棄　児	166	0.5%	養育拒否	1,378	4.4%
破産等の経済的理由	2,390	7.6%	児童の問題による監護困難	1,047	3.3%
その他	2,674	8.5%	不　詳	631	2.0%
合　計	31,593	100.0%			

出所：第14回社会保障審議会児童部会社会的養護専門委員会資料「社会的養護の現状について」（参考資料）平成24年3月．厚生労働省雇用均等・児童家庭局家庭福祉課調べ．

5）施設入所児童の現状

①入所児童の年齢，在籍期間，入所理由

2008（平成20）年2月1日現在の児童養護施設を利用している子どもたちの平均年齢は10.6歳で，入所時の平均年齢は5.9歳，平均の在籍期間は4.6年で，在籍期間が3年未満42.6%，10年以上10.9%となっている。また，児童養護施設を利用するようになった措置理由は表5-5の通りである。

②養育環境に課題を抱えるケースの増加と専門的ケアの必要性

入所児童の半数以上（53.4%）が虐待を受けている（児童養護施設入所児童等調査，平成20年2月1日）。との調査結果がある。児童相談所における2011（平成23）年度の虐待相談対応件数は59,919件，新規措置児童数は5,412人，その内父母の虐待を理由に入所措置になったのは1,800人に止まっている。これは，児童相談所における養育相談をふまえての結果と考えるべきである。児童相談所が，施設への入所を必要と判断した時に，親との摩擦を避けるため「虐待」

第5章　児童福祉施設・機関における支援の実際

の言葉を使わない場合が考えられるからである。

　虐待を受け，施設で生活をしている子どもたちは53％を超えており，(「児童養護施設入所児童等調査結果〔平成20年2月1日〕による)。虐待を受けた子どもは心に大きな傷（トラウマ）を負っていることが多く，人格形成や日常生活に支障を来す場合がある。児童虐待の場合には，虐待行為が繰り返えされ，さらに長期化し，心により大きな傷を負うことになる。

　また，入所児童の中で，知的障害や発達障害など何らかの「障害あり」と考えられる子どもが23.4％おり，20年間で3倍の増加になっている。このことは，生来的な場合もあるが，虐待による影響に，「障害あり」と言われる状態になる場合もあり，見逃してはならない。

　児童相談所の一時保護中に行われる，行動観察，各種検査等の情報より子どもたちの支援計画の骨子が作成されるので，作成された支援指針を参考として，児童養護施設としての自立支援計画を作成することが必要であり，保育士や児童指導員・心理士等の連携のもとに，施設としての専門的なケアが進められる。

　自立支援計画作成にあたっては，子どもや家族の希望などを適切に把握すると共に，子ども自身が理解できるように説明を行うことが大切である。さらに，支援にあたる保育士や児童指導員が子どもたちに理解できるよう支援を進めることが求められており，最近ではCSP（コモンセンス・ペアレンティング）等の手法を活用する施設が増えている。

　児童養護施設では，子どもたちが「自立した生活」を営むことが可能となるよう，日常の生活を通しての支援に取り組んでいるが，その際の基本となるものは「施設の日課」である。日課は子どもたちに共に，どのような生活を行うのかを示すものである。

　次に，児童養護施設の日課表を表5-6に例示するので参考にしてほしい。

表5-6 児童養護施設F園の日課

時　間	子どもたちの活動	職員の活動
6:15		出　勤
6:30	起　床	児童の起床促進
	朝食準備手伝い	洗濯・朝食準備
6:50	朝　食	配　膳
7:15	登　校	持ち物の確認
	小学生集団登校	登校見送り
	中学生（部活児童は早い登校）	清　掃
	高校生は自転車や電車登校	洗濯干し
8:30	日勤職員出勤	清　掃
8:45	幼稚園児送り	担当保育士
	職員打ち合わせ	宿直報告（前日の報告，当日の予定の確認）
9:00	休　憩	断続勤務者
9:30	園内保育開始	未就学児等園内保育
12:00	昼　食	日勤職員・園内保育職員
14:00	幼稚園迎え	日勤職員
15:00	おやつ	
16:00	小学生下校	宿題指導
	中学生・高校生下校	翌日準備確認
18:00	夕　食	配膳・片づけ
	入浴・自由時間	
21:00	小学生就寝	日誌等の記入
21:30	職員退勤	宿直職員に引き継ぎ
22:00	中・高校生就寝	
23:00	学習児就寝	

出所：筆者作成。

― コラム ―

CSP（Common Sense Parenting）

　厚生労働省は，今後の児童養護施設のあり方の中で，CSP（コモンセンス・ペアレンティング）の方法を使った養育の必要性を投げかけている。3歳から8歳の子どもに有効との報告もある。子育てにおける養育技術のひとつと言える。
　CSPとはアメリカの養護施設であるボーイズタウンで開発されたプログラムをもとに，神戸にある児童養護施設「神戸少年の町」で開発された子育て支援プログラムで，どのように子どもとの関係を深めていけば良いのか，どのように子どもをしつけたら良いのかといった疑問に答え，親子に具体的なしつけのスキルを指導することが可能であることから，児童虐待防止や治療，防止のための家庭支援プログラムとして

児童相談所や児童養護施設等からその効果が報告され，全国的な広がりを見せている。
　一例としては，子どもとスーパーに買い物に行く時「今日はいい子にしててね」と言うところを「お母（職員）さんの近くにいてね」と言う。そして，練習として「お母さんが近くにいてね」と言ったら「はい」と返事をしてねと練習をする。このように具体的に子どもが理解できるように言うことによって，子どもはどうしたら良いかがわかり，お母さん（職員）も落ち着いて買い物ができるようになる，というものでCSPは施設職員，家庭等における子育てに役立つものと考えられる。

6）自立支援とアフターケア

　児童養護施設は，原則として18歳までの入所であるため，自立支援は大きな課題である。入所と同時に将来に向けての自立支援計画にもとづく支援が開始される。

　近年入所児童の中学卒業後の高校等への進学率は95％を超え（2011〔平成23〕年5月1日現在），自立をめぐる課題の中心は高校卒業後をどうするのかになってきている。しかし，経済的基盤の弱い子どもたちにとって，学業に対する意欲があっても大学，短期大学，専門学校への進学は全高校卒業者の進学が77.4％に対して児童養護施設の卒業生では23.0％となっている。児童養護施設から4年制大学や短期大学，専門学校等への進学率が低い現状にある理由としては，児童養護施設を利用できるのは児童福祉法で18歳まで（状況により20歳まで利用可能）と定められており，4年制大学の場合には，卒業時に22歳となるため，施設での措置による入所対応は不可能である。金銭的な課題も大きく，学費への援助は施設でできないため，児童個人での奨学金の借り入れについても返済を考えると容易ではない。住む場所，学費や生活費の確保等，親や施設からの支援が期待できない中での進学はきびしい状況に置かれていると言わざるを得ない。最近では，一部の企業等による奨学金や学校の特待制度等がみられるが，まだまだ少数で，金額的には必ずしも十分とは言えない。

　子どもたちの保護者は経済的に余裕のある例は少なく，自分自身の生活で手一杯状態にあり，子どもは，高校卒業後には家計を助けなくてはならない状況でもある。

　就職についても，昨今の経済情勢の中で中卒・高校卒業者には大変きびしい

状況である。2004（平成16）年の児童福祉法の業務に位置づけられた。しかし，そのための専門職員等の配置は行われていないので，就労支援や自立生活の両面からのアフターケア（施設を退所したものに対する相談その他の援助）についての課題がある。

7）児童養護施設をめぐるさまざまな課題

①「児童養護施設運営指針」をめぐる社会的養護の課題

2011（平成23）年7月に作成された「社会的養護の課題と将来像」や，2012（平成24）年3月に示された「児童養護施設運営指針」において，定員規模の上限設定，ケア単位の小規模化，施設機能の地域への分散等の方針が示された。これらは，施設の形態論だけで議論されるべきではなく，「子どもの最善の利益」や「養育」の視点からも取り組んでいく必要がある。

②社会的養護における継続性・連続性の保障

わが国の社会的養護は，子どもの年齢や課題に対応して児童養護施設，乳児院，里親等の体系がつくられている。そのような仕組みの中で，社会的養護を担う施設や機関が密接に連携・協働して，「家族」，「保護者」，「育ち」を丸ごと支援していくことが重要であり，「児童養護施設運営指針」は社会的養護の理念にもとづく支援を共有するためにつくられたものと理解できる。

③地方主権への移行と児童養護施設最低基準の維持・向上

2012（平成24）年4月より児童福祉施設最低基準が地方条例化され，これまで厚生労働省令で定められていた人員配置や設備基準等の「最低基準」は，地方自治体が条例で定めることになった。今後は，「児童福祉施設の設備及び運営に関する基準」において，「従うべき基準」と「参酌すべき基準」とされた事項があるが，地方財政等の状況を理由に格差の生じる恐れがある。全国児童養護施設協議会等の子どもの意見を代弁する組織の取り組みにより福祉の後退を避けなければならない。

④子どもの「権利擁護の推進」

2009（平成21）年に「被虐待児等虐待対応ガイドライン」が示された。また，児童福祉法改正により虐待にかかわる届出，公表等が制度化され児童養護施設

第5章 児童福祉施設・機関における支援の実際

において2009（平成21）年度，29件，2010（平成22）年度，27件の虐待の事実が認められた。全国児童養護施設連絡協議会では，2010（平成22）年に「全国児童養護施設協議会倫理綱領」を制定し，現場職員の倫理観の醸成と養育の質の向上を図っている。また，人権擁護の視点から「児童養護施設における人権擁護のためのチェックリスト」を策定し点検と改善のための取り組みを進めており，今後の成果が期待されている。

（3）母子生活支援施設における実践の現状と課題
1）母子生活支援施設の概要
①母子生活支援施設について

児童福祉法38条によれば，母子生活支援施設は「母子生活支援施設は，配偶者のない女子又はこれに準ずる事情にある女子及びその者の監護すべき児童を入所させて，これらの者を保護するとともに，これらの者の自立の促進のためにその生活を支援し，あわせて退所した者について相談その他の援助を行うことを目的とする施設とする」と定められており，児童福祉施設の中で，母親と子どもが共に入所する唯一の施設である。

母子生活支援施設を利用できる者は上記した配偶者のない女性の他に，DVの被害者や児童虐待のある場合，夫が行方不明や拘置されている等の理由で夫婦が一緒に住むことのできない女性で，養育すべき子どものいる世帯であり，子どもが乳児から18歳になるまで利用することが可能であるが，1997（平成9）年に行われた児童福祉法の改正により必要のある場合には子の年齢が20歳になるまで利用することが可能となった。

母子の生活は収入の道が閉ざされ経済的に困窮状態となり，きびしい環境の中で子どもと共に生活すること疲弊し，母は，身体的にも精神的にも大きな傷を負い，生活して行く活力を失いかけている場合があるが，母親と子どもが離ればなれになって生活するのではなく，一緒に生活しながら，現在置かれている状況を乗り越え，再び社会生活に戻っていけるよう，支援を行うことを目的とした施設であり，厚生労働省の資料によれば2011（平成23）年4月現在，全

99

国に262か所の施設が設置されている（施設数は社会保障審議会児童部会社会的養護専門委員会第15回会議配布資料による）。

母子生活支援施設の運営等に関しては，市町村の事業（費用負担：国1/2，都道府県1/4，市町村1/4）とされており，利用するための相談窓口は福祉事務所で，市町村との間で契約することにより利用可能となる。

母子生活支援施設は，厳密に分類されているわけではないが，主に，「母子家庭の自立を支援」するための支援を目的としている「支援型」タイプの施設と，主に，「DVによる被害者等の緊急避難」を目的として利用する「シェルター型」タイプの施設がある。

いずれの場合であっても生活に必要な最低限度の家具類は標準装備されており，家具類の持ち込みは許可されない場合がほとんどである。支援型タイプの施設の場合には外部との接触は禁止されていないが，シェルター型タイプの施設の場合には「入所者の安全確保」という観点から外部との連絡は制限され，携帯電話の所有も認められない場合が多い。

②利用者の概況

2008（平成20）年に厚生労働省が実施した「児童養護施設入所児童等調査」によれば，全国の母子生活支援施設を利用して4,059世帯の家族（母親4,059人，子ども6,552人で1世帯当たりの子どもの人数は1.6人）が生活をしている。

施設の利用理由は表5－7の通りであるが，2009（平成21）年度新規利用世帯の入所理由は，「夫などの暴力」49.6％，「住宅事情」22.2％，「経済事情」11.2％で，約8割が「暴力」と「貧困」と言う状況であり，DV被害者の避難のため，シェルター的な利用者が多く，暴力と貧困は世代間連鎖しやすい事が指摘されており，母子生活支援施設ではこうした点をふまえ，安全で安心できる環境の提供が必要となっている。

利用者の入所状況では，障害のある利用者が増えており，母親の937人（24.1％）に何らかの障害があり，770人（12.5％）の子どもにも障害のあることが判明し，前回の調査時から見ると，（母親901人〔22.9％〕，子ども684人〔10.6％〕），障害のある利用者の数が母子ともに増加しており，表5－9に示す

表5-7 母子生活支援施設の利用理由と子どもの状況

項　目	公設公営	公設民営	民設民営	民営施設計
夫などの暴力	37.1%	39.5%	59.1%	51.5%
入所前の家庭環境の不適切	12.1%	8.9%	7.0%	7.7%
住宅事情	23.7%	28.9%	17.6%	22.0%
経済事情	21.6%	12.4%	7.9%	9.6%

出所:「2008（平成20）年児童養護施設入所児童等調査」（厚生労働省）。

表5-8 入所者の子どもの状況

子どもの年齢・就学状況	
6歳以下	40.4%
小学生	38.2%
中学生	12.8%
高校生・高校生以上	7.8%
その他中卒以上	0.8%

出所:「平成22年度全国母子生活支援施設実態調査報告」（全国社会福祉協議会）。

表5-9 入所者の福祉手帳の所持者数

項　目	子ども	母　親
身障手帳	10.0%	7.8%
療育手帳	50.9%	25.5%
精神手帳	12.2%	58.4%
その他	26.9%	8.3%

出所:「平成22年度全国母子生活支援施設実態調査報告」（全国社会福祉協議会）。

ような福祉関連の手帳を所持している。

2）支援の実際

①支援の基本

　母子生活支援施設では母子が自立して生活していけるよう，さまざまな相談支援や心理支援を行うと共に，安心・安全な生活環境を確保し，家族の生活を支え子どもの育ちを保障するための支援を行っている。

　2012（平成24）年3月に厚生労働省が示した「母子生活支援施設運営指針」によれば，施設の役割と理念として「母親と子どもへのあらゆる人権侵害を許さず，その尊厳を尊重し，生活を守ることを徹底して追求する」，「生活支援は，母親と子どもが共に入所できる施設の特性を生かしつつ，親子関係の調整，再構築等と退所後の生活の安定を図り，その自立の促進を目的とし，かつ，その私生活を尊重して行わなければならない」，「個々の家庭生活や稼動の状況に応

じ，就労，家庭生活や子どもの養育に関する相談，助言並びに関係機関との連絡調整を行う等の支援を行わなければならない」とし，この目的を達成するため，母子生活支援施設は，入所中の個々の母親と子どもについて，その家庭の状況を勘案し，よりよい支援につなげるため母親と子どもの意向を尊重した上で，自立支援計画を策定しなければならないことが示されている。

　支援の基本的な考えかたとしては母親と子どもの最善の利益を保障するために行われるものであり，単に暴力や貧困などの危機的な状態から抜け出すことを目的とするだけではなく，母親と子どもが自分の意思で課題と向き合って解決できるよう支え，自分の持つ，将来の夢や希望を実現（自己実現）できるように寄り添うことであり，母親と子どものそれぞれの人格と個性を尊重し，人としての尊厳を重視したかかわりが必要であるとしている。

　支援を実施する際には，母子生活支援施設の特長を生かし，生活の場であればこそできる支援に心がけ，できるだけ親子，家庭のあり方を重視して行うことや入所型の施設の特性を活かし，母親と子どもに対して生活の場であればこそできる日常生活支援を提供することなどが重要である。また母親と子どもへの支援を行う上で，施設職員は，入所してくる母親と子どもに対しては，入所時には質的にも量的にも最も濃密な支援を必要としていることや，母親と子どもが，共に自己肯定感を回復し高められる支援を行うように配慮するなどの視点が示されている。

②支援の基本

　母子生活支援施設で支援の対象となるのは「母親」と「子ども」，母子世帯（家庭）である。支援を行う際にはそれぞれの個別の課題に対して，専門的な支援を提供する必要がある。その際に配慮すべき点としては，母親と子どもの課題を正しく理解し，できる限り，親子，家庭のあり方を重視した支援の実施や自己の意思で課題を解決できるように個々の気持ちに寄り添った支援を提供することが必要である。特に，母親に対しては，施設入所に至るまでに母親が体験してきたであろう，さまざまな体験や心理的ストレスに対して，子どもとの生活の場で，母親に寄り添いつつ，母親が感じてきたと思われる，孤独感や

自己否定から，自らの力で回復していけるように，施設の職員には「頼れる身近なパートナー」としての役割が求められる。また，母親が子どもの発達段階に応じた適切な子育に取り組むことが可能となるように支援して行くことも大切な課題である。

　そのためには，施設というまったく新しい環境で生活を始めることに対して抱く不安の減少や生活に適応できるように，精神的な安定をもたらす支援を行うことが大切である。また，心配なことがある場合には夜間でも，心の安定に向けた相談支援を行い，自分の居場所として実感できるように，より良い人間関係の構築に向けた支援が必要である。

　母子生活支援施設の最大の特徴は，母子が共に生活する施設である。母子の関係性を尊重し，母子が，家族としての良好で安定した関係が構築できるように支援していくことを基本とする必要がある。

③養育の保障と権利擁護

　DV被害，児童虐待，経済困窮等さまざまな家庭環境の中で「育ち」を守られなかった子どもに，生活の基盤を再構築し母子での安心・安全な生活を保障する。そのために，保育所，学校，医療機関，行政等と連携を図り子どもの教育権，養育権を保障する。

　また，母親のDV被害等によるPTSD（心的外傷後ストレス障害）や精神的障害等より，衣食住の生活が保障されなかった子どもへの日常生活支援を行い，信頼できる大人との出会いや，安全に生活できる環境で子どもを守ることにより，子どもが，年齢に応じた「育ち」ができるよう支援を進めて行くことが大切である。

　施設での生活環境を提供する際に配慮すべき点としては，母子の基本的権利の尊重である。このためには母子の自分たちの生活に対する考え（意向）や主体性の尊重，施設での生活上の規則などについての説明，施設で提供する援助についての説明と了解，施設での生活に不満や苦情のある場合には意見が述べられる環境の提供，母子に対しての権利侵害があった場合に対応の仕組みの明確化等について，丁寧な説明を行うと共に，職員研修やマニュアルを作成する

などして，施設としての明確な指針を示す必要がある。

④母子分離のない親子関係の保障

母親自身の自己肯定感の回復を図り，生活支援・子育て支援等を提供することにより，母親の子育て支援を行う。また，子育て支援と共に母親の就労支援，自立支援も行う。

母親の育ちの中で児童虐待を行うケースもあるが，危機対応・危機介入，必要に応じた施設内での母子分離，母と子への個別対応，見守りなどを行い，子どもを虐待から守り，母子関係の修復を図る。児童虐待の原因には貧困や母親自身の被虐待体験やDV被害などがあり，養育技術を獲得できていないことが多い。母親の心情を理解しつつ子育て支援することにより良好な親子関係の再構築につなげている。

⑤施設の生活

母親に対する日常生活支援，子どもが健やか育つことを目指した養育や保育，教育に関する支援。DVや虐待などによる被害を受けている場合には，その回避や回復のための支援，家族関係を調整するための支援，経済的な基盤を築くための就労に関する支援など，幅広い支援が求められている。

母子生活支援施設さくら園（仮名）では，ア．就労や経済活動への支援，イ．子育てや養育に関する支援，ウ．学童に対する支援，エ．家庭生活への支援などをもとに，自立へ向けての支援活動に取り組んでいる。

毎日の生活を規則正しいものとし，就労等の活動へ結びつけて行くためには生活リズムを習得し，表5-10に示すような日課により支援を行うことが大切である。

家庭での生活と同様というわけには行かないが，施設であっても季節の変化にともなう行事や等に参加することは社会生活を送って行くためにも必要である。さくら園（仮名）では表5-11に示すような行事計画を作成し，親同士の交流や親子の交流，健康管理などに努めている。

第5章 児童福祉施設・機関における支援の実際

表5-10 母子生活支援施設における生活日課の例

時　間	子ども	母　親	職　員
6:30	起　床	起　床	宿直補助員の勤務
7:00	食　事	食　事	
7:30	登　校	出　勤	
8:00			出勤・引き継ぎ
3:30	帰　宅 小学生 中高校生	就労していない場合には別メニューの活動を行う。	平日：帰宅児童に宿題指導 休日：買い物や公園に出かける等の支援も行う。
5:00	保育園児帰宅	母親帰宅	
6:00			退勤・補助員に引き継ぎ
7:00	夕　食	夕　食	
	入　浴	入　浴	
10:00		就　寝	

出所：さくら園（仮名）の「生活日課の目安」。

表5-11 さくら園（仮名）の行事計画

4月	春の親子遠足，母親集会，新入生お祝い会
5月	学童春季野外活動，母の日日帰りバスツアー
6月	親子運動会
7月	学童夏季野外活動（キャンプ），学童交流会
8月	七夕祭り，親子おやつづくり
9月	野球・キックベースボール大会
10月	学童秋季スポーツ大会，子どもまつり母子日帰りツアー
11月	親子料理教室
12月	クリスマス会
1月	初詣　親子新年会
2月	節分，豆まき，母子一泊雪あそび
3月	ひな祭り会

出所：さくら園（仮名）の説明パンフレットより引用。

表5-12　母子生活支援施設の定員に対する充足率

施設運営区分		定員(世帯数)	現員(世帯数)	充足率			緊急入所世帯数
				平成18年度	平成20年度	平成22年度	
公設公営		1,106	536	51.1%	51.4%	48.7%	103
民　営		3,996	3,334	85.1%	81.8%	83.7%	1,179
	公　設	1,543	1,122	77.3%	72.1%	72.7%	469
	民　設	2,451	2,222	90.3%	88.3%	90.7%	710
合　計		5,100	3,883	75.8%	74.5%	76.1%	1,282

出所：平成22年度全国母子生活支援施設実態調査報告。

⑥母子生活支援施設の課題

◎施設の利用状況

　母子生活支援施設では，利用者を24時間体制で見守り，突発的な問題に対して即座に対応する事が求められているが，定員20世帯に対して7名の人員配置では夜間体制も十分に組むことができない状況である。2010（平成22）年度調査では，職員総数2,442人で，1施設当たりの平均は9.61人。経営主体別では公設公営6.01人，公設民営9.49人，民設民営1,188人で2倍の開きがある。

　定員状況では平均で76.1%，経営主体別では公設公営48.7%，公設民営72.7%，民設民営90.7%となっており，DV被害者の増加，母子世帯の増加，利用ニーズは高まっているが，定員に満たない施設が多くなっている。

◎職員配置

　「児童福祉施設設置及び運営に関する基準」では，「母子生活支援施設には施設長や母子支援員，嘱託医，少年を指導する職員，調理員またはこれに代わるべき者を置かなければならない（第27条）。心理療法を行う必要があると認められる母子10人以上に心理療法を行う場合には，心理療法担当職員を置かなければならない（第27条の2）」と定められている。また，入所者支援の充実のための見直しが行われ，2012（平成24）年度から，定員10世帯以上の施設の母子支援員が1名増員されることとなった。しかし，支援を充実させて行くためにはまだ職員の数は不足しており，個別対応職員の配置推進が必要である。さらに

保育設備を有する場合保育所なみの保育士の配置や，対応が困難な母子の人数に応じた加算職員の複数配置等の検討，夜間宿直体制による安全管理に対応できるような職員配置のあり方が検討されている。

◎福祉サービス第三者評価

母子生活支援施設の運営や支援のあり方を適切なものとして行くために，これまで努力義務であった，「第三者による支援や運営内容の評価」(「福祉サービス第三者評価」と言う) が2012 (平成24) 年度からは3年に1回以上受審し，受審結果を原則公表することが義務化された。この評価制度は施設のランクづけを行うことではなく，受審することにより，これまで施設で取り組んできたさまざまな活動が適切であるのかどうかについて利害関係のない第三者の目でチェックし，不適切な点があれば改善し，適切な福祉サービスの提供が行えるようにするための改善に取り組むことを目的としている。これを積極的に受審し，自らの提供する福祉サービスの改善に取り組んで行くことが望まれている。

コラム

母子生活支援施設での母子の生活
―― 母親が病気になったら子どもはどうする ――

母子生活支援施設では母親が病気等で入院することになると，子どもは施設にはいられなくなる。

そうした場合，母の入院期間や子どもの年齢により乳児院や児童養護施設への入所となることが多い。

学齢児の場合は転校することになるが，子どもはどんな気持ちで母の帰りを待っているのだろうか。母親の入院が3か月の予定であれば，その日が来るのを指折り数えて待つことになる。しかし，精神疾患等により入院が長期化する場合も考えられる。

こうした場合，関係機関 (児童相談所，病院関係者，当該市町村の福祉課・子ども課，保健所，母子生活支援施設職員，児童養護施設職員) が集まり支援会議が開催される。

支援会議では母親と子どもを一緒にするために，どんな課題があるのか，どのような形が親子にとって望ましい形なのか，そのためにはどのような支援が必要なのか，そしてどこの機関が何の支援を行うのかなどが話し合われる。ここでは，子どもの代

> 弁者，母親の代弁者になれる職員が必要である。子どもにとっては不安な日々を過ごすことになる。

第2節　障害系施設の領域と実践の現状と課題

（1）障害児施設に関連する法制度の変化

　わが国の障害福祉の福祉サービス（以下，サービスと言う）は，長期間にわたって，行政がサービス内容や提供機関（施設等）を決定する，行政サイドが主体の「措置制度」によって提供されてきた。しかし，国民の福祉ニーズの増大や多様化により，法制度の改革が必要となった。

　これらの事態に対応するため，社会福祉制度の根本的な見直しを意図して**社会福祉基礎構造改革案**（1998〔平成10〕年）が発表され，さらに，その方針を取り入れた社会福祉法が2000（平成12）年4月に成立した。

> **重要語解説**
>
> 社会福祉基礎構造改革
>
> 　少子高齢化や家庭機能の変化，経済の低成長時代を迎えた中で，社会福祉に関する国民の意識の変化，社会福祉制度への期待が高まる中で，社会福祉の基礎構造の抜本的な改革が必要となった。これらの状況の中で，福祉サービスの提供者と利用者の対等な関係や国民個人の多様な需要に応える必要性に対応し，利用者が主体的に選択できる福祉制度を創造する目的で遂行された改革である。
> 　出所：大島正彦「社会福祉基礎構造改革の問題点」文京学院大学人間学部研究紀要，2007年を参考に筆者作成。

　この法律の基本方針の中での障害系施設に関する大きな法制度に関する変更点は，サービス利用を措置制度から利用する側が主体となる選択・契約制度に変更したことである。つまり，生活保護家庭や多問題家庭などの緊急度が高い家庭で生活する児童に関しては，サービスの利用については，これまでの措置制度がそのまま継続して運用されることとされたが，おおかたのサービス利用

第5章　児童福祉施設・機関における支援の実際

者については，新規に成立した障害者自立支援法の制度下でのサービスの利用が求められることになった。そして，障害者自立支援法下での利用者サイドに一部費用負担が義務づけられる法制度改革が実施された。

具体的には，障害福祉（対象者が18歳以上）の分野では，2002（平成14）年度に福祉サービスの利用の手続きの措置制度が廃止された。そして，2003（平成15）年度から契約方式の「支援費制度」がスタートしている。しかし，福祉サービス利用者のニーズに財政が追いつけない事態が生じたことから，支援費制度は短期間で継続が困難な状況になった。そのために，国は利用者の自己負担制度を含む内容の**障害者自立支援法**を2005（平成17）年に成立させ，2006（平成18）年から施行することになった。

障害児の分野では，これらの法制度の変更により，障害児施設（知的障害児施設・知的障害児通園施設・盲ろうあ児施設・肢体不自由児施設・重症心身障害児施設）の利用が，2006（平成18）年10月から原則的に契約方式に変更になった。

その中で，児童相談所が，以下の状態であると判断した場合には，同時に措置による福祉サービス利用も例外的に認められた。

①保護者が不在であることが認められ利用契約の締結が困難な場合。

②保護者が精神疾患等の理由により制限行為能力者またはこれに準ずる状態にある場合。

③保護者の虐待等により，入所が必要であるにもかかわらず利用契約の締結が困難と認められる場合。

の以上3つの例外的な規定である。

さらに児童福祉法が改正され，2012（平成24）年4月から，障害児支援の強化を図ることを目的として，障害種別ごとに分かれていた施設体系を，入所・通所の利用形態別に一元化し，入所サービスは障害児入所施設に統一され福祉型施設と医療型施設に分類された（図5-1）。改正にともないこれまで使用されていた障害児施設の名称は使用されなくなった。（表5-13）

さらに，入所対象については表5-14の通り，障害者自立支援法におけるサービス内容（施設利用対象者）が適用されることとなった。

109

```
障害者自立支援法［市町村］
┌─────────────────────┐
│ 児童デイサービス      │
└─────────────────────┘
児童福祉法［都道府県］
┌─────────────────────┐
│ 知的障害児通園施設    │
└─────────────────────┘
┌─────────────────────┐      障害児通所支援
│ 難聴幼児通園施設      │ 通    ・児童発達支援
└─────────────────────┘ 所    ・医療型児童発達支援
┌─────────────────────┐ サ    ・放課後等デイサービス
│ 肢体不自由児通園施設  │ ー    ・保育所等訪問支援
└─────────────────────┘ ビ
┌─────────────────────┐ ス
│ 重症心身障害児通園事業│
└─────────────────────┘
┌─────────────────────┐
│ 知的障害児施設        │
│ 第一種自閉症児施設    │
│ 第二種自閉症児施設    │
└─────────────────────┘ 入
┌─────────────────────┐ 所    障害児入所支援
│ 盲児施設              │ サ    ・福祉型施設
│ ろうあ児施設          │ ー    ・医療型施設
└─────────────────────┘ ビ
┌─────────────────────┐ ス
│ 肢体不自由児施設      │
│ 肢体不自由児療護施設  │
└─────────────────────┘
┌─────────────────────┐
│ 重症心身障害児施設    │
└─────────────────────┘
```

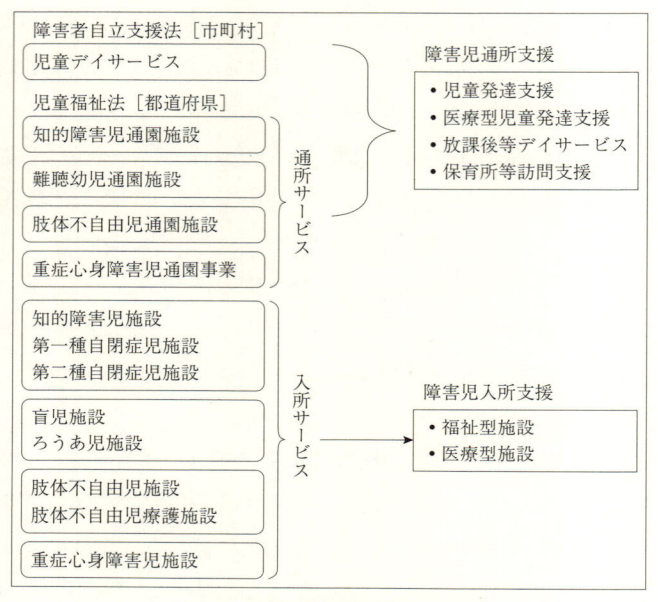

図5-1　障害児施設・事業の見直し

出所：厚生労働省「障害保健福祉関係主管課長会議資料」，2011年，を一部筆者改変。

　しかしながら，ここでは保育を目指す学生が施設の学習で困らないよう，旧法の区分における障害児施設を解説し，その歴史や支援内容について説明を行う。

（2）障害児施設の領域と実践課題

1）障害児施設の実践課題

　1960年代までは，障害児で就学年齢に達した児童は入所施設を利用するケースが多く見られた。しかし，1979（昭和54）年に特別支援学校（旧養護学校）の設置が義務化されたことにより，基本的には障害を持つ就学児は昼間は特別支援学校に通学し，夜間は家族と家庭で過ごす生活形態が一般的となった。そのために，昼間は学校で教育を受けていることから，保護者は子育てや介助から

第5章　児童福祉施設・機関における支援の実際

表5-13　児童福祉法新旧対照表

児童福祉法改正後	児童福祉法改正前（旧法）
第42条　障害児入所施設は，次の各号に掲げる区分に応じ，障害児を入所させて，当該各号に定める支援を行うことを目的とする施設とする。 　1　福祉型障害児入所施設　保護，日常生活の指導及び独立自活に必要な知識技能の付与。 　2　医療型障害児入所施設　保護，日常生活の指導，独立自活に必要な知識技能の付与及び治療。	**第42条**〔知的障害児施設〕 　知的障害児施設は，知的障害のある児童を入所させて，これを保護するとともに，独立自活に必要な知識技能を与えることを目的とする施設とする。
第43条 　児童発達支援センターは，次の各号に掲げる区分に応じ，障害児を日々保護者の下から通わせて，当該各号に定める支援を提供することを目的とする施設とする。 　1　福祉型児童発達支援センター　日常生活における基本的動作の指導，独立自活に必要な知識技能の付与又は集団生活への適応のための訓練。 　2　医療型児童発達支援センター　日常生活における基本的動作の指導，独立自活に必要な知識技能の付与又は集団生活への適応のための訓練及び治療。	**第43条**〔知的障害児通園施設〕 　知的障害児通園施設は，知的障害のある児童を日々保護者の下から通わせて，これを保護するとともに，独立自活に必要な知識技能を与えることを目的とする施設とする。 **第43条の2**〔盲ろうあ児施設〕 　盲ろうあ児施設は，盲児（強度の弱視児を含む。）又はろうあ児（強度の難聴児を含む。）を入所させて，これを保護するとともに，独立自活に必要な指導又は援助をすることを目的とする施設とする。 **第43条の3**〔肢体不自由児施設〕 　肢体不自由児施設は，上肢，下肢又は体幹の機能の障害（以下「肢体不自由」という。）のある児童を治療するとともに，独立自活に必要な知識技能を与えることを目的とする施設とする。 **第43条の4**〔重症心身障害児施設〕 　重症心身障害児施設は，重度の知的障害及び重度の肢体不自由が重複している児童を入所させて，これを保護するとともに，治療及び日常生活の指導をすることを目的とする施設とする。

出所：新旧の児童福祉法をもとに筆者作成。

解放され，自分自身のために利用する時間の確保も可能となった。また，一方ではノーマライゼーションの理念の浸透により，卒業後に在宅での通所施設へ通う者も増加している。しかし，これらの状況の中で，障害児に関する問題は山積している。

表5-14 障害者自立支援法におけるサービス内容（施設利用対象者）

生 活 介 護	療 養 介 護
障害者支援施設その他の以下に掲げる便宜を適切に供与することができる施設において，入浴，排せつ及び食事等の介護，創作的活動又は生産活動の機会の提供その他必要な援助を要する障害者であって，常時介護を要するものにつき，主として昼間において，入浴，排せつ及び食事等の介護，調理，洗濯及び掃除等の家事並びに生活等に関する相談及び助言その他の必要な日常生活上の支援，創作的活動又は生産活動の機会の提供その他の身体機能又は生活能力の向上のために必要な援助を行います。 【対象者】 <u>地域や入所施設において，安定した生活を営むため，常時介護等の支援が必要な者として次に掲げる者。</u> (1) 障害程度区分が区分3（障害者支援施設に入所する場合は区分4）以上である者。 (2) 年齢が50歳以上の場合は，障害程度区分が区分2（障害者支援施設に入所する場合は区分3）以上である者。 (3) 生活介護と施設入所支援との利用の組み合わせを希望する者であって，障害程度区分が区分4（50歳以上の者は区分3）より低い者で，指定特定相談支援事業者によるサービス等利用計画を作成する手続きを経た上で，利用の組み合わせが必要な場合に，市町村の判断で認められた者。 ［１］　障害者自立支援法の施行時の身体・知的の旧法施設（通所施設も含む。）の利用者（特定旧法受給者）。 ［２］　法施行後に旧法施設に入所し，継続して入所している者 ［３］　平成24年4月の改正児童福祉法の施行の際に障害児施設（指定医療機関を含む）に入所している者。 ［４］　新規の入所希望者（障害程度区分1以上の者）。	病院において機能訓練，療養上の管理，看護，医学的管理の下における介護，日常生活上の世話その他必要な医療を要する障害者であって常時介護を要するものにつき，主として昼間において，病院において行われる機能訓練，療養上の管理，看護，医学的管理の下における介護及び日常生活上の世話を行います。また，療養介護のうち医療に係るものを療養介護医療として提供します。 【対象者】 <u>病院等への長期の入院による医療的ケアに加え，常時の介護を必要とする障害者として次に掲げる者</u> (1) 筋萎縮性側索硬化症（ALS）患者等気管切開を伴う人工呼吸器による呼吸管理を行っている者であって，障害程度区分が区分6の者。 (2) 筋ジストロフィー患者又は重症心身障害者であって，障害程度区分が区分5以上の者。 (3) <u>改正前の児童福祉法第43条に規定する重症心身障害児施設に入居した者又は改正前の児童福祉法第7条第6項に規定する指定医療機関に入所した者であって，平成24年4月1日以降指定療養介護事業所を利用する(1)及び(2)以外の者。</u>

出所：厚生労働省ホームページ　障害者自立支援法「障害者福祉サービスの内容」から筆者作成。

第5章　児童福祉施設・機関における支援の実際

2）知的障害児施設・知的障害児通園施設（旧法）等

　児童福祉法の改正にともない知的障害児施設は福祉型障害児入所施設，知的障害児通所施設は，児童発達支援センターとして障害児の通所支援を行うこととなったが，ここでは，施設の目的や役割を理解するために旧法の説明をもとに解説を行うこととする。

　知的障害児にかかわる児童福祉施設としては，「知的障害児施設」（旧法42条）および「知的障害児通園施設」（旧法43条）がある。ここでは，発達障害を持つ児童が入所している施設の実践課題や通所施設に通ったり，特別支援学校や一般の小中高へ通学していたりする障害児の抱える課題について記述する。知的障害者施設に入所・通園している児童には発達障害や適応障害などを有しているケースが多く，それぞれの施設では一人ひとりに合わせた独自の取り組みを行っている。

事　例　（1）

僕は人間関係が苦手ですが，数字を覚ることは得意です

　康之君（やすゆき）（仮名：5歳）は一人っ子である。彼は両親にとても愛されて育ったが，自ら両親に強く甘えたり，かかわりを持とうとしたりという姿勢はあまり見せなかった。また，彼は近所の友達や知人とのかかわりを好まない。加えて，保育所や幼稚園に通うことをなぜか嫌がった。一方で，数字に強い興味がある。そのために，時間があれば算数や数字に関するパズルを解いている。特に，電車の時刻表などを覚えることが趣味で，日本中の電車の時刻を暗記している。そのような事態が続く中で，康之君は，小学校へ通う時期が近づいたことから，小学校でのいじめや集団生活についていけないことを心配した両親から説得されて，近所にある保育園へ半日だけ通うことにした。そして，集団活動や入学前のプログラムに馴染むことにした。ところが，彼はグループ活動や集団遊びにあまり興味を示さない，あるいは仲間が悲しんで泣いている時や怒っている時，あるいはよろこんでいる時などに，無表情で接している姿が見られた。そのために，保育所の先生方の間で，「一度，児童相談所で発達相談をしたほうが良いのではないか」との意見が出されるようになった。そこで，両親に保育所へ一度来ていただいて，実際の康之君の様子を確認していただいた後に，康之君が抱える問題についての保育園サイドの考えを伝え，児童相談所での相談を勧めることにした。

113

▼法制度上の実践課題

　厚生労働省が実施した社会福祉施設等調査（2010〔平成22〕年10月1日）によると，知的障害児施設（入所）の総施設数は，全国で224となっている。施設数は減少傾向にある。施設の利用者数は8,214人であり，18歳以上の過年児が3,006人（旧法第31条「保護期間の延長等」）となっている。

　この入所期間延長には，「家庭に戻って生活することがむずかしい」等のやむを得ない事情があるため，児童施設での生活を継続しなければならない背景がある。それゆえに，支援者は将来的に何らかの形で退所することを意識しながら，児童を支援する必要に迫られる。これらの理由から，対象児童に相応した自立支援プログラムの作成と，社会へ飛び立つためのリービングケアの遂行をチームアプローチの形式をとりながら，じっくりと時間を割いて推し進めていくことが重視される。

　また，知的障害児施設の入所は，選択・契約と，児童福祉法による措置の二重構造となっていることは，先の「障害児施設に関連する法制度の変化」のところで示した。しかし，措置に関する厚生労働省の明確な基準がないために，児童相談所が行う措置について都道府県により差の見られる場合もある。知的障害児施設側にとっては，経営や運営に影響を与えかねない微妙な問題であり，影響のでないよう国の対応が求められている。また，児童福祉施設の中で，障害児施設のみが施設の利用にかかわる費用が実費負担（応益負担）となっており，関係者の間に見直しを望む声がある。

▼特別支援学校や知的障害者施設における実践課題

　発達障害を持つ児童の支援は，特別支援学校や通所施設での支援や治療教育が主になってきている。これらの状況の中で，ノーマライゼーションやインテグレーション（障害児者が健常児者と共に学校等で学ぶ教育体制）などの理念の浸透し，かつ発達障害に関する医学や診断が発達する中で，これまで障害の領域では問題視されてこられなかった児童の存在が課題として浮上している。それは，学力的には，一般の子どもに比較して優るとも劣らないが，人間関係がつくるのが不得手だったり，一度に複数のことを要求されてもできにくかったり，

第5章 児童福祉施設・機関における支援の実際

障害児入所施設（旧知的障害児施設）の日課（例）

時　　間	日　　課
6:00～8:00	起床・更衣・排泄指導・居室整理・朝食準備
8:00～9:00	朝食・歯磨き・登校準備・連絡会（引き継ぎ）
9:30～10:00	学齢児登校および午前の設定日中活動開始
11:45～13:30	午前の設定日中活動終了・配膳・昼食・休憩
13:30～16:00	午後の設定日中活動開始および終了
16:00～17:30	学齢児下校・入浴・連絡会（引き継ぎ）
17:30～19:00	夕食準備開始・夕食・片づけ
19:00～22:00	学校準備・衣類整理・就床準備・余暇時間後就床・消灯

社会性に乏しかったりする特徴を持っている子どもたちの問題である。特に，近年，インテグレーションの浸透がはかられたことから，アスペルガー症候群などの障害を持つサービス受給対象児童が一般の小学校や中学校を経て，高校への進学や，短期大学，4年生大学へ進学したりする傾向が見られるようになり，社会に新たな問題を投げかけるという事態が生じている。対象となる障害者はさまざまである。きわめて能力の高い，あるいは他分野において才能のある者もいるが，学力も人間関係も不得手な障害を持つものも多い。本人や家族が障害をどのように受け止めて，どのような人生設計を描くかが，重要な目安となる。これらの問題は，本人や家庭だけの問題ではない。彼らの存在をいかに受け止め，彼らの人生をどのような形で支援していくかは，社会的養護の大切な課題である。

▼自宅で暮らす（通所施設へ通園する児童も含めて）支援が困難な児童の実践課題

発達障害のある児童の中には，行動障害の激しい児童が少なくない。また，行動障害が激しく，他害，自傷行為，睡眠障害等の問題行動が多い児童も散見される。このような児童の場合は，学校や家族のみの支援では対応が困難なために，福祉サービスを利用している。障害が重く，家族の支援能力を超えるような児童は，短期入所サービスや入所施設を利用しているのが実態である。

また，近年，障害児のいる母子家庭の母親も労働しているケースが多い。そ

のために，放課後の障害児の受け入れ先が問題になっている。放課後対策としては，障害者自立支援法で定められている**地域生活支援事業**の中にある**日中一時支援事業**の一時預かりを利用している児童もいる。短期入所については，原則宿泊可能な事業所のみしか認められていないので，宿泊をともなわない冠婚葬祭や緊急時の一時預かりは日中一時支援事業を利用している。しかし，日中一時支援事業は，市町村事業のために財政面の格差によるサービス支給量の違いあり，これらのサービスの格差が問題になりつつある。したがって，障害児に関しては，全国どこに居住していても均等な福祉サービスを受給できる支援体制が必要である。また，短期入所を原則宿泊ケースのみに限定していることも問題となっている。夜間のみの2～3時間預かってもらいたい時であっても，短期入所事業しか利用できないことから，たとえ児童，保護者が宿泊を希望しなくても，結果として宿泊しなければいけないという矛盾が生じている。これらの制度の不備は緊急な改正が必要である。

重要語解説

地域生活支援事業

　障害者および障害児が，自立した日常生活または社会生活を営むことができるよう，地域の特性や利用者の状況に応じ，柔軟な形態により事業を効果的・効率的に実施する事業のことを言う。
　出所：坂本洋一『図説　よくわかる障害者自立支援法』ミネルヴァ書房，2008年を参考にして筆者作成。

重要語解説

日中一時支援事業

　日中において監護（介助・養育）するものがいないために，一時的に見守り等の支援が必要と市町村が認めた障害児（者）等に対して日中における活動を確保し，家族の就労支援および障害児（者）等を日常的に介護している家族の一時的な休息を取れるように支援することを目的とする。
　出所：坂本洋一『図説　よくわかる障害者自立支援法』ミネルヴァ書房，2008年を参考にして筆者作成。

3）肢体不自由児施設（旧法）

　肢体不自由児施設では医療型障害児入所支援施設となっている。ここでは施設種別が示されている旧法で施設の内容等を説明する。

　肢体不自由児施設とは，児童福祉法で規定される肢体不自由児の福祉施設である。この施設は，上肢や下肢，あるいは体幹の機能に障害を持つ児童の治療と，将来において自立自活するために必要となる知識や技術の習得が目的となっている（旧法43条の３）。また，病院機能を有し，必要な治療を施すと共に，機能回復訓練や生活指導，職業訓練などを行なう。さらに，重度の肢体不自由児を入所させる重度病棟，通園部門，母子入園部門などを併設する施設もある。職員は，施設長，嘱託医，保育士，児童指導員，職業指導員，看護師，栄養士，調理員，事務職員，介助員などが勤務している。なお，厚生労働省が実施した社会福祉施設等調査（2010〔平成22〕年10月１日）では，全国に肢体不自由児施設は56施設あり，定員は3,694人，入所者数は1,958人となっている。

▼法制度上の実践課題

　肢体不自由児施設においては，障害の特性から医療サービスは欠かせない。その中で障害児の医療については，一般の医療制度とは連動しない体系化を図ることが求められている。このほかにも，医療面や生活面において，さまざまな課題を抱えているが，ここでは３つの柱に絞って記述しておきたい。

　①児者一貫したライフステージに沿った対応の必要性。

　②障害種別を乗り越えた障害の統合。

　③施設群別ではなく個々人の障害程度区分に相応した生活障害の観点から検討した対応。

　上記した３点を柱として，肢体不自由児施設には，障害児者医療のニーズへの対応を中心とし，在宅および地域での生活・社会参加を支える地域療育のネットワークの中心的存在として地域の社会資源に位置づけられる必要がある。

　現在の肢体不自由児施設は医療法と児童福祉法との２つの法律に沿う形での病院と家庭としての両面の役割を兼ねている。

　肢体不自由児施設ではどのような障害児医療を行っているのか。また一般医

療機関ではなじまない場合，たとえば，虐待を受けた児童のリハビリテーションや心のケアを必要とする児童，母親の精神疾患や薬物依存，母子家庭や父子家庭などのひとり親家庭，家庭崩壊の中で育てられてきた障害児童は，一時的な病院での社会的入院や肢体不自由児施設での医療的なケアを利用している場合が多い。

したがって，肢体不自由児施設は，単純に肢体不自由という障害を緩和したり回復したりするのみを目的とする訳ではなく，在宅支援や障害児医療とが車の両輪として機能できる施設としての役割が期待されている。肢体不自由児施設は十分な規模や最新の設備，優れた人材，保育・教育・余暇活動の提供，あるいは家族への支援などを効率的に提供できる充実した施設の運営が欠かせない。

エピソード

それでも僕は進学校へ進みたい

克己さん（14歳：仮名）は生まれつき両脚がない。原因は明らかではない。妊娠中に克己さんに両足がないことは医師から両親には知らされていた。父親が47歳，母親が45歳の時に，不妊治療を根気強く継続した結果，授かった子どもであった理由から，両親は悩んだあげくに，克己さんの出産に踏み切った。

克己さんは，無事生まれた。予想通り両方の脚が無かった。それでも両親は懸命に克己さんを育て，時間を割いては遊んでくれた。幼稚園や病院には，かならず母親が送迎をしてくれた。母親の都合が悪い時には，父親か，近くに住む父方の祖父母が送迎を引き受けてくれた。

克己さんは，幼い頃から，自分の身体が他の人と違うことは，十分に理解していた。しかし，両親の懸命に愛してくれる姿を見ると，つらいことやイライラすることはあったとしても，決して言葉にして出すことはできなかった。

そうこうしているうちに，あっという間に時が過ぎて，克己さんは高校へ進学する年齢になった。彼は下肢にはハンデはあるが，学業成績は優秀であり，幼い頃から，学校の先生になるのが夢であった。そこで，両親や担任教諭に，30分ほどバスに乗って通学しなければならない，市内にある進学率の良い高校への進学希望を伝えた。

担任教諭からは，「教員になれる可能性は低いから，宿舎のある国立高等専門学校に入学してコンピュータプログラマーを目指したらどうか」とのアドバイスを受けた。しかし，克己さんは進学に関しては自分で決めた学校の先生になる道を進みたいと先

生を説得して，進学先を希望通りの高校に進むことにした。克己さんの希望に両親も同意した。

克己さんは，高校へは，自分で車椅子に乗ってバスで通うことに決めている。それは，雨の日も風の日も変わらない。同級生と同じことを経験してみたいというのが克己さんの本音である。両親に伝えると，心配されるので，その日が来るまでは，自分一人の力で通うことについては，黙っていようと思っていた。

ひとりで高校へ通うのも大人になるひとつの挑戦であると考えている。だれもが生きる努力をする。生きる努力をしないと今の時代は生き残れない。克己さんは，心から自分の力で生きてゆく努力を仲間と同じようにしてみたいと思っている。それが，自分をこの世に産んでくれた，これまで懸命に育ててくれた両親への感謝のしるしだと考えている。「克己は逞（たくま）しく育っています。産んでくれてありがとう」，と高校への入学が決まったら，自分の口から両親に伝えるつもりでいる。そして，学校の先生になる夢は実現するつもりでいる。

▼施設の実践課題

ここでは，肢体不自由児施設について，その歴史を振り返り，最新医学を取り入れながら，肢体不自由の障害を持つ子どもの療育の拠点としての課題と今後の展望について述べることにする。今後，我が国の社会が肢体不自由児施設にどのような必要性を求めてくるのか，それに答える努力が続けられるかどうかにかかっている。ここでは実践課題として4つのテーマを挙げて検討してみたいと思う。

①ニーズに応じて他種機能の併設（センター化を推進し，可能な限り学校を併設）

肢体不自由児施設は，これまで「時代の科学を総動員して」を合い言葉にし，「こころとからだを育てる」をモットーとしていきた経緯がある。その中で，肢体不自由児施設は古くからわが国に伝わる障害児を宝とする宝子伝説や糸賀一雄の「この子らを世の光に」という理念が伝統的に培われている。これらの良き伝統を引き継ぐ形で，現在の施設内療育のみに終始する活動から脱皮して，訪問検診や巡回相談，講習会，講演会などの地域技術支援などの施設外活動，ボランティア育成，実習生や見学者の受け入れ，海外に対して技術的支援など多様な総合的な活動を展開して行く道の開拓を期待したいものである。

②障害児療育の要として機能してきた歴史的活動の維持・向上

　肢体不自由児施設は，わが国のリハビリテーションおよび小児整形外科の発祥の地である。その中心となったのが大正時代に活躍した高木憲次（1889～1963年）である。肢体不自由児施設は次々と時代を先取りする形で，社会参加の推進やノーマライゼーションの理念の浸透を遂行する実践に取り組みながら，社会福祉の重要性を国民に啓蒙する活動を推進してきている。また，リハビリテーションの言葉をわが国に導入定着させたのも肢体不自由児施設の先達の貴重な業績である。さらに，脳性マヒや先天性・進行性筋ジストロフィー，二分脊椎などの病気等のニーズに常に適切に対応し，現在も障害の重度重複化や多様化に対して療育の向上を目指して社会の要請に応じようと努めている。これまで継続的に肢体不自由児に関する支援活動に尽力できたのも，社会福祉および医療に関する国策が背景にあればこそであると考えられる。それゆえ，これまで通り，肢体不自由児に対する療育を継続してゆくためには，肢体不自由児施設の療育の現状維持，向上は欠かせないものである。

③人間性や社会性を高める活動の必要性

　肢体不自由は障害でありその障害とどう向き合っていくかが大切になる。医学的治療もさることながら，むしろ理学療法（PT）や作業療法（OT）などによって，運動発達を促進し，変形・拘縮を予防し，言語聴覚療法によって，コミュニケーション能力を高めていく機能訓練が重要である。しかし，人格形成のためには機能訓練ばかりではなく，保育や教育，日常生活を通してのさまざまな経験を重ねることが大切である。加えて，多様な社会体験を重ねることが大切である（ソーシャリゼーション；社会化）。

④多職種によるチームアプローチ

　障害児への療育の中で重要なことはマンパワーを有していることである。そのために，施設全体の運営経費の中で人件費の占める比率が高く，施設の経営を圧迫している。

　重度障害児への濃厚医療，発達障害児など多様なニーズへの対応は多くの専門家の人手を必要としている。民営施設では経営努力を続けても，人件費が総

障害児入所支援施設（旧肢体不自由児施設）の日課（例）

時　　間	日　　課
6:00～ 8:00	起床・おむつ交換・更衣・排泄指導
7:30～ 9:00	朝食・歯磨き・おむつ交換・排泄指導・学齢児登校
9:10～10:00	モーニングケア（整髪・保清）水分補給
10:00～11:30	設定療育活動（個別・グループ活動）・入浴
11:30～14:00	昼食・おむつ交換・排泄指導
14:00～15:00	設定療育活動（個別・グループ活動）・入浴
15:00～17:00	水分補給・おむつ交換・排泄指導・学齢児下校
17:00～19:00	夕食・歯磨き・更衣・おむつ交換・排泄指導
19:00～21:00	自由時間後就床・消灯

支出の75％以上を占めてしまう場合があり，新たなニーズに応えようとして人材を配置しようとしても実現困難となることが懸念される。

⑤家庭支援の重要性

　障害児を抱えている家庭は両親が若く，介護により共働きができないこともあり経済的にもきびしい状況が予想される。そのためには，経済的支援も大切である。さらに，家族支援に関しては介護負担が片寄らないよう社会的支援に力を注いでいく必要がある。仮に，障害のある子を授かったとしても，母親が安心して次の子どもを産むことができ，安心して労働に参加できるような支援を行っていく必要がある。親は，わが子が障害を持っていると宣告された時から，人生観や人生設計を変えることを余儀なくされる。それゆえ，ゆらぎや悩みを持つ親の相談支援は施設サイドの欠かせない活動となる。

　▼在宅児支援

　肢体不自由の障害を持つことによって心の発達が阻害されることもある。これは，日常生活の中で介護を必要とする場面が多く，「してもらう」ということが当たり前になり，依存心が強くなってしまう。また，肢体不自由という障害と共に，疾病などを重複しているために医療的なケアが欠かせないケースも多い。そのために，肢体不自由の障害を持つ子どもを育てるためには，医療的ケアを柱にし，身の回りの介助を行いながら，さまざまな働きかけによって児

童の意欲を伸ばし，自分自身ができる領域の幅を広げ，一人ひとりの個性に相応する支援を行い，発達や成長につなげることを心がけることが重要である。

4）重症心身障害児施設（旧法）における実践の現状と課題

重症心身障害児施設は医療型障害児入所施設となっている。ここでは施設種別が示されている旧法で施設の内容等について説明する。

重度の知的障害および重度の肢体不自由を重複している児童を入所させて，保護すると共に治療，日常生活の指導を行なうことを目的とした施設である（法43の4）。厚生労働省が実施した社会福祉施設等調査（2010〔平成22〕年10月1日）では，肢体不自由児総施設数は116であり，総定員は11,456人となっているが，総入所者数は11,004人となっている。

この重症心身障害児施設には，医療法に規定する病院として必要な職員のほか，児童指導員，保育士，心理指導を担当する職員および理学療法士または作業療法士を配置しなければならない。また，重症心身障害児施設の長および医師は，内科，精神科，神経科，小児科，外科，整形外科またはリハビリテーション科の診療に相当の経験を有する医師でなければならないとしていた。

▼法制度上の実践課題

重症心身障害児施設は児童福祉施設である。しかし，特例として，重度の知的障害および重度の肢体不自由の障害を持つ児童に関しては，18歳を過ぎても児童相談所が継続的に支援を行い，判定なども行う（旧法43条の3の1）。その理由としては，障害があまりにも重度のために，他の施設や機関で対応することが困難なこと，および重症心身障害者施設が医療機関も兼ねていることが挙げられる。その取り組みの成果もあって，医学の進歩にともない，かつては「20歳までは生きてはいられない」と言われた障害者が長い人生を歩むことが可能となった。そのために，重症心身障害児は，一度入所すると，大半の児童は一生涯，施設での暮らしを継続的に続ける可能性が高い。つまり，重症心身障害児施設は，「終身施設」になってしまいかねない現実がある。そのために，施設の中で年を重ねることから，加齢にともなう生活習慣病や悪性腫瘍などの疾病になる施設利用者の増加が顕在化しつつある。

第 5 章　児童福祉施設・機関における支援の実際

▼重症心身障害児施設の実践課題

　わが国の重症心身障害児施設は世界に比較しても水準の高い療育を実現している。

　その中で，近年の医学技術の進歩により従来の重症心身障害児の障害程度を超えた超重症心身障害児の生命維持，支援が可能になっている。具体的には，超重心身障害児に対して気管切開やレスピレータなどの呼吸管理を必要とする濃厚医療が提供され生命維持が可能になっている現状がいたる所で散見されるようになっている。施設で支援する医療関係職員や介助担当職員の精神的・肉体的負担感は相当厳しいものがあるのではないかと推察される。一方，この事態の中で問われているのは，重篤（じゅうとく）な障害を持つ児童の QOL（生活の質）の問題である。果たして，現状の重症心身障害児施設の環境や設備，人材，あるいは人員配置の中で，どの程度の人間としての権利や尊厳，あるいはアメニティを保持・向上することができているのであろうか，それぞれの施設の点検が必要である。

　人間は，いかなる障害を持っていようが，あるいは病気と戦っていようが，人間の尊厳や生活のアメニティは保障される必要がある。これらの視点から考えると，高度な医療や厚い支援を必要とする重篤な障害を抱えている重症心身障害児童に関するサービスや生活環境の整備は，いち早く点検し，必要な改善・改革の必要な問題や課題が見られるならば，早急に対策を立て改善に取り組む必要が期待される。

　また，地域福祉の時流の中で，自宅で過ごす重症心身障害児が増加している。そのため，地域に通所可能な事業所の開設の要望が高まってきている。その一方で，旧制度における通園タイプ A 型施設（原則として，重症心身障害児施設もしくは肢体不自由児施設に併設するか，あるいは同一敷地内に専用の施設を設けるもの）がうまく機能していないことが気がかりである。決して，利用者のニーズを充足している状況にあるとは思えない。さらなる施設自体の改善と支援するスタッフの充実が必要である。加えて，都道府県格差は大きく，重症心身障害児が住んでいる近隣に施設が開設されない理由から，サービスが利用できにくいケースが発生していることは，国や社会の重要な問題として取り組む必要がある。

障害児入所支援施設（旧重度心身障害児施設）の日課（例）

時　　間	日　　課
7:00～ 8:00	起床・更衣・排泄（おむつ交換）
7:30～ 9:00	朝食・洗面・排泄・検温・回診・学齢児登校（または訪問教育）
9:00～11:30	訓練（PT，OT，STによる）・排泄（おむつ交換）・余暇活動
11:30～13:30	昼食・洗面・排泄（おむつ交換）
13:30～15:00	訓練（PT，OT，STによる）・音楽活動等・おやつ
15:00～16:30	入浴（週3回）・排泄（おむつ交換）・学齢児下校
16:30～18:00	更衣・排泄（おむつ交換）・夕食準備
18:00～21:00	夕食・清拭・洗面・自由時間
21:00～	就床・就寝

― 事　例　(2) ―

障害児への福祉サービス

　翔君（しょう）（7歳：仮名）は，自閉的障害と軽度の知的障害がある。現在，近隣の特別支援学校の小学校2年生である。家族構成は，父41歳，母39歳，妹5歳（保育所児）である。父は，レストランに勤務していたが，4か月後に会社を退職し独立してうどん店を自営で始める予定である。数年前から準備をしていたことで，母も一緒に店を手伝うことになった。当初，翔君の放課後は祖母（母方）に預ける予定にしていたが，祖母が体調を崩してしまい翔君の放課後の対応が必要になってきた。

　市の担当課に相談すると，社会福祉法人・明日葉会（あすは）（仮名）が日中一時支援事業を実施しているという情報提供があった。この法人からは，翔君の利用についての承諾は得たが，市の対応は，財政状況が厳しくサービスの支給量が3日であるという回答であった。自営のため，週末も営業しなければいけないことからサービスの支給量が不足し，法人の日中一時支援のみでは翔君の放課後対策に不安が残ることになってしまう事態に陥った。翔君のクラスメートの勝（まさる）（仮名）は隣の市に住んでおり，家庭状況は類似しているがサービスの支給量は翔君よりも多く，支障はないということを勝君の保護者から情報を得た。翔君の母親は，同じような障害のある児童の同一の事業のサービス水準が住んでいる自治体によって違いがあることに強い疑問を抱いた。

5）盲ろうあ児施設（旧法）における実践の現状と課題

　盲ろうあ児施設は福祉型障害児入所施設となっている。ここでは施設種別が示されている旧法で施設の内容等について説明する。

第5章　児童福祉施設・機関における支援の実際

　盲ろうあ児施設は，盲児や強度の弱視児，ろうあ児や強度の難聴児を対象に，子どもたちを保護するとともに，独立自活に必要な指導などを行うことを目的としている（旧法43条の2）。児童の利用の原則は18歳までであるが，必要に応じて満20歳まで期間を延長することができる。盲ろうあ児施設には，嘱託医（眼科を担当する医師を含む）や児童指導員，保育士などが配置されており，主に視覚や聴覚の障害に配慮した食事・排泄・入浴・衣服の着脱などの介助と指導，健康管理，小学校入学前の子供の保育などを行う。盲ろうあ児施設は盲児施設やろうあ児施設，難聴障害児通園施設の3つに分けられる。

　なお，社会福祉施設等調査（2011〔平成22〕年10月1日）では，施設数は盲児施設が9施設であり，ろうあ児施設は10施設である。定員は，盲児施設が183人であり，ろうあ児施設は213人である。入所者数は，盲児施設が120人であり，ろうあ児施設は142人となっている。また，難聴障害児通園施設の総施設数は23施設であり，定員は788名である。通所者は912名である。

▼法制度上の実践課題

　ろうあ児の施設には，盲児施設，ろうあ児施設，難聴・言語障害児通園施設の3つの施設があり，盲児施設とろうあ児施設は，以前に比べて利用者は減少している。これらの背景となるものは，医療技術の進歩や，予防・早期発見の制度が整備されたことや，少子化の進展や家庭から盲学校やろうあ学校へ通う児童の増加，学校の寄宿舎を利用する児童の増加，インテグレーション理念の影響で普通学級へ通う児童が増えたことなどが挙げられる。その一方で，家庭環境に問題（養育困難・虐待等）がある子どもや，視覚と聴覚の両方に障害がある児童，あるいは肢体不自由，情緒障害，内部障害などの重複障害を併せ持つ児童の利用の割合が高くなっていることもあり，対応の困難さが増している。また，盲ろうあ児施設といっても，3つの障害を持つ児童が一緒に入所しているわけではないので，その存在意義が問われることが多い。

▼盲ろうあ児施設の実践課題

①視覚障害児教育の実践課題

　施設を利用する児童が減少していることから，盲学校が各県1校であること

がほとんどであり，単一視覚障害児は通学の負担からみで通常学級に通い，重複障害児は近隣の特別支援学校を選択する傾向が強まっている。加えて，少子化はますます進み，盲学校を選択することがむずかしくなってきている。

また，盲児と弱視児を比較しても，それぞれの独自性があり，重複障害児の指導に必要な専門性はさらに高いものが要求されている。

②ろうあ児施設の実践課題

一般には周知されていないが，手話は100年も前から国際的には否定され続けてきた経緯がある。かつて，日本においても，手をまねているが，言葉ではないとして否定されてきた歴史を有している。この状況は今も変わらない。そのために，各都道府県教育委員会では，メディアの音声の情報量の多さや伝達内容の正確さ，抽象性の高さ，思考の道具という点でもっとも有利なものとして，口話法という方法を用いて早期の音声言語の習得を推進する道を選択している。

たしかに，わが国では手話は一般の人にその言語としての技術が広まりにくい現状がある。加えて，地方によって「方言がある」ことから，国内においても共通化は困難である。

しかし，手話が日本語と対等な言語であることが認識されている今，その優劣について議論する余地はない理由から，あるいは口話と手話の併用効果も実証されている事態もあることから，エンパワーメントやストレングスなどの視点から検討してみても，あえて手話を否定する根拠はどこにもないのではないかと思われる。

③聴覚障害施設の実践問題

聴覚障害とはコミュニケーションの障害である。コミュニケーションの障害は人と人の間で生じる情報を伝え合うプロセスで生じる事態である。コミュニケーションの障害やトラブルは，だれでもどこでも起こり得る問題である。だれでも日本語や英語，フランス語が堪能な訳ではない。また，同じ言語を話していても，言葉の表現や受け取り方のズレが生じることによって，コミュニケーションの混乱が生じてトラブルや誤解が生まれるのはめずらしくない。この

第5章　児童福祉施設・機関における支援の実際

障害児入所支援施設（旧盲ろうあ児施設）の日課（例）

時　　間	日　　課
6:30～ 7:40	起床・更衣・排泄
7:40～ 8:40	朝食・学齢児登校
9:00～12:00	設定日中活動
12:00～13:00	昼　食
13:00～16:00	設定日中活動・自由時間・おやつ
16:00～17:30	入浴（低学年）・学齢児下校・洗濯
17:30～18:30	夕　食
18:30～21:00	自由時間・学習等・入浴（高学年）・洗濯
21:00～22:00	就寝（低学年）21:00～・就寝（高学年）22:00～

　言葉の表現や受け取り方のズレは，一方にコミュニケーションが成り立たない問題から生じる訳ではない。やはり，割合の多少はあるにしても，コミュニケーションの混乱は双方の努力で解決すべきものである。
　しかし，この問題は近い将来には，解決に向かう問題である。今や科学は進歩し，人間が脳で考えていることを器械が感知し，TVをつけたり，カーテンを開けたりする技術が開発されている。
　おそらく私たちは，近い将来必要に応じて，脳で考えたことを伝え合うことができる械器を手に入れる時代を迎えることができるであろう。
　それまでは，コミュニケーションに関しては，手話や口話，ボディランゲージ（身体言語）などを活用しながら，聴覚障害を持つ人たちとの会話を楽しんで行きたいものである。

第3節　情緒・行動系施設における実践の現状と課題

（1）児童自立支援施設における実践の現状と課題
1）少年非行の現状とその背景
　少年非行は1951（昭和26）年の第1次，1964（昭和39）年の第2次，1983（昭和58）年の第3次とそれぞれをピークとする3つの大きな波があったが，その

後，若干の増減を経て，2004（平成16）年からは毎年減少し続けている。少子化の傾向により，総数では減少しつつも，人口比では増加傾向にあり，第2次のピークであった1964（昭和39）年前後とおおむね同程度の水準を示している。

また，触法少年の場合においても，1951（昭和26）年，1962（昭和37）年および1981（昭和56）年の3回のピークを経て，その後は減少傾向にあり，2006（平成18）年に初めて2万人を下回り，以後も前年比を下回る傾向を示している（図5-2　少年による一般刑法犯検挙人員・人口比の推移〔年齢層別〕参照）。しかしながら，家庭裁判所の新規受理人員は減少傾向にあるが，児童自立支援施設に対する送致人員（その大部分は15歳以下の少年である）はおおむね横ばいであり，さらに，近年とりわけ年齢13歳以下の少年の送致人員が増加し，低年齢の非行少年の問題が重要となり，人口比と併せて相対として少年非行が増加傾向を示していることの根拠となっている（図5-3　家庭裁判所からの児童自立支援施設等送致人員の推移〔年齢別〕参照）。

①少年非行の発生要因

少年非行の発生する要因の多くには，学校教育の弊害や地域社会とのつながりも弱く，人的支援に対する信頼感や地域貢献意欲，現在の社会に対する満足度は家庭生活と社会に対しても不満を抱いている……結果でもある，と言われている。

これらのことにも一理あるだろうが，学校教育に限らず，教育全般を時代の変化や要請に応じて絶えず改善していかなければならないのは当然であるが，同じ学校に通い，同じ教師に教わりながら全体から見れば，ごく一部の子どもが非行化するのはなぜだろう。

たとえば，制服の問題についてであるが，「制服」は画一的だと批判・反発されているが，かならずしもそうとは言い切れない。野球の場合を例に取れば，制服は野球で言えばユニフォーム，甲子園を目指す高校球児は，同じユニフォームを着てはいるが，それぞれのポジションがあり，1番から9番まで，打席順と守備位置がある。一人ひとりを見ると，守備位置にはあまり関係なく，個人のレベルを見てラインアップを組むわけである。強打者であったり，技巧派

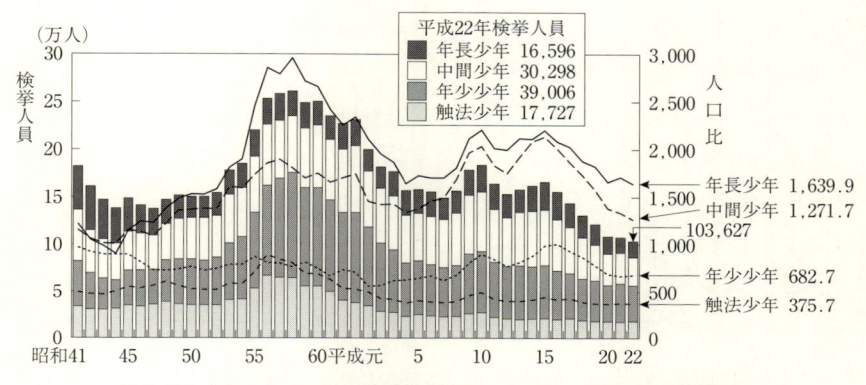

第5章 児童福祉施設・機関における支援の実際

図5-2 少年による一般刑法犯検挙人員・人口比の推移（年齢階層別）

注：1）警察庁の統計及び総務省統計局の人口資料による。
　　2）年齢は犯行時であり，また，検挙時に20歳以上であった者を除く。
　　3）「触法少年」は，補導人員である。
　　4）「人口比」は，各年齢層の少年10万人当たりの一般刑法犯検挙（補導）人員である。なお，触法少年の人口比算出に用いた人口は，10歳以上14歳未満の人口である。
出所：内閣府「平成23年度犯罪白書」。

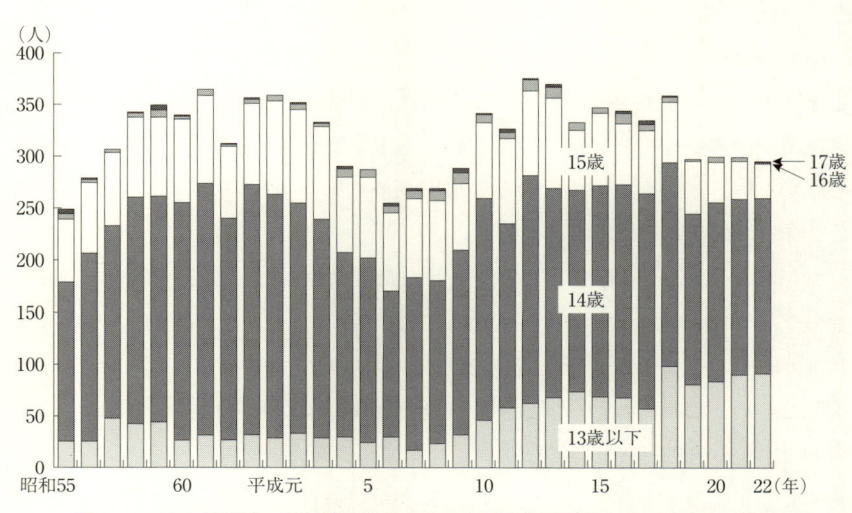

図5-3 家庭裁判所一般保護事件児童自立支援施設等送致人員の推移（年齢別）

注：1）司法統計年報による。
　　2）家庭裁判所終局処理時の年齢による。
　　3）自動車運転過失致死傷・業過及び危険運転致死傷に係る保護事件を除く。
出所：内閣府「平成23年度犯罪白書」。

129

であったりと，個性もレベルも違っているが，共通していることは，毎日の練習の積み重ねの結果として，つまり，本人の主体的な努力の結果として，ベンチ入りがあること。

また，「キレる」と言うことについて，周囲から見れば，何でもないようなことに，すぐ「キレる子ども」がいる。たとえば，同じ教室で，同じ教師に，同じように教わっていても，「キレる子ども」と「キレない子ども」がいる。

この2つの説明に共通していることは，子ども一人ひとりの主体性，そして，子どもが主体的に努力できるよう応援するには，基本的に家庭教育の役割が大きいのだが，学校や地域のみなさんの支援も大事ではないだろうか。これらの要因から見れば，子どもがごく一般的に成長・発達していくこと，それは疑いもなく，地域社会，家庭そして親の責任が重要である。

非行少年が生まれやすい環境の多くに「家庭での保護者の対応等」がいつもはいることは，社会情勢が変化している中でも，まったく変っていないことが，多くの関係者からも語られている。

変わらない少年非行を生み出す背景には，その大きな要因として，多くの問題を抱えた家庭がある。保護者の多くには，虐待，放任等といった不適切な養育環境や親の不仲や葛藤が続く緊張感のある家庭が少なくなく，特に家庭に安心感がない，子どもの居場所のない家庭が多く見受けられている。

②非行問題を起こす少年の特徴

少年非行（事件）の特徴として，子どもたちは疎外感，孤立感を持ち，同年齢のグループが非行集団の母体であっても，互いにバラバラで統制のない「群れ（グループ）」による非行。所属感のないグループでも抜けられない。「キレる」と納めどころがわからず感情を統制できない，弱者をねらう「弱い者いじめ」，幼児・小学生や「親父狩り」と称しての高齢者や酔った中高年，ホームレス等，まったく関係のない者・抵抗できない弱者を攻撃する一方，家庭では「やさしい子」を演じながら，家庭での抑圧，不満を外に向かって発散させ，親に見せる顔と違う人格の解離とも言える行為，犯罪認識も希薄，知的能力はあるが，人格の発達的な障害を抱えた特別なニーズを持つ子ども，心と身体の

発達がアンバランスで人を思いやる（他者と交わる力）心が育っていない。その背景には，希薄な家族関係があり，親自身が多くの問題を抱えながら，地域・近隣・親族から孤立し，子どもからの不信感も根強い。しかも，親自身も虐待を受けた生育歴を持つことも見受けられ（虐待の連鎖は30％と言われている）等，親と子の関係に生じる相克と葛藤が家庭の外（学校・地域社会）に持ち込まれている。

　生活史にしても，乳幼児期の不安感が子どもの社会に持ち込まれ，弱い者に対し発散してバランスを取る（いじめの背景）。毎日の家庭の中での親と子どものかかわりの希薄，家族が一緒の食卓の風景（小ホテル「個室」化による家族団らんの喪失），「孤食」と「外食」の常態化等家庭生活の変容。「遊び」を取り上げられた幼児期，テレビ・ゲーム漬け，子ども同士の遊びや幼児期から小学生にかけての自然との直接的なふれあいの体験の乏しさ，ギャングエイジ（友だち同士の遊び）の体験がほとんどないままに，悩まない思春期，自分の課題に正面から向き合わないなど，少年非行を生み出す要因にはこういった問題の数々がその背景にあり，変わらないまま繰り返されている事実には「枚挙にいとまがない」状況にある。

2）少年非行の芽生えと家庭

①少年非行の発生年齢と背景

　児童相談所等で出会う子どもが実際に「非行」という行動を示す時期について観察し，非行傾向の児童を，年齢別とその芽生えの時期等について検討してみると，次のようなことがうかがえた。

　年齢別には，11歳（小5），8歳（小2），12歳（小6），10歳（小4）の順で多く，また，これらの児童について非行の芽生えが把握できた時期は，9歳（小3），5歳以下，11歳（小5），6歳，12歳（小6）の順という傾向が見受けられていた。近年，児童相談所で受理する非行傾向の児童は，減少傾向を示しながらも，補導される年齢・芽生えの時期等については，今でも同じような傾向を示している。こうして見ると，問題の兆候は具体的に発見される2～3年前，つまり幼児期にあり，しつけ・養育環境の問題が起因となる例が少なくなく，

小学校2～3年の段階ですでに学習不適応の現れが出ている，と言われている。初発非行（初めて行った非行行為のことを言う）の多くを占める窃盗は，万引きを中心に少年非行の大きな割合を占め，比較的早期に始まる非行であるが，年齢が高くなるにつれて，手口が悪質化する傾向が見られることから，少年非行の初期段階から適切な対応をとることが重要であり，このことからも，幼児期から児童期初期に目を向ける必要があるもの，と言える。また，家庭の環境要因から見ると，父子家庭になった時期が早い程非行が発生しやすく，子どもが小学校に上がる頃に父子家庭になった場合には発生率が高くなり，母子家庭の場合にはむしろあとで母子家庭になった場合の方が発生率が高くなる。子どもの側から，非行とのかかわりを見ると，乳幼児期には母親が，少し大きくなってくると父親が，子どもの非行の抑えになっている。さらに，ひとり親家庭となった要因が死別か生別かにより逸脱へと結びつく契機があるという傾向も見受けられている。

②青少年の理解と少年非行への対応

家庭はもとより教育環境の中における発見と対応を期待すると共に地域における相談指導機関の充実と連携を図ることが必要で，かつ，こうした体制づくりが今後の課題のひとつであると，言われ続けているが，虐待での連携をはじめとして十分な実現には至っておらず，「要保護児童（虐待を受けた子どもだけが要保護児童ではなくすべての子どもを対象）」について改めて確認し，保護を必要とする子どもたちを社会から排除するのではなく，責任ある社会の一員として包摂（ほうせつ）して行くことが必要である。

児童相談所や，多くの児童福祉施設において，青少年（非行少年等）の「（行動の）質が変化した」と言われるが，こうした現象は非行少年ばかりでなく登校拒否等の思春期に特有な問題を持った子どもにも同様に見られる。従来，非社会的問題行為を示す子どもたちには神経症的なタイプが多かったが，最近は，未成熟と言われる人格の未熟さ，成長の過程における育ちそびれ（親からの適切な養育環境を得られなかったりして，正常な発達過程を得られなかった子ども）たことが非行問題の発症のきっかけとなっている子どもが多く見受けられている。

③非行少年の特徴と養育環境

　非行少年（教護，触法）の半数以上の割合で両親がいる家庭であるが，一人親家庭もかなりの割合（30～45％）を占めている。このうち，児童自立支援施設等への入所状況を見るとその割合は逆転し，入所児のうち，欠損家庭に近い状態にある者が全体の60～70％を占めているという事実は，子どもにとって家庭（両親が心身共に健康であること）の重要性を物語っているが，両親が健在で中位の生活程度の家庭の非行の一般化と言われているように，両親が揃っていても，母親あるいは父親が「親」としてその役割を果していない（放任，過干渉，溺愛，虐待等）といった家庭に非行少年が多く見られる傾向がある。特に，児童自立支援施設等への入所児童の中で両親が揃っている家庭の割合が増えつつも，養育者として家庭における教育，指導者としての役割から逃げていたり，放棄してしまっていたりするために，子どもたちは基本的生活習慣，社会生活上のルールを身につけることができないまま，善悪の区別・判断ができずに，その時々の欲求や興味の赴くままの行動に走ってしまっている。

　また，育ちそびれている子どもたちは，「意志の弱さ・否定的な自己像」が見られ，十分なしつけがなされていないため，自分が人から尊重されていること，かわいがられていること，といった実感が持てずに，自分自身にまったくといっていいほど自信を持っていない。周囲からや友人仲間から落ちこぼれている自分を意識しており，常に劣等感，疎外感を持ち，いつも心が満たされないままに他人まかせの状態になり依存性も強い。こうした子どもたちは将来の目標も持てていないためにどうしても今が楽しければ，といった「刹那主義的」（過去や将来を考えず，ただこの瞬間を充実すれば足りるという考え方）な快楽志向の行動に走りがちであり，交友選択要因から見ても，抑制力（耐性）の不足，無力的，自己中心的，活動的といった傾向が強く見受けられている。

　「少年非行は社会を写す鏡である・非行は欲求不満の解消を反社会的行為に求めたもの」と言われるように，この時々の社会的背景は少年非行にも微妙な影を投げ掛けている。個々のケースによってその要因や事情は異なるため，一様に論じる事はできないが，現状でも高度経済成長の予後の歪みがいろいろな

形で影響を及ぼしていると言える。

わが国の経済の高度成長の特色は，欧米諸国は100年近い年月をかけ，社会のヒズミ（経済の高度成長期に子ども時代を過ごした親の子育て感が，良くも悪くも引き継がれ，個人の素質要因と社会的要因との複雑な絡み合いが生じ）を是正しながら成長させてきたが，戦後の復興のため，わずか20年近くの間に成長させてきたために，当然の結果として生じた社会のヒズミが欧米のように十分に是正されてこなかったと言う背景がある。そのため，家庭は，外で生じたストレスを和らげ，生きるための活力と意欲を蘇生させ強化する役割の場であるが，現状ではその機能の低下はいちじるしく増長されてしまい，そのまま，子育て家庭に大きな影響を与えてきていると言える。

これからの課題のひとつとして関係機関と日常的に連携（連携とは「相互に情報の交換することのみに終始することなく，相互の役割の分担まで含めた対応を進めていくこと」を意味する）し，たとえば，学校外での行動等について関係機関が相互に情報交換を行い，問題の所在について理解を深め，指導対策につなげていく活動を通して相互の組織の役割や限界を認識し合い連携して行くことが必要である。

「中流の比較的健全な家庭から非行が出る」と言われるが，これまで筆者がかかわってきた非行少年たちを見る限りでは，本当に問題がなく親自身が健全で真面目に生きている家庭出身の非行少年はきわめてまれであったと言える。

3）児童自立支援施設の概要と課題

児童自立支援施設は，当初は感化院として1900（明治33）年に発足し，1933（昭和8）年に少年教護院と改称された。戦後，児童福祉法のもとに教護院の設置が各都道府県に義務づけられ，2011（平成23）年10月1日現在，全国に58か所（国立2，都道府県立・市立54，私立2），1,331人の児童が生活している。各政令指定都市にも設置が義務づけられているが，現在まで横浜，名古屋，大阪，神戸の4市が設置しているのみである。児童自立支援施設は児童福祉法施行令（第36条）において「都道府県（政令市）に設置義務が課せられている」ことから，ほとんどが公立という特色がある。現存する2か所の私立（社会福祉法人）

の施設は，戦前から設立・運営されている，わが国の非行少年の矯正教育の源とも言える伝統的な施設でもある。

児童自立支援施設は「不良行為をなし，又はなすおそれのある児童及び家庭環境その他の環境上の理由により生活指導等を要する児童を入所させ，又は保護者の下から通わせて，個々の児童の状況に応じて必要な指導を行い，その自立を支援し，あわせて退所した者について相談その他の援助を行うことを目的とする施設とする」(児童福祉法第44条）と入所目的，対象者が規定されている。

①入所児童の特徴と家庭環境

児童自立支援施設（他の児童養護施設も同様）に入所した子どもたちの入所に至るまでの経過記録からは，虐待と向き合わされてきた家庭的環境で生活せざるを得ない子どもたちの過去の生活の様子が浮かび上がってくる。また，「子どもは親の背中を見て育つ」と言われているが，児童自立支援施設の子どもたちからは，親からは教えてはもらっていないことを親と同じように，子どもが「親自身を演じる」姿と接し，子どもを通して会ったことのない親の姿が見えてくることがある。

乳幼児期（就学前まで）には人格の基本が形成され，母子の愛情相互作用，家庭内での生活習慣，善悪のけじめなどを日常生活の中で教えて行くことが必要である。就学してからでも，子どもの基本的生活空間は少なくても中学校の頃までは家庭にあり，その家庭で，子どもは親の行動，家族の言葉のやり取り，自分に対する親の反応を見たり，身体で感じ取って，社会人としての価値感なり自己統制力を養って行く。しかし，多くの非行少年の親は，子どもを放任し甘やかし過保護に育てながら，自分の生活にかまけている例が多い。だらしなく締りのない振舞いをしたり，いいかげんな暮しを子どもの眼の前で平気でしていると，知らず知らずのうちに子どもはそうした生活態度を見習い当然のごとく身につけてしまう。

また，虐待の通報を受け，筆者自身がかかわったケースからは，仕事をして得た収入をもとにした生活設計を行うことができずに，計画性のない乱れた生活を行ってしまい，多額の負債を抱え，自らの生活を振り返ることをしない家

族（自己責任もあるか）や，懸命に働きながらも貧困という壁を越えられずに，経済的な生活上の苦労を経てきている家族など，児童虐待と強く結びつきやすい貧困や低収入との因果関係という語りきれない過去を背負いながら，現在もその苦労を継続しているなどさまざまな家庭がある。親自身も貧しさ等に起因する世代間連鎖（社会的排除：虐待の連鎖は30％前後）による排除（教育・就労・家族・公的福祉・自分自身等からの排除）といった現実に押し流されるままに不安定な生活状況にある家族があまりにも多いことに気づかされる。

②施設の役割

最近の入所児童の傾向から見ると，中学生をはじめとする年長児童（犯罪少年：14〜18歳：中卒・高校生・就職）の入所比率が年々高くなっており，法改正により施設名称の変更や入所の目的・対象児童の見直しが行われ，その支援の内容も「非行性の除去から自立支援へ，職員の職名が教護・教母から自立支援専門員・生活支援員」へと改正された。さらに，大きな改正のひとつに，入所中の児童の教育についても，従来の「義務教育に準ずる教育」ではなく，施設長には，他の児童福祉施設長と同様に，学校教育法に定められた就学義務が課せられ，公教育の導入が進められている。2010（平成22）年現在43か所（74％）の施設で実施され，矯正教育が始まり100年以上が経過しようとしている今，ようやく教育の機会均等・平等化が実現（全国的には「義務教育に準ずる教育」体制を続けている施設もあり，憲法で保障された教育の機会均等の実現には時間を要している）されつつある。

さらに，2004（平成16）年の改正により，退所した者に対する「その他の自立のための援助」を行うことが明確化された。しかしながら，児童自立支援施設の現状は，地域やある年齢層（触法少年）において，人口比等では相対的に増加傾向を示している，と言われているにもかかわらず，全国の入所率は50％以下と低調でほとんどの施設においてその充足率は定員を満たしていないという現状を象徴的に示しており（全国自立支援施設実態調査各年度版・全国自立支援施設協議会），地域のニーズに応えていないという声も聞こえている。近年，被虐待児童の著しい増加から，他の児童福祉施設等においては定員一杯の施設が

第5章　児童福祉施設・機関における支援の実際

多く，児童相談所に附設された一時保護所でも待機児童が著しく増加していることや，入所児童の高年齢児化の問題等もある。こうした現状から，施設の設置目的や自立支援のあり方など施設本来の目的と児童相談所の措置機能を含めてそのあり方が問われる。

　児童自立支援施設は，児童福祉施設であり，家庭裁判所の決定（保護処分）をもって入所しても，入所後は児童福祉法による処遇が行われる。そして，児童福祉法にもとづく入所に際しては保護者および児童の同意を要することや，必要とされる児童への対応が困難な場合が多く，結果的に家庭裁判所による送致人員の増加の大きな要因ともなっている。しかしながら，「他に受け入れてくれる施設」がない，「行く場所がない」からという安易な理由での入所は避けなければならないことは言うまでもないことであり，これらは，児童自立支援施設のあり方をはじめとする大きな課題のひとつである。

③施設での教育活動の経緯

　入所児童の教育の機会均等を阻む大きな要因のひとつには，1979（昭和54）年に特別支援学校（旧養護学校）の設置義務が課せられ，知的障害児の就学の猶予・免除といった制度が撤廃され，障害児の全員就学が実現されたにもかかわらず，「教護院」関係者の間には「準ずる教育」が主流であり「機会均等」に向けての動きが見受けられることは少なかった。当時の「教護院」は夫婦小舎制という一組の夫婦が子どもたちと24時間寝食を共にし，「非行性の除去」の下に，日課のほとんどを作業学習が占めており，教科学習は主に教護が行い，そのことに教護の多くは自負心を抱いており，「（当時は）公教育以上の教育を担っていた」ということは，今でもベテランの教護職員の語り種にもなっている。

　児童福祉法の改正当時は，小・中学校職員資格の養成課程として障害（「知的な遅れ」「盲ろうあ」等）を持った子どもたちに対する養成カリキュラム（養護教諭論等）はあったが，「問題行動・行為障害」等を持つ子どもに対する専門教育カリキュラムが十分整っていなかったことや，児童自立支援施設（旧教護院）の時代まで，施設関係者には「学校教育に『準じる教育』」という「公教育か

137

らの『就学猶予』」とでも言うような特別な状況が存在していた。それは,「児童自立支援施設（旧教護院）の三本柱である生活指導,学科指導,職業指導は,すべての児童の自立を支援するもの」とされ,それを教護院の全人教育として捉え,公教育の導入の必要性を否定し,公教育と一線を画すことによって,教護院の固有の存在として強調する流れが築かれ「教護」の間に伝え続けられていたことに起因していたと言える。

　一方では,児童自立支援施設（旧教護院）へ入所することは,学校教育法上,「学校」ではない「児童自立支援施設（旧教護院）」への転学の手続きができないため,入所することは原籍校（入所まで在学していたか施設を退所後戻るべき学校）の「学籍」がなくなることでもある。しかも,入所していた期間については,原籍校には「指導要録」はなく,原籍校を管轄する地元の教育委員会が「預かり」,子どもが「退所後」復籍するという扱いがとられ,指導要録については,学籍の記録の転学・退学等の欄に在学しない者として扱う（除籍扱であり,一時保護の場合でも事故欠扱いであった）とされていた。

　当然,この期間の指導要録には学習指導要領にもとづく記載はなく白紙となっていた。卒業期になると,施設長にも,「義務教育に準ずる教科を修めた児童に対し,修了の事実を証する証明書を発行する」ことができたが,児童の将来の不利益を軽減するためにも,退所・原籍校へ復学させ卒業証書を授与するという手続きがとられてきた（公教育が導入された現在でも多くの施設で同様な手続きがされている）。

　④施設の職員配置

　児童自立支援施設等の職員数については,児童福祉法が施行されて50年以上経過しながらも,措置制度の下,小学生以上の少年の場合支援にあたる職員と入所児童の比率は「1対6」という数字が見直されないまま現在に至っている（最近になり1対5.5という数字が出されているが,諸外国では数年前から1対1.5人という体制がとられている国もある）。本来,措置制度は,児童福祉法や子どもの権利条約をふまえて,子どもや家族の意志を尊重し児童福祉施設の設備および運営に関する基準や措置費を充実させることで解決されるべきものであり,入所

第5章　児童福祉施設・機関における支援の実際

児童の自立支援に目を向けた手厚い支援が可能となるよう職員配置を含めた支援体制の整備・改善が改めて問われている。

　児童自立支援施設や児童養護施設も，かつては職員の勤務は宿直制であったが，労働基準法上の問題や職員の負担軽減も含めて，交替制を主とした勤務体制になり，時間帯を限れば，1人の職員が10人以上の子どもを見なければならない状態もしばしば見受けられている。このよう状況下で，情緒的にも個別的な支援を要する子どもたちへの対応等，子どもたちの声や思いをどのように聞いていけるのか，さらなる職員の専門性が求められている。こういった児童の不利益について，「社会的養護」にかかわる対象施設（特に非行系・養護系）の多くからも「内なる声」が上がってはいるが，絶対数において少なく実現するには相当な時間を要している。児童の権利条約が批准された今，子どもたちの人権の尊重・権利擁護のあり方も含め改善が求められるゆえんでもある。もちろん，職員の人権が擁護されなければならないことは言うまでもないことである。

　⑤支援の実際

　児童自立支援施設では生活を通しての支援を基本としており，表5－15に示すような日課（寮における生活指導と学校における学習指導）を過ごす中で，一人ひとりに作成された自立支援計画にもとづき集団の中での個別対応が行われている。入所児童の中には，放任・ネグレクトといった虐待を受けた子どもたちが多く，生活寮では，基本的な生活習慣等の日常生活支援，分校（施設内学校）における，子どもの学力に応じた個別の教育指導（中3生への分数の指導等の必要な学力の低い子どもが多い）などを中心とした支援が行われている。

　特に，入所後間もない頃には，日常生活の安定が図られず（情緒面においても同様）に，無断外出を繰り返す子どもや，学習面での遅れが目立つ子どもたちに対する授業時の付き添いなど，日常生活の多くの場面で個別対応を求められることが多い（第6章3節参照）。しかも，児童自立支援施設の多くは，交替制勤務体制をとっており，子どもたちの直接支援にあたる職員（児童自立支援員・生活支援員）は，その時の子どもの状態によっては，次の勤務者への引き継ぎ

表5-15 児童自立支援施設の生活日課（例）

6:30	起床・清掃・ジョギング・朝食
8:30	登校・授業（施設内学校・分校）
12:15	昼　食
13:30	登校・授業
15:00	帰寮　寮活動
17:00	自習・日記
18:00	夕食・入浴・自由時間（TV等）
21:00	就寝（土曜日22:00）

出所：「きぼう」：「ぐんま学園」創立100周年記念誌。

ができないまま、継続して勤務せざるを得ないという現実の中で、支援活動に従事しなければならないこともしばしば見受けられている。

　一方では、入所時に、あれだけきびしく荒んだ表情で職員への反抗的態度を繰り返していた子どもたちが、「施設での居場所が見つかり、生活の落ち着きを取り戻す」ことができてくると、態度だけではなく表情も穏やかで年齢相応の子どもらしい表情になってくる。この頃になると職員とのつながりもでき支援を受け入れることができるようになり、ここからが自立支援に向けた新たなスタートへとなっていくのである。

※北海道家庭学校、横浜家庭学園。
※「教護院」「養護施設」は当時の法的な名称。

重要語解説

無断外出

　通称「無外」とも言われており、施設から逃亡することを言う。この場合多くの子どもたちには、途中で自転車を盗んだり、万引き等の非行行為が行われることが多い。
　無断外出があると施設の職員は捜索を行うと共に、警察への捜索届けを行い、子どもの身の安全確保に努めなくてはならないが、通常の支援業務にも影響を与えるため、職員は発生予防と事後処理に苦慮している。
　無断外出に発生した事件・年齢によってはそのまま逮捕され家裁送致される場合も少なくない。中には無断外出に事故に遭って死亡したり、深刻な被害を受けるケースもある。年長児になると工事現場で強制労働をさせられたり、犯罪に加担させられた

りするケースもある。

（2）情緒障害児短期治療施設における実践の現状と課題
1）情緒障害とは

　情緒障害とは，先天的または後天的な身体障害や知的障害に起因するのではなく（さまざまな要因もあるが），さまざまな心理的，家庭的，環境的な要因が複合的に関係して発生する心因性の障害で，適切な対応を行うことにより治療が可能とされている。具体的には，次のような3つの行動に分けられる。

　①非社会的行動（不登校，緘黙，孤立，内気，等）

　②反社会的行動（乱暴，反抗，盗み，授業妨害，共感性欠如，等）

　③神経性習癖（爪かみ，チック，夜尿，遺尿，偏食，拒食，吃音，自慰，等）

2）施設の概要

　情緒障害児短期治療施設は，軽度の情緒障害がある子どもが短期間入所，または保護者のもとから通所し，生活療法，心理療法など治療的援助を受け，健やかな育成と共に情緒障害の改善を図ることを目的とした施設である。1961（昭和36）年の児童福祉法の一部改正で新たに加えられた児童福祉施設であり，当初はおおむね12歳未満の子どもを対象とし，1988（昭和63）年当時，全国で13か所の施設が開設されていたが，現在では，37か所の施設が開設（2010〔平成22〕年現在））されている。施設の利用年齢については，1997（平成9）年の一部改正により，他の児童福祉施設同様に18歳未満まで対象が拡大され，必要がある場合には20歳までの延長が可能となり，「……あわせて退所した者について相談その他の援助を行うことを目的とする施設とする」ことが追加された。

　情緒障害児短期治療施設では，①医学・心理治療，②生活指導，③学校教育，④家族との治療教育，⑤地域の関係機関との連携，という5つの援助方針からなる「総合環境療法」が行われている一方で，子どもの問題は，家族の影響を受けやすく，子どもだけへの援助では問題が解決する事が困難となったケースが多く見受けられるようになってきており，家族全体を治療の対象として家族機能の改善を目指す「**家族療法**」を用いている施設が多くなっている。

重要語解説

家族療法

　家族療法では，家族を「一つのシステムとして捉え，常に平衡バランスを維持している」と言う前提で，このバランスが崩れた時，「家族構成員の間に問題行動や症状」が発生する。そのため，「システム内の相互作用に変化を起こさせる」ことによって，家族として本来持つべき機能を持った新しいシステム（家族関係）をつくり出すことを目的としており，児童相談所や情緒障害児短期治療施設などでは，家族全体の養育機能が低下したために子どもの問題行動として表れ，家族全体に働きかけて家族機能の回復を図るために利用される方法である。

　施設の開設当初は，子どもの情緒障害（不登校や引きこもり等の非社会的行動）を中心に治療・援助して，その成長と発達を促進し，子ども本人を対象とした援助をすることで治療効果が見られていたが，最近ではこれらの学習障害（LD），アスペルガー症候群（AS）などの発達障害を持つ子どもや，保護者からの虐待を受け情緒障害となった子どものなど，心の傷（トラウマ）を抱えた子どもの入所が増えている。児童福祉法等の改正により必要のある場合には対象児童の年齢がおおむね学童期から20歳に達するまでの措置延長が可能となり，家庭内暴力や摂食障害，自傷行為といった思春期特有の問題行動を持つ子どもなどへの対応が求められている。

　さらに，特別支援学校（級）等の開設にともない，比較的軽度の子どもたちは家庭から学校への通学が可能となる一方で，施設入所となる子どもたちの重度化が進み，近年開設した施設の例を見ると，施設の開設と共に地域の学校の分教室として公教育が開始されたが，基準にもとづき派遣されている教諭の定数では，入所児童の重度化に対応できず，結果として数班に分けての授業としている（授業を受けられない子どもたちは空きスペースで待機，この時間の子どもたちの処遇〔支援〕は施設職員が本来業務の合間に協力して監護するといった状況にあり，職員の負担は少なくない）。

3）施設の抱える課題

　入所している児童の中には，次に示す例のように，乳幼児期から家庭におけ

る安定した生活基盤が得られないまま里親や施設の利用を繰り返す（措置の変更）という生活を余儀なくされている子どもの存在もある。

事 例 (3)

性への強い関心を持ってしまった周一君

　周一君（仮名）は，2～3歳の頃，両親の離婚により妹と母親との親子3人の生活が始まる。そのうちに母親の内夫が出入りするようになり一緒の生活が始まる。物音で夜中に目が覚め，たまたま見た2人の夜の生活を覗き見するようになり，興味と関心（自慰行為も始まる）が高まっていった。そのことに気づいた内夫から虐待を受けるようになる。母親は内夫の虐待を容認してしまい，見かねた近隣の主婦からの通報により要保護児童として長期間の一時保護を経て里親委託の措置となる。

　里親宅において受容された生活であったが，覗き見することは改善されることなく，拒絶感から虐待的な対応へとつながり，やむなく，児童自立支援施設への変更となる。施設の生活の中では年上の子どもから同性愛的な行為の対象となり，自らも積極的に関心を示すようになり，情緒障害的な支援が必要であるとして，情緒障害児短期治療施設へ措置変更することとなり，現在に至っている。

　里親委託，児童自立支援施設への変更，それぞれの機会において性教育については実施してきたが，その効果を得るには至っていない。

　このように情緒障害を持った子どもでもその障害が，表面に現れている子どもと内面で発している支援（必要に応じて処置）のむずかしい子どもたちの入所が相次いでいる現状にある。

　情緒障害児に限らず，施設に入所している子どもたちにとっての「自立」とは，そして，その支援とあり方について，改めて問題が提起されているものとも言える。

　また，全国情緒障害児短期治療施設協議会では，「情緒障害」という用語は不必要な偏見や誤解につながるとして「児童心理療育施設」という呼称を推奨しているが，2012（平成24）年4月に実施された児童福祉法の改正では知的障害児や肢体不自由児，重症心身障害児施設などの名称等一部改正が行われたが，情緒障害児短期治療施設の名称変更は行われていない。

> **コラム**
>
> （相談現場から見える）ヤングママの子育て観
>
> 　「子どもを育てる」って，楽しそうで大変なんですよね。保育士の役割のひとつとして，「保育」と共に「子育て支援」が求められるようになった今，あなたはどのように感じていますか。
> 　以前は，相談に来る親御さんから「子育てに疲れた」という言葉（背景には多子・経済的困窮があった）をよく耳にしましたが，最近の特徴として多くの親，特に若い母親から「子育てが面倒くさくなった」「取説（取扱説明書）がほしい」というセリフが，しばしば聞かれるようになりました。
> 　「できちゃった婚（かならずしも結婚には結びつかない）」や「育児放棄」などという「ことば」が，マスコミでも，社会面を賑やかしています。
> 　「大人になりきれない子ども」が，「子どものまま親になってしまい」，「親になりきれない子どもが子育てをしている」「子どもの子ども」と言ったように，「できちゃったから産み」，始めの内は人形やペットを飼育するがごとく可愛がり「育てている」が，おむつがはずれ，少し手がかからなくなる頃になると，まわりを見渡せば，同級の友だちなどは青春を謳歌している。それを見て「自分も若いし・遊びたい」という願望を押さえ切れず，部屋に鍵をかけ，子どもを残したまま遊び歩き，時には帰らない日々も，結果として「虐待」となってしまっている。
> 　幼児の「ままごと遊び」と同じようなゲーム感覚で子育てをしているのでしょうか。
> 　最近では，「留学する」ことを理由に，「赤ちゃんポスト」へ，まるで荷物を預けるかのごとく置き去りにしていった母親の事案がニュースになっていました。
> 　今，保育士に「子育て支援」が，そして，地域社会での「子育て」が求められているのですね。
> 　「育児」というのは，子どもを育てるだけではなく，親自身も一緒に育っていく「育自」。
> 　親子が共に育つという「共育」・「協育」，であってほしいものですね。

第4節　被虐待児に対する施設内支援の実践と現状課題

（1）被虐待児のサイン

　児童養護施設などの児童福祉施設に入所してくる子どもたちはさまざまな背景を持っている。しかし，近年，その背景については個人情報保護などの観点

第 5 章　児童福祉施設・機関における支援の実際

から子細について,すべて児童福祉施設に知らされるというわけではない。子どもの状況から支援を判断していくことが,余儀無くされるケースも多くなっている。

また,被虐待児の支援については,実際に支援を行った多くの事例の中から典型的な出来事や対応を紹介している場合が多い。その結果として,虐待を受けた子どもの背景から「こんな大変なことを起こす子ども」との紹介が行われる場合がある。しかし,それらの事例は長年に渡る支援の中の,ある場面に出てくる行動であり,日常のすべての生活場面で起きていることではない。施設実習を体験した学生はエピソードのように「明るく元気に生活している」と,感動して戻ってくることが多い。

エピソード

児童養護施設実習の感想から

▼児童養護施設の子どもたちは,理由はいろいろだが心に大きな傷を持ち,少し暗い生活を送っていると思っていた。実習に行って多くの子どもと接し,皆とても明るく元気で生活している様子を見た。
▼親からの虐待により入所している子がほとんどで,慣れるまでに時間がかかり,大人に対して不信感を持っている。甘えを知らず,特定の大人に対して愛着を築くのが難しい。甘えられない子どももいれば誰にでも甘える子どもがいる。しかし,生活をしている上ではみんな明るく生活をしていた。
▼実習に行ってみて感じたことは,普通の子とあまり変わらないということである。短い実習では理解できなかった部分も多いですが,普通に生活している子どもよりも大きな傷を抱えていて,ちょっとしたことで気持ちが不安定になってしまったり,爆発してしまう子どもだと思った。
▼過去のつらい経験を乗り越えようと努力している。施設に入っていることで偏見の対象になりがちだが,明るく元気に暮らしている。ただ,人間関係を築くことがむずかしい子どもが多いような印象がある。
出所:学生へのアンケートから筆者作成。

どのような子どもにとっても,施設入所というのは想像の範囲を超える世界であり,多くの子どもは施設の雰囲気に慣れたいという気持ちで入所してくる。しかし,虐待を受けた子どもたちはその表現の仕方がわからずに色々なサイン

を出してくる場合がある。そのサインがエピソードにあるような「甘え」であったり、「拒絶」であったり、「ちょっとしたことで気持ちが不安定になってしまう」、「人間関係を築くことがむずかしい」ことなどである。

　このサインをベテランの施設職員でも雑多な日常業務に追われ、見逃してしまうことがある。児童福祉施設は集団での生活を基本とした生活の場である。施設によって集団の人数が多いところと少ないところはあるが、基本的に食事のテーブルを囲む人数をできるだけ少なくし、子どもの話を担当職員が聞くことができる状態にし、子どもの示すどのような小さなサインでも見逃さない取り組みが保障される環境をつくることが大切である。

コラム

家庭養護と施設養護の連携

　虐待を受けた子どもたちの小さなサインに対して見逃さずに、適切に対応するには、家族養護［里親、小規模住居型児童養育事業（ファミリーホーム）］の充実が不可欠であるとの方向で社会的養護のあり方が示されている。

　同時に、この小さなサインに気づいたとしてもその対応の仕方について方法がわからなかったら徐々にではあるが子どもの心が離れてしまう。その点では、児童福祉施設は複数の職員が対応しているため、子どもの変調に関してそれぞれの立場から検討し対応について一定の方法を導き出すケーススタディ、ケースカンファレンスを持つことができる。そのために、家庭的養護と施設養護の連携を行う理由から、職員が必要となる。それが、新たに児童養護施設および乳児院につくられた里親支援専門相談員（里親支援ソーシャルワーカー）である（里親支援専門相談員に関しては第2章第2節を参照）。

　この里親支援専門相談員の活躍により、家庭養護と施設養護の連携が進められていくことが今後の課題である。

　被虐待児と呼ばれるケースは、身体的虐待、ネグレクト（放任・養育放棄）、性的虐待、心理的虐待に分類される。施設内での子どもに対する具体的な支援については、子どもたちが施設内でどのようなサインを出しているか、そのことに対して、具体的にどう対応するかはそれぞれの施設の持っている**社会資源**や、職員の力量などによって違ってくる。

> **重要語解説**
>
> ### 社会資源
>
> 　社会福祉を支える財政（資金），施設・機関，設備，人材，法律等，社会福祉を成立させるために必要な物資および労働をまとめて社会資源と呼ぶ。一般的には，「利用者のニーズを充足させるために動員されるあらゆる物的・人的資源を総称したもの」とされる。
> 　出所：社会福祉辞典編集委員会編『社会福祉辞典』大月書房，2003年，232頁引用。

　言い換えると，どのような児童福祉施設でも被虐待児に対する効果的な対応方法を備えているわけではない。子ども一人ひとりの出すサインをみつけ，そのサインにどのような意味があるのか，被虐待児に対する典型的な指導例等に関するケーススタディを行い，そのサインに対する支援方針を決めるケースカンファレンスを行うのである。

　保育を学ぶ学生の施設実習は，限られた時間で実施されているために，実習期間中に子どもの抱えている背景や，被虐待児への対応を理解することはむずかしい。しかし，「何か違う」という感性を大切にすること。同時に，感じたことについてかならず担当の職員に話し，意見を聴くことが必要である。

　これにより，「なぜ，違うのか」を理解することである。このなぜ違うのかを考えることが，子どもたちのライフヒストリー（生活史）について考えることであり，被虐待児を考えることにつながる。

　さらに，このサインについて実習中また実習後の振り返りで実習担当者から指導を受けることにより，子どもに何が起きているかが徐々に明確になってくる。これがスーパービジョンであり，自らの体験を整理し子どもへの考察を深めていく行為である。

> **重要語解説**
>
> ### スーパービジョン
>
> 　スーパービジョンとは専門職育成のための支援である。社会福祉の専門職にはあらゆるケース（事例や出来事）に対して，適切に対応する能力が求められている。そのため，個々のケースに対して，経験の積んだスーパーバイザー（上位者）がスーパー

バイジー（経験を必要とする専門家）に対して，スーパーバイジーが行った支援や行為を見詰めさせることが必要となる。スーパービジョンとは，これら一連の活動の総称である。
　なお，その方法としては，「スーパービジョンは，スーパーバイジーの人数によって，2種類の方法が存在する。1つは『個人スーパービジョン』individual supervisionであり，スーパーバイザーが1人のスーパーバイジーをスーパービジョンする。それに対比して7～8人のスーパーバイジーの集団をつくり，1人のスーパーバイザーがスーパービジョンする方法を『集団スーパービジョン』group supervision と言っている（出所：黒川昭登著『スーパービジョンの理論と実際』岩崎学術出版社，1992年，26頁引用）」がある。

（2）被虐待児へのアプローチ

　児童福祉施設などで被虐待児へのアプローチを行う場合，子どもたちの心情を理解して接していくことが大切である。しかし，学生が心情を実習期間という短い間に理解することはむずかしい。そのために実習にのぞむ学生に注意事項として必ず伝えなくてはいけないことは，「決して，基本的な態度（礼儀，言葉遣いなど）を崩さずに子どもたちと接する」こと，小学校高学年から中高生に対しては，「無理なアプローチをしない」ことの2点である。
　なぜなら，被虐待児の中には親からきびしい叱責や，汚い言葉を繰り返し浴びせられている子もいる。丁寧な言葉の修得が必要であり，それは日常の会話の中で行われている。また，小学校高学年から中・高校生の思春期，第二次反抗期の世代は他人からのアプローチや言葉をさまざまに解釈してしまう。むしろ，幼児，小学校低学年の子と丁寧に接する中で，高学年子どもたちから出てくる言葉を大切にし，支援していくことが良い。
　児童養護施設職員についても同様に，虐待ケースとして児童相談所から緊急に入所してくるケースについてはどう対応してよいかわからない場合がある。こうした場合，子どもの様子観察を行い，子どもとの対話の中で徐々に状況を掴んでいくといった対応方法をとる場合が多い。
　その時に，大きな役割を果たすのがケース会議（施設によっては，自立支援会議，個別支援会議などと呼ばれている）である。このケース会議はケーススタディ

第5章　児童福祉施設・機関における支援の実際

とケースカンファレンスに大きく分かれている（ケーススタディ，ケースカンファレンスに関しては第6章第2節を参照）。ケーススタディではケース事例についてかかわる職員からケースから発信されるさまざまな事柄について意見を交わし合い，ケースの共通認識を深めていく。また，ケースカンファレンスに関しては，ケース事例に対して何らかの方針，方向を示し，その方針に従って支援を展開していくものである。

ここでは，児童養護施設に虐待を受けて入所したケースについて，入所時からの子どもの状況と施設の対応について見ていく（なお，このケースについては複数の児童養護施設職員からの聞き取りで得た事例から，架空のケースを想定し特別な事例としてつくりあげたものである）。

事例概況　(1)

児童相談所からの支援依頼

父親（34歳）は建築作業員であり，昼間から酒を飲むことが多くアルコール依存の傾向にある。子どもは3人，長女富子さん（仮名）は中学1年生，長男篤史君（仮名）は小学校4年生，次女正子さん（仮名）は5歳である。父親の仕事は不安定であり，安定した収入はなく経済的にも自立ができていない状況であった。そのこともあり，母親（30歳）は長女と次女を連れて行方不明になった。長男篤史君だけ父親と半年間アパートで生活していた。しかし，父親もアパートに帰らなくなり，日頃から，心配していた大家が児童相談所に通報し児童養護施設の入所となった。

被虐待児童のケースも含め，施設入所については児童相談所が措置をする。この時に，施設を探す期間，多くの場合，児童相談児で所管している一時保護所において児童の保護を行う。従来の一時保護所は児童相談所に隣接している。しかし，近年に建てられた一時保護所は入口が分からないような設計になっているところもある。これは，児童虐待などで複雑なケースが増加しているための配慮である。

―― 重要語解説 ――

一時保護

児童福祉法第11条に「都道府県は，この法律の施行に関し，次に掲げる業務を行わなければならない」とし，児童の一時保護を行うことを挙げている。さらに，児童福祉法第33条に一時保護について次のように規定している。

（児童福祉法第33条）児童相談所長は，必要があると認めるときは，第26条第１項の措置をとるに至るまで，児童に一時保護を加え，又は適当な者に委託して，一時保護を加えさせることができる。

② 都道府県知事は，必要があると認めるときは，第27条第１項又は第２項の措置をとるに至るまで，児童相談所長をして，児童に一時保護を加えさせ，又は適当な者に，一時保護を加えることを委託させることができる。

③ 前２項の規定による<u>一時保護の期間は，当該一時保護を開始した日から２月を超えてはならない。</u>

④ 前項の規定にかかわらず，児童相談所長又は都道府県知事は，必要があると認めるときは，引き続き第１項又は第２項の規定による一時保護を行うことができる。

⑤ 前項の規定により引き続き一時保護を行うことが当該児童の親権を行う者又は未成年後見人の意に反する場合においては，児童相談所長又は都道府県知事が引き続き一時保護を行おうとするとき，及び引き続き一時保護を行った後２月を経過するごとに，都道府県知事は，都道府県児童福祉審議会の意見を聴かなければならない。ただし，当該児童に係る第28条第１項の承認の申立て又は当該児童の親権者に係る第33条の７の規定による親権喪失若しくは親権停止の審判の請求がされている場合は，この限りでない。

出所：児童福祉法より抜粋。下線筆者。

―― 事例概況 （2） ――

児童養護施設入所後の様子

担当保育士が寮の食堂で篤史君のインテーク（初回面接）を実施する。保育士は「言葉遣いは丁寧であり，３年生の時はほとんど学校に行っていないにもかかわらず理解力はあり，能力的には高いと感じた」と面接での記録に記載した。しかし，自分のことを「アッちゃんはね」と言っていること。また，インテーク中に何人かの幼児が帰ってくると，その幼児のひとりが「アッちゃんはね」といった言葉に対して，「変な子」と言った。その途端に篤史君が机を拳で叩き，顔を真っ赤にさせていた。しかし，数分するとまたもとの様子に戻り丁寧な言葉で話している。

保育士は初めての施設で，疲れもあり緊張からの興奮と思い，特に，記録には書かなかった。同学年の裕也君（仮名）と同室になる。

児童相談所からの入所理由に関しては「両親が行方不明」であり，身体的虐待などについては記載されていなかった。また，一時保護所の記録でも特に問題になるような記載はされていなかった。施設入所については本人も同意しており，児童相談所はできるだけ早く母親の行方を見つけるとの方向を施設に示した。

ほとんどの児童養護施設では，インテーク後に様子観察期間として，受け入れた子どもの動向や様子について担当者が観察し記録を行う。

事例概況 (3)

観察期間の様子，日誌から

- 4月25日(火) 18時　中学生が帰ってくると，自分の部屋に行ってしまう。紹介があるからと言ってデイルームに連れてくる。緊張して強張(こわば)っている。中学生の前では甘えるような態度であり，「ヨロシクネ」とか「○○ちゃんが一番強い，スゴイな」とか話している。中学生の女子の恵美（仮名）が「早く椅子に座りな」と言うと，「はい，わかりました」と素直に従っている。（遅番：山田，〔仮名〕）
- 4月26日(水) 7時30分　幼児が幼稚園に登園。篤史君はまだ学校に行かないため，デイルームでテレビを見ている。幼児のひとりが「山本先生（仮名），僕先生がいいんだ」と言うと，篤史君が急に机を叩き「甘えるんじゃねえ」と大声で言ってくる。幼児は一瞬何が起きたかわからない状況であった。（早番：小川，〔仮名〕）

このような記録から，担当保育士は篤史君に対しての自立支援計画を作成する。当初，篤史君に関しては，父親の放任（ネグレクト）からくる不登校と考えており，身体的な虐待は受けていないと考えていた。そのため，第1回のケース会議で担当保育士は「職員に関しては素直であり，幼児語は残っているが，能力的に高い。小学校に通学することで，同学年の児童と友だちをつくり生活の場が広がると考えられる。さらに，身体的能力も高く，その可能性が広がるであろう」と記述している。しかし，施設内の人間関係の所見として「自分より，目上の者に関しては礼儀正しく，甘えるそぶりをしてくるが，下の者（特

に幼児）に対しては感情爆発のような態度が見られる」と述べている。

事例概況 (4)

小学校での児童の様子

　入所後，1か月が経過する。篤史君は同室の裕也君をまるで子分のように従えていた。また，「今日ね，裕也はね，学校で先生から忘れ物をして怒られたんだよ」，「馬鹿だよね，あいつ」など，学校での他児童の細かい出来事を保育士に話してくる。しかし，自分のことに関してはほとんど話さない。
　また，小学校での行事一つひとつについて，心配になり当直の職員に聞いてくる。「明日は，畑作業を手伝うんだって，どんなことをやるのかな」，「僕いけないかもしれないな」など，保育士は「大丈夫よ，篤史ならできるよ」と話すが，繰り返し同じことを言ってくる。

　児童養護施設の場合，地元の小・中学校などに就学させることが原則とされている。しかし，前述の「児童養護施設実習の感想（145頁）」にもあるように，人間関係の構築が出来ず，学校に馴染めない子どももいる。

　児童養護施設に入所する児童は，児童養護施設の人間関係と共に，地域の学校の中での人間関係を同時に構築しなければならない。積極的なエネルギーを持っている子どもはすぐに適合できるが，心の傷を受けた被虐待児の場合，特に，人間関係の構築に戸惑い，うまく適応できないケースも多い。

コラム

児童福祉施設と学校教育

　児童福祉法第48条では「児童養護施設，障害児入所施設，情緒障害児短期治療施設及び児童自立支援施設の長，その住居において養育を行う第6条の3第8項に規定する厚生労働省令で定める者並びに里親は，学校教育法に規定する保護者に準じて，その施設に入所中又は受託中の児童を就学させなければならない」としている。
　児童自立支援施設の場合「入所中の児童に学校教育を実施する具体的な方法としては，地域の小・中学校への通学や<u>児童自立支援施設内における分校・分教室の設置</u>があり，これらのうちから<u>教育委員会の判断</u>により適切な方法を実施することとなる」となっている。また，1997（平成9）年の児童福祉法等の一部を改正する法律の経過措置として当分の間，児童自立支援施設の長が，入所中の児童に学校教育に準ず

第5章 児童福祉施設・機関における支援の実際

る教科指導を実施する（文部科学大臣の勧告に従って行う）ことができる。この場合，小・中学校の在学とみなすこととされておらず，「やむを得ない事由」として，<u>就学義務の猶予・免除</u>を受けることとなる。

　なお，児童自立支援施設の長は教科の学習を修めた児童に対しては，学校教育法で定められた学校で発行する卒業証書と同一の効力のある証明書を発行することができる。

　出所：児童福祉法，文部科学省ホームページ「小・中学校への就学について」から引用，下線筆者。

事例概況 (5)

問題行動の発覚

　入所後，3か月が経過する。担当保育士が，学校の様子を篤史君の同級生の女の子に聞くと「今日，篤史は体育館に入れなかったんだ」と話してくる。子どもたち全員の集会を体育館で行ったとのこと。その時，篤史君はトイレに隠れており，先生方が心配になり探したらすぐに出てきたとのこと。そのため，施設には連絡がなかった。

　篤史君が帰ってきたので，担当保育士が「今日，体育館に入れなかったんだって」と話すと，篤史君の顔が急に青ざめ「だれが言ったんだ」と言うなり，すぐに「裕也，お前か」と近くにいた裕也君の顔面を殴る。担当保育士が二人の中に入り篤史君を引き離し，「篤史君，怒っているね。なぜ，怒っているの」と話しかける。しかし，篤史君からの返答はなく一点を見つめるようになり固まってしまう。

　児童福祉施設ではこのような問題行動がいつ起こるか予想できない。また，職員はローテーションと呼ばれる変則勤務で対応しているため，職員全員が同じ体験をしているわけではない。さらに，多くの児童養護施設では，施設内の業務とは別に小・中学校との連絡会，行事参加，地域のスポーツ少年団との関係，地域自治会との関係など雑多な業務を抱えている。当然一人の子の対応を行っているとこうした勤務上の業務がストップしてしまうことにもなる。

重要語解説

家庭支援専門相談員，心理担当職員，個別指導職員の役割

　被虐待児童等に対する適切な援助体制を確保するため，1999（平成11）年度より家庭支援専門相談員（ファミリーソーシャルワーカー）および心理担当職員が配置されている。また，2001（平成13）年度より個別対応職員の配置が行われている。

- 家庭支援専門相談員

　①対象児童の早期家庭復帰のための保護者等に対する相談援助業務，②退所後の児童に対する継続的な相談援助，③里親委託の推進のための業務，④養子縁組の推進のための業務，⑤地域の子育て家庭に対する育児不安の解消のための相談援助，⑥要保護児童の状況の把握や情報交換を行うための協議会への参画，⑦施設職員への指導・助言及びケース会議への出席，⑧児童相談所等関係機関との連絡・調整，⑨その他業務の遂行に必要な業務，である。

- 心理担当職員

　①対象児童等に対する心理療法，②対象児童等に対する生活場面面接，③施設職員への助言及び指導，④ケース会議への出席，⑤その他，である。

- 個別指導職員

　①被虐待児童等特に個別の対応が必要とされる児童への個別面接，②当該児童への生活場面での1対1の対応，③当該児童の保護者への援助，④その他である。

　出所：平成24年4月5日付，厚生労働省雇用均等・児童家庭局長通知「家庭支援専門相談員，里親支援専門相談員，心理療法担当職員，個別対応職員，職業指導員及び医療的ケアを担当する職員の配置について」から引用。

　このような時に力を発揮するのが，**心理担当職員，個別指導職員，家庭支援専門相談員**などであり，専門スタッフを含めてのケーススタディ，ケースカンファレンスである。同時に，児童記録や引き継ぎの記録が大切な役割を果たす。個別指導職員を中心に，小学校の担任，施設の職員も児童相談所との情報交換を行うことが大切となる。

事例概況　(6)

その後の経過

　個別指導職員からの児童相談所への情報提供と依頼から，母親の状況が分かる。母親は，別の市で男性と生活をしていた。長女と次女については母親方の祖父母が面倒を見ていた。母親からの情報で，篤史君については，父親からの暴力があったとのこと，「男はなめられたらいけない」「強い者が勝つ」と言われ，よく叩かれていたとのこと。しかし，篤史君は父親が嫌いではないので，置いてきたとのこと。

　個別担当職員を中心に次のような支援を篤史君に行うことをケースカンファレンスで決める。

① 定期的に心理担当職員の面接を行う。
② 小学校との定期的な連絡会を持ち，情報交換と行う。

第5章　児童福祉施設・機関における支援の実際

> ③　篤史君の甘えが集中できるように，母親役の職員，父親役の職員，お兄さん役の職員を決めそれぞれかかわりを持つ。
> ④　問題行動があった場合は，それぞれの機関が共通の情報を共有できるようにする。
> ⑤　母親へのアプローチを行い，施設に面会に来られるように篤史君についての情報提供を行う。

　社会的養護の子どもたちは，多かれ少なかれこのような問題を抱えて，入所してくる。しかし，児童福祉施設は子どもたちの生活の場所でもある。できるだけ，子どもたちのニーズ（要望・要求）に応えられるように支援の工夫を行っている。しかし，職員は，ローテーション勤務の範囲内でかかわらなければいけない状況であり，子どもたちのニーズを的確に捉えるには限界がある。子ども一人ひとりの言葉や気持ちの動きを的確に捉えられるような支援システムをつくり上げていくことが社会的養護の課題である。

（3）被虐待児への精神的な配慮

　虐待を受けた児童の中には，自分の行動に対して，「違和感」を持っている場合がある。虐待などの過去の経験により，自分ではいけないと思っていることに対して，身体や精神が反応してしまうことである。そのような場合は，心理担当職員の助けを借りることが大切である。

　また，特に，被虐待児の中には，虐待を受けた経験がフラッシュバックしてしまうことがある。職員の言葉は落ち着いた丁寧な言葉で話すことが大切である。さらに，保育士と子どもの関係に生ずる「転移」と「逆転移」は，理解した上で支援に臨むことが大切である。転移とは保育士などの支援を行う者に対して，過去の何らかの経験（特に病因的な関係）がフラッシュバックして反発や反抗をしてしまうことであり，逆転移とは転移感情に対して保育士などの支援を行う者が私的感情を持ってしまうことである。

155

> **重要語解説**
>
> ### 転 移
>
> 　児童養護施設の児童指導員の橋本（男性：仮名）さんは，あるドラマが切っ掛けで中学生の頃から児童養護施設の職員になりたいと思っていた。
> 　やっと念願が叶い昨年，児童養護施設の職員になった。ある日，小学生4年生（勝君）の部屋を掃除していると押入れの中からたくさんのお菓子が出てきた。橋本さんは勝君の部屋でドアを閉め，お菓子について問いただした。「万引きは悪いことであり，一生懸命に仕事をしている人を馬鹿にする行為である」と，つい興奮して畳を大きくたたいてしまった。その様子を聞いていた中学生3年生の恵子が「橋本は虐待している」と施設長のところに言いに来た。施設長が恵子の話を聞いていると，「自分も畳に叩きつけられたことがある」との言葉がある。
> 　出所：児童養護施設職員インタビューから筆者作成。

　このような「転移」と「逆転移」の関係を集団生活の中で持ってしまうと，些細な行為で，その関係が噴出してしまうことがある。心理担当職員のアドバイスを受けながら慎重に人間関係の回復を図っていくことが大切である。

> **エピソード**
>
> ### 「子どもの声」
>
> - 中2・恵子（仮名）
>
> 　今日は，お母さんが洋服を届けてくれた。審判の時は，すごくきらいだったけど，今日，お母さんに会って，お母さんが私の手を持って，「寒かったでしょう。ごめんね」って言われた時，やっぱり親ってやさしいなって，実感しました。だから，ちゃんとお礼を言いたくて，寮長先生に「時間ください」って言ったんです。親って，きらいになれない存在なんだなって，思いました。
> 　出所：小林英義著『少女たちの迷走──児童自立支援施設からの出発』三学出版，2001年，67頁。

第5節　発達障害児に対する支援の実践の現状と課題

　発達障害とは，現在では幼児期から成人期までその障害が確認されている。しかし，発達障害者支援法が制定される以前は，発達障害に含まれる自閉症は知的障害に含まれていたが，それ以外の注意欠陥多動性障害や学習障害などは障害として認められていなかった。しかし，知的障害を持たない発達障害の存在も明らかであること，多くは，幼児期・児童期において，発達障害の問題が顕著に注目され，成人期における支援も必要であることの指摘がなされ，この障害が社会の注目を集めることになったことがうかがえる。

　何より，発達障害を社会に強く認知させたのが，2004（平成16）年に成立した発達障害者支援法であろう。発達障害者支援法成立により，法成立以前は知的障害を含んだ自閉症が知的障害者福祉法に規定されていたのが，知的障害を含まない自閉症や注意欠陥多動性障害，学習障害その他の障害が支援の対象として法律に規定されたことは重要な出来事だと言える。発達障害は，旧障害者基本法が成立する際，その定義づけがなされず，国会（衆参両院）で身体障害，知的障害，精神障害に含まれなかった。しかし，発達障害に対する支援は必要であり，法律の谷間に置かれている人たちに対する対応を検討すべきであるという付帯決議が成された。その後，発達障害の定義化が図られ，その具体的な対応として発達障害者支援法が立案され，法成立時においては，全政党が賛成した議員立法として成立したものであり，厚生労働省以外にも文部科学省との連携協力において立案成立した発達障害を支援する上で重要な法であると言える。

（1）発達障害の種類

　発達障害支援法では，発達障害を「自閉症，アスペルガー症候群その他の広汎性発達障害，学習障害，注意欠陥多動性障害その他これに類する脳機能の障害であってその症状が通常低年齢において発現するものとして政令で定めるも

のを言う（第2条第1項）」と規定している。ここでは，発達障害者支援法に規定される各種の障害について紹介することとする。

1）自閉症

自閉症は障害の概念が非常に広範囲であり，その特徴や症状もさまざまである。自閉症は，現在はその原因が脳の機能障害とされており，障害の原因は保護者のしつけによるものではない。その主な特徴としては，①社会性の障害，②コミュニケーションの障害，③想像力の障害の3つが示される。この3つの障害（ウィングの三つ組み）は，自閉症のみで見られるものとされている。また，自閉症の場合これらの特徴が3歳以前から認められるとされている。

2）広汎性発達障害（Pervasive Developmental Disorders: PDD）

国際疾病機能分類ICD-10によれば，広汎性発達障害とは「相互的な社会関係とコミュニケーションのパターンにおける質的障害，および限局した常同的で反復的な関心と活動の幅によって特徴づけられる一群の障害」とされている。その特徴は，「対人関係相互反応における質的な障害」，「コミュニケーションの質的な障害」，「行動，興味，および活動の限定された反復的で常同的な様式」の三つ組とされている。また，広汎性発達障害では，自閉症スペクトラムには含まれないレット障害[1]，小児崩壊性障害[2]も含まれ，より広範囲な枠組みとして発達障害を捉えている。自閉症は，障害の概念が広範囲なことから「自閉症スペクトラム」と呼ばれることがある。スペクトラム（Spectrum）とは「変動するものの連続体」を意味しており，自閉症は症状を連続的に変化させる障害でもあることから，カナー症候群，アスペルガー症候群，高機能自閉症などの症状や特徴が重複する場合もあり，障害診断も経年変化により変更されることもある。そのため，自閉症を一つひとつの障害に分けて見るのではなく，自閉症の中の連続する連続的な発達障害と見る見方として「自閉症スペクトラム」という用語を用いることがある。自閉症スペクトラムの概念図とその代表的な障害を図5-4と表5-16に示す。

第 5 章　児童福祉施設・機関における支援の実際

```
高い
 ↑
知的発達の遅れ
 ↓
低い
```

　　　　　　　　高機能自閉症
　　　　　　　　　　　　　　　アスペルガー症候群

　　カナー症候群
　（知的な発達の遅れをともなう）

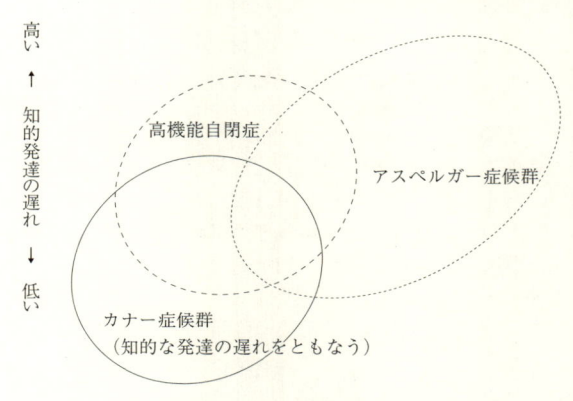

　　　　　　強い　←　自閉的な傾向　→　弱い

図 5-4　自閉症スペクトラムの概念
出所：小野次朗・上野一彦・藤田継道編『よくわかる発達障害——LD・ADHD・高機能自閉症・アスペルガー症候群』ミネルヴァ書房，2007年，別府哲・奥住秀之・小渕隆司『自閉症スペクトラムの発達と理解』全障研出版部，2005年から筆者作成。

表 5-16　自閉症スペクトラムに含まれる主な障害

障害の種類	特　徴
カナー症候群	アメリカ精神科医であるレオ・カナーが発見した自閉症。典型的な自閉症であるとも考えられ，知的障害をともなう自閉症。
アスペルガー症候群	相互的な社会関係において遅延や遅滞が見られないものであるとし，言語あるいは認知的発達において臨床的に明らかな全般的な遅延が見られない自閉症（ICD—10）。
高機能自閉症	アスペルガー症候群とは違い，相互的な社会関係において言語発達において臨床的に全般的な遅延がみられる自閉症をさす。現在もアスペルガー症候群と明白な違いは明らかにはされてはいない。

出所：小野次朗　上野一彦　藤田継道編『よくわかる発達障害——LD・ADHD・高機能自閉症・アスペルガー症候群』ミネルヴァ書房，2007年，別府哲・奥住秀之・小渕隆司『自閉症スペクトラムの発達と理解』全障研出版部，2005年から筆者作成。

事 例（1）

アスペルガー症候群を抱える直くん（仮名）の困り感

直くん（男児：9歳）は，3歳の頃，まわりの子と一緒の行動がとれないことや，こだわりが強く見られ，専門医の診断の結果，アスペルガー症候群と診断された。小学校に就学して，直くんはすぐにまわりの児童と打ち解けていたが，授業中は，先生の言葉を遮(さえぎ)って話したり，身のまわりの整理整頓ができないことが目立った。そのことが原因で，たびたび，担任の先生から注意を受けていた。しかし，直くんはどうして怒られたのかもわからない様子であった。

事例(1)では，アスペルガー症候群と診断された直くんは小学校就学後，授業中，先生の言葉を遮って話すなど，疑問に思った事やわかったことはすぐに声に出したり整理整頓ができず，課題のあることがわかった。身のまわり整理整頓ができないのは，身のまわりの物をどこにどう整理すれば良いのかわからないからかもしれない。自閉症児は，偏ったこだわりやコミュニケーションが苦手なことが特徴的であるがゆえに事例のようにまわりと違う行動をとることも少なくない。

3）学習障害（Learning Disorders: LD）

文部科学省によれば，学習障害とは「基本的には全般的な知的発達の遅れはないが，聞く，話す，読む，書く，計算する又は推論する能力のうち特定のものの習得と使用に著しい困難を示す様々な状態」とし，さらに「その原因として，中枢神経に何らかの機能障害があると推定されるが，視覚障害，聴覚障害，知的障害，情緒障害などの障害や，環境的な要因が直接の原因となるものではない」としている。

事 例（2）

学習障害と診断されたるり子さん（仮名）の悩み

小学校2年生のるり子さん（女児：8歳）は，算数がとても得意である。算数のテストはいつも満点をとるほどである。しかし，国語だけはどうしても苦手で，テストの点もいつも悪かった。国語の教科書に書いている文章は読めるのに，どうしてもその文章の意味が理解できなかった。まわりの児童との会話は理解できるのにどうして

> も文章を理解ができなかった。るり子さんは，自分の学力が低いことに悩み，国語の授業の時は教科書も開く事を拒むようになった。

　事例(2)では，るり子さんが学習障害のため，学習に対する意欲が低くなって行く過程である。学習障害では，有効な改善方法はなく，個々人に合った学習指導が必要となる。るり子さんの場合，文章を読む事ができても理解ができないという障害が発生していることがわかる。

4）注意欠陥多動性障害
　　　（Attention Deficit/Hyperactivity Disorders: ADHD）
　注意欠陥多動性障害には大きく分け表5-17に示す3つの特徴が挙げられる。
　これらの特徴が7歳以前から現れ，その状態が継続し，中枢神経系に何らかの要因による機能不全があるとされている。これらの特徴は学習障害同様，広汎性発達障害の幼児期における特徴と重複する場合がある。

事　例（3）

大樹くん（仮名）の気持ち

　小学1年生の大樹くん（男児：7歳）が，幼稚園に通っていた頃は，落ち着きがなくいつもそわそわし，椅子にも少しの間だけでも座ることがむずかしい子どもであった。小学校就学後もその落ち着きのなさは変わらず，授業中も離席が目立っていた。ある日，授業が始まる予鈴がなっているにもかかわらず，校庭から教室に戻らず，さまざまな遊具で遊び，先生が注意をしたところ，「どうして怒るの。わからない」と叫んだ。その後，専門医のもとで診断を受けたところ，ADHDと診断を受けた。

　事例(3)では，大樹くんの落ち着きのなさが目立っている。ADHDは，学力的な問題は見られないが，その落ち着きのなさが大きく目立つことがある。大樹くんは，注意が散漫でさまざまなことに注意が向いてしまう。予鈴が聞こえて教室に戻るという意識はあったが，それ以外のこと注意が優先してしまったことが推察される。ADHDは，その不注意や衝動性，多動性という特徴によりまわりから「わがまま」と誤解を受けることも少なくない。大樹くんは，自分の欲求に素直に行動したことがどうしていけないのか，もしくは，なぜ，自

表5-17　注意欠陥多動性障害の特徴

特徴	内容
不注意	ひとつのことに集中ができず，注意が散漫である。たとえば，ひとつの遊びが持続できず，次々に遊びを変えたりするなど。
多動	落ち着く事が困難である。たとえば，椅子に座ってもすぐに席を離れたり，座っていても常に足をばたつかせるなど。
衝動性	気持ちを抑えることが困難である。たとえば，順番に並んでいても割り込んだり順番を抜かしてしまうなど。

注：上記の3特徴が見られるからといって診断が行えるのではなく，専門医によって時間をかけて正しい診断基準にもとづいて，診断は行われる事を注意する。
出所：宮尾益知『「気になる子ども」へのアプローチ ADHD・LD・高機能 PDD のみかたの対応』から筆者作成。

分ばかり注意を受けるのかと自己評価が低下してしまっていることが予想される。

　発達障害は，その障害を早期に発見し，早期に対応することが重要である。障害を早期に発見し，早期に対応すれば，その後の発達を促せ，支援方法も充実する。発達障害は，障害の発見が遅れると疾患による一次障害に加え，二次障害（うつ状態，反抗挑発性障害[3]，行為障害[4]など）を併発することが多々あり，二次障害を併発するとより支援が複雑困難になる。そのため，発達障害者支援法においても発達障害の早期発見・早期対応を指摘している。

(2) 発達障害者支援法

　発達障害者支援法では，その目的は，「この法律は，発達障害者の心理機能の適正な発達及び円滑な社会生活の促進のために発達障害の症状の発現後できるだけ早期に発達支援を行うことが特に重要であることにかんがみ，発達障害を早期に発見し，発達支援を行うことに関する国及び地方公共団体の責務を明らかにするとともに，学校教育における発達障害者への支援，発達障害者の就労の支援，発達障害者支援センターの指定等について定めることにより，発達障害者の自立及び社会参加に資するようその生活全般にわたる支援を図り，もってその福祉の増進に寄与することを目的とする。(第1条)」とされている。

発達障害者支援法が制定された背景には，自閉症は知的障害者福祉法による支援がなされていたものの，自閉症の中でも知的障害をともなわないアスペルガー症候群や高機能自閉症，発達障害である学習障害，注意欠陥多動性障害などはどのサービスも法制度による支援を受けることはむずかしかった。しかし，それらの障害で社会生活を営むことが困難な者が多くいる現状やさまざまな発達障害関連の団体からの強い要望もあり，発達障害者支援法は制定された。発達障害者支援法が制定されたねらいとしては，「発達障害の定義と法的な位置づけの確立」，「乳幼児期から成人期までの地域における一貫した支援の促進」，「専門家の確保と関係者の緊密な連携の確保」，「子育てに対する国民の不安の軽減」が挙げられる。

　「発達障害の定義と法的な位置づけの確立」では，前述にも述べたように発達障害はその定義づけも曖昧で，法的な位置づけがむずかしく，公的な支援を受けることがむずかしかった。このことから発達障害の定義を行い，法的な位置づけの確立を行うことで，発達障害に対する公的支援を可能にしている。

　「乳幼児期から成人期までの地域における一貫した支援の促進」では，発達障害は早期に発見し，早期に対応すれば障害の程度を抑制することもでき，より支援の充実が行えることが指摘されており，なおかつ，その支援は乳幼児期から成人期まで一貫した支援を必要とすることが指摘されている。そのことから，発達障害者支援法においても，発達障害に対して乳幼児期から成人期まで一貫した支援の必要性を述べている。

　「専門家の確保と関係者の緊密な連携の確保」については，発達障害は乳幼児期から成人期まで一貫した支援を必要とするため，医療，福祉，教育その他の支援関係機関が連携をとりながら支援を行い，さまざまな専門家が支援にかかわることを重要としている。

　「子育てに対する国民の不安の軽減」では，発達障害の障害概念は少しずつではあるが，社会に認知され始めている。発達障害は特に幼児期から学童期に診断を受けることが多く，その場合，保護者が障害を受け入れることに対して大きな不安を抱える場合があり，時には，保護者自身の子育てに対する責任を

感じる場合もある。しかし，発達障害が先にも述べているように脳の機能障害であって，遺伝的要因が考えられても子育てが影響することではない。そのため，発達障害者支援法においては，市町村に発達障害者支援センターなどにおいて保護者に対する相談・助言を行うこと定めている。

　以上のような狙いから発達障害者支援法は，発達障害の早期発見・早期対応を目的にその支援体制の充実を図っている。

（3）発達障害を支える支援
1）発達障害者支援センター

　発達障害者支援法では第14条において，都道府県知事は，発達障害者支援センターを社会福祉法人その他の政令で定める法人であって当該業務を適正かつ確実に行うことができると認めて指定した者に行わせ，または自ら行うことができるとしており，発達障害者支援センターの積極的運営を謳っている。

　発達障害者支援センターは，発達障害児・者に対する支援を総合的に行うことを目的とした専門的機関である。都道府県・指定都市が自ら，もしくは，都道府県知事等が指定した社会福祉法人，特定非営利活動法人等によって運営が行われている。

　発達障害児・者とその家族が豊かな地域生活を送れるように，保健，医療，福祉，教育，労働などの関係機関と連携し，地域における総合的な支援ネットワークの構築を図ると共に発達障害児・者とその家族からのさまざまな相談に応じ，指導と助言を行う機関である。

2）放課後児童健全育成事業

　放課後児童健全育成事業とは，児童福祉法第6条の3第2項の規定にもとづき，保護者が労働等により昼間家庭にいない小学校に就学しているおおむね10歳未満の児童（放課後児童）に対し，授業の終了後に児童館等を利用して適切な遊びおよび生活の場を与えて，その健全な育成を図る事業のことである。

　放課後児童健全育成事業は，厚生労働省により推進され，主に児童館，学校の余裕教室，学校敷地内の専用施設などで実施されている。その事業内容は，

「放課後児童の健康管理，安全確保，情緒の安定」，「遊びの活動への意欲と態度の形成，遊びを通しての自主性，社会性，創造性を培うこと」，「放課後児童の遊びの活動状況の把握と家庭への連絡」，「家庭や地域での遊びの環境づくりへの支援」，「その他放課後児童の健全育成上必要な活動」が行われている。

　発達障害者支援法においても，発達障害児の放課後児童健全育成事業利用を勧めており，地域によって格差は見られるが，発達障害児の受け入れも増加している。

3）義務教育課程における通級指導

　通級による指導とは，学校教育法施行規則第140条によれば，「小学校若しくは中学校又は中等教育学校の前期課程において，言語障害者，自閉症者，情緒障害者，弱視者，難聴者，学習障害者，注意欠陥多動性障害，その他障害のある者で，この条の規定により特別の教育課程による教育を行うことが適当なもののいずれかに該当する児童又は生徒（特別支援学級の児童及び生徒を除く）のうち当該障害に応じた特別の指導の場を行う必要があるものを教育する場である」とされている。

　つまり，通級指導とは，通級指導の対象となる障害の内，比較的軽度の障害がある児童または生徒に対して各教科の指導は主に通常学級で行いつつ，個々の障害に応じた特別な指導を行う特別な指導の場である。また，教育課程上では，通級の指導を行う場合には，特別な教育課程の編成が行える。指導は障害の状態を改善・克服を目的に自立活動を主として行われる。特に必要がある時は各教科の内容を補充する指導も行えるが，補充する指導とは，障害の状態に応じた特別な補充指導となり，単に教科の遅れを補充する指導ではない。

（4）発達障害支援に対する今後の課題

　発達障害という概念は，社会に広がりつつあり，幼児期から成人期にかけて，その支援方法が検討され始めている。しかし，その支援は普及をし始めた段階であり，各地域で充実した支援が行えているわけではない。また，発達障害はそれぞれの障害が複雑に重複する場合もあり，確定診断を行うことが幼児期で

は難しく,また,地域における専門医も少ない。現在,発達障害を支援する専門家は増加傾向にあるものの地域によってはマンパワーにばらつきがある。さらに,発達障害は早期に発見し,早期に対応することで障害に対する支援を充実させることができるとされている。つまり,乳幼児期から成人期にかけて一貫した支援体制の充実が急務である。専門医による確定診断が行われたとしても,その後の支援が整備されていなければ,診断名だけが先行し,本人を含め保護者の不安を増大させるのみである。そのため,障害を早期に発見できる体制と共に早期に対応と支援を行える医療・保健・福祉・教育・労働等の関係機関の連携体制の充実が今後の課題となる。

　たとえば,滋賀県湖南市では,発達障害の支援に対する取組みとして,「発達支援システム」による支援システムを構築している。「発達支援システム」は,支援の必要な者に対して乳幼児期から就労期まで,医療・保健・福祉・教育・労働の関係機関の連携による支援と「個別指導計画」・「個別移行計画」による複数の機関の連携による支援を提供するシステムであり,これにより対象者の各ライフステージに応じ,一貫した支援を可能にしている。支援体制の中心である発達支援室を市役所健康福祉部内に設置し,専門的な支援の場として発達支援センターを小学校内に設置している。これ以外にも,現在,地域によって発達障害に対する支援は充実が図られている。しかし,すべての地域がそうとは限らず,発達障害の支援に対して関係機関が連携することやライフステージに応じた切れ目のない支援,地域の特性に合わせた支援体制を早急に構築する必要がある。

事　例　(4)

障害を抱える子どもを教育する通常学級担任の悩み

　清原小学校(仮名)で3年1組(児童25名)を担任する安田先生(仮名)は,3年1組を担任するようになって学級運営で悩んでいる。
　それは,クラスの中に発達障害でアスペルガー障害を抱える秀一君(仮名)に対して,通常の授業をしながらどのような支援をすれば良いかということであった。秀一君には知的な障害はないが,まわりの友だちと上手にコミュニケーションができず,

喧嘩になってしまうことも多々あり，授業では興味のあることは，まわりの友だちのことを気にする様子もなく，大きな声で質問をすることや安田先生の会話を遮って発言することが多くあり，授業の進行が遅れてしまう。また，秀一君は興味のないことに対しては反応をせず，教師の呼びかけにも反応せず教室から飛び出してしまうこともあります。そのような中，まわりの友だちは秀一君を「変わり者」，「変な子」と呼ぶ児童も増えてきており，安田先生は，どのように学級を運営すれば良いかひとりで悩んでいた。

　安田先生が学級運営に悩むことに気づいた清原小学校に所属する通級指導教室の野田先生（仮名）が安田先生に「ひとりで悩まないで，相談してください」と話しかけた。安田先生は泣きながら秀一君を支援してあげたいがクラス全体の学級運営もしなくてはならない葛藤や悩みを野田先生に打ち明けた。その後，清原小学校では，野田先生の提案で秀一君の保護者を入れて会議が開かれ，保護者にも同意を得て，秀一君が苦手とする授業の際は，秀一君は通級指導教室で個別な指導を受けることとなった。

　その後，秀一君は通級指導教室によろこんで通うようになり，通常学級でも問題行動が減少した。安田先生も野田先生からアスペルガー症候群について学び，その支援方法を学級運営にも活かし，大変だけれど心の余裕ができた。安田先生はどうしてもっと早く相談しなかったのか，どうしてひとりで悩まずにだれかに相談しなかったのか，少し後悔しながらも前向きに秀一君とも向き合い，今では楽しく秀一君を含めたクラスの児童と過ごしている。

第6節　社会的養護にかかわる行政機関の実践の現状と課題

（1）社会的養護にかかわる行政機関の種類と役割

　児童福祉法第2条では，「国及び地方公共団体は，児童の保護者とともに，児童を心身ともに健やかに育成する責任を負う」と記されている。これは，児童養護の第一義的責任は両親等の保護者にあるが，保護者と共に国および地方公共団体も「児童の健全な育成」を担う責任（公的責任）を保有していることを意味している。「社会的養護」の理念が家庭のみならず社会全体で児童の養育を支援していくことを目標にしている以上，その中心を担う行政の役割は大きい。

　本節では，社会的養護を担う行政機関の種類と役割，さらには機関間におけ

る連携の実際について学んでいく。

地方自治体の社会的養護にかかわる行政機関には，都道府県・指定都市に設置が義務づけられている**児童福祉審議会**の他に，児童相談所，福祉事務所，家庭児童相談室，児童家庭支援センター，地域子育て支援センター，保健所などが存在する。その他にも，民生委員・児童委員のような公的機関の事務への協力を担う委員や，警察・家庭裁判所といった司法機関も児童の社会的養護の一翼を担っている。ここでは，各機関の役割と共に各機関と他機関との連携の必要性について見ていく。

重要語解説

児童福祉審議会

児童福祉審議会とは，児童や妊産婦，知的障害児などの福祉に関する事項について調査・審議し，行政庁からの諮問に対する答申や意見具申を行う機関である。都道府県および指定都市には設置義務があるが，市町村においては任意となっている。児童審議会は児童福祉の向上を目的として玩具や遊戯物，出版物などを推薦し，必要に応じて製作者や販売者などに対して勧告を行うことができる。

1）児童相談所の組織と役割

児童相談所は，児童福祉法第12条に規定された児童福祉に関する第一線機関である。同法の規定により，児童相談所は都道府県および指定都市に設置が義務づけられている（中核市については任意設置）。

コラム

児童相談所の職員

児童相談所に配置される職員についても，児童福祉法で規定されており，所長については医師・精神保健の専門家，社会福祉士などがその任用条件となっている（児童福祉法第12条の3）。この他にも医師，児童福祉司，児童心理司，児童指導員，保育士といった専門職が配置されている。

児童福祉法では「相談及び調査をつかさどる所員は，児童福祉司たる資格を有する者でなければならない（第12条の3）」ことが規定されている。

> 児童福祉司として任用できるのは「学校教育法に基づく大学又は旧大学令に基づく大学において心理学，教育学若しくは社会学を専修する学科又はこれらに相当する課程を修めて卒業した者」，医師，社会福祉士などで，「児童相談所長の命を受けて，児童の保護その他児童の福祉に関する事項について，相談に応じ，専門的技術に基づいて必要な指導を行う等児童の福祉増進に努める」ことをその主要な役割としている（児童福祉法第13条）。

　児童相談所の第一義的な機能は，その名の示す通り子どもに関する相談事業である。厚生労働省が作成した「児童相談所の運営指針」によると，児童相談所が受けつけている相談内容は養護相談，保健相談，障害相談，非行相談，育成相談などである。厚生労働省が発表した「平成22年度福祉行政報告例の概況」によると，2010（平成22）年度に全国の児童相談所が対応した相談件数は360,824件で，「障害相談」が173,112件ともっとも多く，次いで「養護相談」が99,068件，「育成相談」が49,919件となっている（2010〔平成22〕年度福祉行政報告例の概況）。児童相談所に寄せられた相談内容については児童福祉司や医師，児童心理司などによって専門診断がなされ，問題の所在や解決策が綜合的に判断される。児童福祉司が行う社会診断は，保護者や子ども，関係者との面接，観察，生活環境調査，立入調査などの方法によってなされ，主に子どもの養育環境や生育歴，社会生活などの生活（社会）環境を明らかにすることを目的としている。一方，児童心理司が行う心理診断は，心理検査や面接，観察といった方法で，発達状況や虐待によるトラウマの程度などを明らかにすることを目的とする。また，医師による医学診断は問診や診察，医学診断などの方法によって，児童の栄養状態や発育状態，虐待による外傷の有無などを明らかにすることを目的としている。この他にも必要に応じて，理学療法士や言語聴覚士などの専門職によって障害の程度などを判断する。このような各専門職による専門診断を総合的に判定（総合診断）し，個別の援助方針が策定される。援助方針の策定にあたっては，当事者である子どもや保護者の意見，さらにはその後の支援を担う児童福祉施設や里親などの意見が反映される必要性があることは言うまでもない。

しかし，緊急性を要する場合（たとえば，虐待児童の保護などの場合に保護者などから同意を得られない場合）においては児童相談所長の権限のもとで施設入所などの措置を取ることも可能である。つまり，児童福祉法第28条では「保護者が，その児童を虐待し，著しくその監護(かんご)を怠り，その他保護者に監護させることが著しく当該児童の福祉を害する場合において（中略）児童の親権を行う者又は未成年後見人の意に反するとき」には，家庭裁判所の承認を得たあとに保護者の同意を得なくても強制的に措置することができる。

　また，虐待の疑いのある保護者が児童福祉司などの児童相談所員や児童委員の介入を拒否した場合についても，児童福祉法第29条で「必要があると認めるときは，児童委員又は児童の福祉に関する事務に従事する職員をして，児童の住所若しくは居所又は児童の従業する場所に立ち入り，必要な調査又は質問をさせることができる」ことが明記されている。

　つまり，従来保護者が児童の引渡しを拒否しても親権の主張がある限り，児童相談所が強制的に介入することができなかった。しかし，2008（平成20）年に児童虐待防止法と児童福祉法が改正されたことにともない，強制的な介入（鍵の解錠や立入りなど）や，保護者と児童の面会の制限，保護者への指導強化などが定められた。また，「民法等の一部を改正する法律」が2011（平成23）年に公布されたことにともない，虐待を受けている子ども自身や後見人が家庭裁判所に親権の停止を申し立てて2年間親権を行使することができなくなる「親権停止制度」が創設された（2012〔平成24〕年4月施行）。

重要語解説

里　親

　児童福祉法第6条第4項に規定されている「養育里親及び厚生労働省令で定める人数以下の要保護児童を養育することを希望する者であって，養子縁組によって養親となることを希望するものその他のこれに類する者として厚生労働省令で定めるもののうち，都道府県知事が第二十七条第一項第三号の規定により児童を委託する者として適当と認めるもの」と定められた児童養護の制度である。主に養護を必要とする児童を里親に委託して実親に代わって養育する。日本における代表的な家庭養護制度で，

> 「養子縁組を希望する里親」と養育を主に担う「養育里親」などがある。

　児童相談所の家庭への強制的介入は，「児童の権利に関する条約」の基本理念である「子どもの最善の利益」（第3条）を擁護するための緊急的措置である。無論，生命の危険性が伴う場合など，警察などの司法機関と連携して強権的に介入しなければならないこともある。しかし，強権的な介入は親子関係に亀裂を生じさせてその後の修復を困難にさせたり，児童福祉司と保護者の間にラポール（信頼関係）を構築させることを疎外させたりするなど，その後の親子への支援の困難を招くことも多い。強権的な介入を行う場合は，細心の注意を払う必要がある。

　以上のような児童相談や児童の一時保護の他，児童相談所の主要な業務として要保護児童の里親への委託や児童福祉施設への入所措置がある。児童福祉法第27条では，「児童を小規模住居型児童養育事業を行う者若しくは里親に委託し，又は乳児院，児童養護施設，障害児入所施設，情緒障害児短期治療施設若しくは児童自立支援施設に入所させること」を都道府県の義務として位置づけており，実際の業務を児童相談所長に委任している（第32条）。また，児童の保護に関して緊急性の高いケースや児童福祉施設等への入所措置までの期間児童の生活の場所が確保できない場合などについては，児童相談所における一時保護所等に2か月を上限として入所させることができる。

　児童相談所から入所措置の要請を受けた児童福祉施設は，基本的には受け入れの拒否を行うことはできない。児童相談所では児童福祉施設への入所措置に際して，今後の援助目標を掲げた支援指針を作成して施設へ提示する。児童を受け入れた児童福祉施設は，個々の児童の支援指針（援助目標）に沿って「児童自立支援計画」を作成する。このように，施設における児童の処遇は児童相談所と児童福祉施設の連携のもと計画的に行われている。

　児童福祉施設への入所措置は，恒久的なものではない。児童福祉法が定める「児童」とは「満18歳に満たない者」（第4条）であり，児童福祉施設を利用できるのは基本的には18歳までである。つまり，児童の自立に向けた支援を行う

ことが児童相談所の重要な役割となる。家庭復帰の可能性のある児童については，家庭復帰に向けた支援を行うことも児童相談所の役割である。具体的には，親子の面会や一時帰宅などを調整すると共に，児童委員などの「見守り」体制を整備するといった社会環境の整備が重要となる。また，家庭復帰後も児童相談所や児童福祉施設と連携を保ちながら，児童の自立を支援していく体制が必要となる。

　また，家庭復帰が困難な児童については，施設退所後の自立に向けた総合的な支援体制を構築していく必要がある。2004（平成16）年の児童福祉法改正では，母子生活支援施設や児童自立支援施設，児童養護施設などの入所施設において「退所した者について相談及びその他の援助を行うことを目的とする」ことが明記された。つまり，児童福祉施設は入所児童の生活支援だけではなく，施設退所後の自立支援や退所児童のアフターケアを行うことが義務づけられた。具体的には退所児童の生活の場の確保の他，就労支援や学習支援など子どもの自立に向けた取り組みが求められている。

2）福祉事務所と児童家庭相談援助事業

　福祉事務所とは「社会福祉法」第14条に規定されている「福祉に関する事務所」の略称で，都道府県および市に設置が義務づけられている社会福祉行政を担う第一線の機関である（町村は任意設置）。福祉事務所には，所長の他に「指導監督を行う所員」，「現業を行う所員」，「事務を行う所員」を設置することが規定されており，そのうち「指導監督を行う所員」および「現業を行う所員」については社会福祉主事でなければならないことが定められている（社会福祉法第15条）。かつて福祉事務所において保育所や母子生活支援施設への入所措置を行っていたが，保育所については利用者の選択制度が導入された結果として1997（平成9）年に措置業務が廃止され，母子生活支援施設についても2000（平成12）年に選択制度に移行したため，現在福祉事務所では児童福祉施設入所措置は行われていない。

　児童福祉法では，地方自治体の児童福祉に関する業務義務について次のことを規定している。つまり，市町村の役割としては「児童及び妊産婦の福祉に関

し，必要な実情の把握に努めること」，「児童及び妊産婦の福祉に関し，必要な情報の提供を行うこと」，「児童及び妊産婦の福祉に関し，家庭その他からの相談に応じ，必要な調査及び指導を行うこと並びにこれらに付随する業務を行うこと」の3点を遂行することである（児童福祉法第10条）。

また，都道府県の役割としても「各市町村の区域を超えた広域的な見地から，実情の把握に努めること」，「児童に関する家庭その他からの相談のうち，専門的な知識及び技術を必要とするものに応ずること」，「児童及びその家庭につき，必要な調査並びに医学的，心理学的，教育学的，社会学的及び精神保健上の判定を行うこと」，「児童及びその保護者につき，調査又は判定に基づいて必要な指導を行うこと」，「児童の一時保護を行うこと」，「里親につき，その相談に応じ，必要な情報の提供，助言，研修その他の援助を行うこと」の6点を定めている（第11条）。

こうした地方自治体の役割を，児童相談所と福祉事務所が連携協力して遂行していくことが義務として定められている。福祉事務所の主な役割としては，管轄区域内に居住する児童および妊産婦の福祉に関する情報の把握や，児童相談所から依頼があった場合の調査（第12条の4），「通告児童等を当該市町村の設置する福祉事務所の知的障害者福祉司又は社会福祉主事に指導させること」，「一時保護の実施が適当であると認める者は，これを都道府県知事又は児童相談所長に通知すること」などである（第25条の7・8）。

また，福祉事務所を設置していない町村においても「要保護児童等に対する支援の実施状況を的確に把握する」義務があるとされ，「判定を要すると認める者は，これを児童相談所に送致すること」や「措置が適当であると認める者は，これを当該町村の属する都道府県の設置する福祉事務所に送致すること」，「助産の実施又は母子保護の実施が適当であると認める者は，これをそれぞれその実施に係る都道府県知事に報告すること」，「児童自立生活援助の実施が適当であると認める児童は，これをその実施に係る都道府県知事に報告すること」，「一時保護の実施が適当であると認める者は，これを都道府県知事又は児童相談所長に通知すること」が役割として規定されている（第25条の7の2）。

このような管轄地域の児童および妊産婦に対する情報収集や提供を主な役割とする福祉事務所には，家庭児童相談室が設置されている場合が多い。

> **コラム**
>
> **家庭児童相談室**
>
> 　家庭児童相談室は，1964（昭和39）年に当時の厚生事務次官より各都道府県に通知された「家庭児童相談室の設置運営について」（児発第360号）によって全国の福祉事務所に設置された。家庭児童相談室は長い間法的根拠がなかったが，2004（平成16）年の児童福祉法の改正により市町村の事業として児童家庭相談事業が法的に位置づけられることになった。
>
> 　2005（平成17）年に厚生労働省が各地方自治体に提示した「市町村児童家庭相談援助指針について」では，「この法律により，児童家庭相談に応じることが市町村の業務として法律上明確化され，住民に身近な市町村において，子どもに関する各般の問題につき，家庭その他からの相談に応じ，子どもが有する問題又は子どもの真のニーズ，子どもの置かれた環境の状況等を的確に捉え，個々の子どもや家庭に最も効果的な援助を行い，もって子どもの福祉を図るとともに，その権利を擁護することとなった。すべての子どもが心身ともに健やかに育ち，その持てる力を最大限に発揮することができるようするためには，各市町村において相談援助活動が適切に実施されることが必要不可欠である」とその意義が述べられている。

　2005（平成17）年，厚生労働省「市町村児童家庭相談援助指針について」では，「市町村における児童家庭相談援助に求められる基本的態度」が示され，「子どもの最善の利益の尊重・子どもの安全の確保の徹底」するために，次のことが市町村の役割として規定された。

　つまり「市町村における相談援助活動は，すべての子どもが心身ともに健やかに生まれ育ち，その持てる力を最大限に発揮することができるよう子ども及びその家庭を援助することを目的とし，常に子どもの安全の確保を念頭に置くことはもちろんのこと，子どもの最善の利益を考慮して行われることが必要である。特に，虐待相談などでは，子どもの意向と保護者の意向とが一致しない場合も少なくないが，このような場合には，常に子どもの最善の利益を考慮し，保護者の意向にとらわれ過ぎることなく，子どもにとってどのような援助を行うことがもっとも望ましいかを判断基準とすべきである」。

また，市町村の児童家庭相談援助に対する姿勢として，「受容的対応」，「個別的対応」，「子どもおよび保護者等の意向の尊重」，「秘密の保持」の4項目が規定されている。

　児童家庭相談援助事業が市町村の役割に位置づけられたことによって，児童相談所や福祉事務所の役割はより専門性が求められるニーズへの対応に重点化することが可能となり，都道府県と市町村との役割分担及び連携の方向性が明確になった。特に，近年の社会の経済的状況の悪化の中で経済的格差が広がりを見せ，子どもの「貧困」の問題が再びクローズアップされてきている。実際に日本における「子どもの貧困率」は14.9％に達し，先進国の中でも9番目に高いとされる報告書が**国際連合児童基金（ユニセフ）**から提出された（『朝日新聞』2012年6月10日）。同時に報告書は，日本における「子どものための施策」に対する公的支出は対国内総生産比のわずか1.3％にとどまっているという現実を明らかにしている。特に，母子家庭等の一人親世帯の貧困率は群を抜いて高い状況が続いている。このように貧困に陥った家庭を事後的に救済するのが社会保障制度の中で「最後のセーフティネット」と称される**生活保護制度**であり，生活保護制度を第一線で運用するのが都道府県及び市に設置が義務づけられている福祉事務所である（町村は任意設置）。福祉事務所は，貧困家庭の早期発見と貧困がもたらす虐待等の「負の連鎖」を未然に食い止める重要な役割を担っている。しかし，近年の生活保護受給世帯の増加の中で現業員（ケースワーカー）が日々の申請業務に追われて，貧困の早期発見といった機能が十分に果たしきれていないのが現状である。こうした状況の中で，福祉事務所は民生委員や児童委員等の行政ボランティアや地域住民との連携を深めて貧困及び虐待が早期発見できるような社会システムを構築していくことが緊急の課題である。

重要語解説

国際連合児童基金（ユニセフ）

　1946（昭和21）年に創設したアメリカ・ニューヨークに本部を持つ国連の補助機関である。開発途上国等で貧困に直面している子どもの教育支援や子どもの権利条約の

普及活動を担うなど国際的な児童福祉機関としての機能を果たしている。

―重要語解説―

生活保護制度

1950（昭和25）年に制定された現行の「生活保護法」にもとづき運用されている日本の代表的な社会保障制度である。日本国憲法25条に規定されている「生存権」を具体的に保障するための制度として、生活困難に陥った国民を救済するセーフティネットの役割を果たしている。

3）児童家庭支援センター

児童家庭支援センターは、1998（平成10）年の児童福祉法改正にともない設置された児童福祉施設の一種である（児童福祉法第44条の2）。その役割として「地域の児童の福祉に関する各般の問題につき、児童に関する家庭その他からの相談のうち、専門的な知識及び技術を必要とするものに応じ、必要な助言を行うとともに、市町村の求めに応じ、技術的助言その他必要な援助を行うほか、第26条第1項第2号及び第27条第1項第2号の規定による指導を行い、あわせて児童相談所、児童福祉施設等との連絡調整その他厚生労働省令の定める援助を総合的に行うことを目的とする施設とする」ことが定められている。

―コラム―

児童家庭支援センターの主な事業内容

児童家庭支援センターの主な事業内容としては、
①地域・家庭からの相談に応じる事業（地域の児童の福祉に関する各般の問題につき、児童に関する家庭その他からの相談のうち、専門的な知識及び技術を必要とするものに応じ、必要な助言を行う）。
②市町村の求めに応ずる事業（市町村の求めに応じ、技術的助言その他必要な援助を行う）。
③都道府県または児童相談所からの受託による指導（児童相談所において施設入所までは要しないが要保護性がある児童、施設を退所後間もない児童など、継続的な指導措置が必要であるとされた児童およびその家庭について、指導措置を受託して指導を行う）。
④里親等への支援（里親およびファミリーホームからの相談に応じる等、必要な支

第5章 児童福祉施設・機関における支援の実際

援を行う)。
　⑤関係機関等との連携・連絡調整(児童や家庭に対する支援を迅速かつ的確に行うため，児童相談所，市町村，福祉事務所，里親，児童福祉施設，自立援助ホーム，ファミリーホーム，要保護児童対策地域協議会，民生委員，児童委員，母子自立支援員，母子福祉団体，公共職業安定所，婦人相談員，保健所，市町村保健センター，精神保健福祉センター，教育委員会，学校等との連絡調整を行う)，の5つの事業である。
　出所：厚生労働省「児童家庭支援センター設置運営要綱」から。

　また，児童家庭支援センターは，「要保護児童及び要支援児童の相談指導に関する知見や経験を有し，夜間・緊急時の対応や一時保護等を迅速かつ適切に行うことができるよう，児童相談所，市町村，里親，児童福祉施設，自立援助ホーム，ファミリーホーム，警察その他の関係機関との連携その他の支援体制を確保しなければならない」と記されているように，児童相談所などの他機関との連携を保ちつつ，緊急かつ迅速に要保護児童を保護できるような支援体制を整備することが求められている。

　このような専門性の高い業務を担うため，配置される職員についても相談・担当する職員については児童福祉司で，なおかつ「児童福祉事業の実務経験を十分有し各種福祉施策に熟知していることが望ましい」とされている。

4) 地域子育て支援センター

　地域子育て支援センターは，子育て中の家庭を地域全体で支援することを目的として設置された施設である。厚生労働省は2000 (平成12) 年に保育対策等促進事業計画を打ち出し同センターの運営に対して事業費を助成してきたが，新たに地域子育て支援拠点事業を打ち出した。その背景には核家族化や地域のつながりの希薄化や児童数の減少などがあり，子育てを担う特に母親の孤立感や不安感，負担感の増大がある。児童虐待や子どもを生むことへの不安感を解消することを目的として新たな支援体制の整備が模索された。それが，現在の地域子育て拠点事業の整備につながっている。

　2007 (平成19年) 度より事業化された地域子育て拠点事業は，保育所や公立施設，児童館などを地域の社会資源を拠点として，子育て中の親子の交流の活性化や育児相談などを主な役割としている。厚生労働省の啓発パンフレットに

よるとその事業内容は，①交流の場の提供・交流促進，②子育てに関する相談・援助，③地域の子育て関連情報提供，④子育て・子育て支援に関する講習の開催の4事業である。

地域子育て拠点事業の概要は，次の通りである。つまり，事業を担う拠点を，ひろば型・センター型・児童館型の3種類に区分し，それぞれの機能に特化した形態で事業を展開している。ひろば型は「常設のつどいの広場を設け，地域の子育て支援機能の充実を図る取組を実施」することを目的としている。また，センター型は「地域の子育て支援情報の収集・提供に務め，子育て全般に関する専門的な支援を行う拠点として機能すると共に，地域支援活動を実施」することを目的としており，従来から設置されていた地域子育て支援センターはここに分類される。一方，児童館型は「民営の児童館内で一定時間，つどいの場を設け，子育て支援活動従事者による地域の子育て支援のための取組を実施」することを目的としている。

その中でも地域子育て支援センター（センター型）は，「子育て全般に関する専門的な支援を行う拠点」としの機能を担うと共に，先に掲げた4つの事業を遂行するために「地域の関係機関や子育て支援活動を行う団体等と連携して，地域に出向いた地域支援活動を実施する」など，子地域子育て拠点事業の中核を担っている。従事する職員についても国家資格の保育士が資格要件となっており，「公民館や公園等地域に職員が出向いて，親子交流や子育てサークルへの援助等の地域支援活動を実施」することや「地域支援活動の中で，より重点的な支援が必要であると判断される家庭への対応」など，より専門的な職能が求められる事業内容となっている。

5）児童委員・民生委員

児童委員は「児童福祉法」第16条に規定された，無給の行政ボランティア吏員であり，その多くが民生委員との兼任である。児童委員は各地区内に配置され，地区内の子どもや家庭の状況を把握し問題が発生した場合は児童相談所や福祉事務所等の行政機関へ連絡を行う他，地区内の住民の相談，助言等を主な役割としている。児童福祉法では，児童委員の機能を次の6項目に区分してい

第5章　児童福祉施設・機関における支援の実際

る。つまり，①児童および妊産婦につき，その生活および取り巻く環境の状況を適切に把握しておくこと，②児童および妊産婦につき，その保護，保健その他福祉に関し，サービスを適切に利用するために必要な情報の提供その他の援助および指導を行うこと，③児童および妊産婦にかかわる社会福祉を目的とする事業を経営する者または児童の健やかな育成に関する活動を行う者と密接に連携し，その事業または活動を支援すること，④児童福祉司または福祉事務所の社会福祉主事の行う職務に協力すること，⑤児童の健やかな育成に関する気運の醸成に努めること，⑥前各号に掲げるものの他，必要に応じて，児童および妊産婦の福祉の増進を図るための活動を行うこと，である。

　また，厚生労働大臣が児童委員の中から指名する主任指導委員（児童福祉法第17条の2）は，「児童委員の職務について，児童の福祉に関する機関と児童委員との連絡調整を行うとともに，児童委員の活動に対する援助及び協力を行う」ことが定められ，主に児童委員間の連絡調整や児童委員へのスーパービジョンを主な役割としている。特に，主任児童委員の主な機能として児童相談所等の行政機関や学校等の教育機関，地域の社会資源との連絡・連携を図りながら，地域内で発生する様々な児童の問題に対して迅速に対応できるような体制の整備がある。

　一方で，民生委員（活動する時のみ，特別公務員）は「民生委員法」にもとづいて都道府県知事の推薦および厚生労働大臣の委嘱によって各市町村に配置される民間のボランティアである。その機能について民生委員法は「社会奉仕の精神をもって，常に住民の立場に立って相談に応じ，及び必要な援助を行い，もつて社会福祉の増進に努めるものとする」と定めている（民生委員法第1条）。具体的な役割としては「住民の生活状態を必要に応じ適切に把握しておくこと」，「援助を必要とする者がその有する能力に応じ自立した日常生活を営むことができるように生活に関する相談に応じ，助言その他の援助を行うこと」，「援助を必要とする者が福祉サービスを適切に利用するために必要な情報の提供その他の援助を行うこと」，「社会福祉を目的とする事業を経営する者又は社会福祉に関する活動を行う者と密接に連携し，その事業又は活動を支援するこ

と」,「社会福祉法に定める福祉に関する事務所(福祉事務所)その他の関係行政機関の業務に協力すること」の5項目の他に,「必要に応じて,住民の福祉の増進を図るための活動を行う」ことが定められている(民生委員法第14条)。

6) 保健所

保健所は,1947(昭和22)年に制定された「地域保健法」にもとづき整備された地域の保健衛生を推進することを目的とする機関である。その主な役割について,「地域保健法」では次の14事項を定めている。

コラム

保健所の主な役割

地域保健法で定められた保健所の役割としては,
①地域保健に関する思想の普及および向上に関する事項。
②人口動態統計その他地域保健に係る統計に関する事項。
③栄養の改善および食品衛生に関する事項。
④住宅,水道,下水道,廃棄物の処理,清掃その他の環境の衛生に関する事項。
⑤医事および薬事に関する事項。
⑥保健師に関する事項。
⑦公共医療事業の向上および増進に関する事項。
⑧母性および乳幼児並びに老人の保健に関する事項。
⑨歯科保健に関する事項。
⑩精神保健に関する事項。
⑪治療方法が確立していない疾病その他の特殊の疾病により長期に療養を必要とする者の保健に関する事項。
⑫エイズ,結核,性病,伝染病その他の疾病の予防に関する事項。
⑬衛生上の試験および検査に関する事項。
⑭その他地域住民の健康の保持および増進に関する事項,がある。

また,児童福祉法においても,次の4つの業務を保健所の基本的役割として定めている(第12条の6)。つまり,1.児童の保健について,正しい衛生知識の普及を図ること,2.児童の健康相談に応じ,または健康診査を行い,必要に応じ,保健指導を行うこと,3.身体に障害のある児童および疾病により長期にわたり療養を必要とする児童の療育について,指導を行うこと,4.児童

福祉施設に対し，栄養の改善その他衛生に関し，必要な助言を与えること，の4つの業務である。また，2004（平成16）年の児童福祉法の改正によって，「児童相談所長は，相談に応じた児童，その保護者又は妊産婦について，保健所に対し，保健指導その他の必要な協力を求めることができる」ことが追加され，児童相談所と保健所との連携の根拠が明確になった。

　都道府県や指定と都市，中核市，市，特別区に設置されるが，1997（平成9）年に母子保健サービス部門（未熟児訪問指導，養育医療を除く）の提供主体が保健所から市町村に一元化された。これにともない，各市町村に設置されたのが，市町村保健センターである。地域保健法では，その役割について「住民に対し，健康相談，保健指導及び健康診査その他地域保健に関し必要な事業を行うことを目的とする」と定めている（地域保健法第18条の2）。

　市町村保健センターの児童福祉に関する主な役割には，乳幼児に対する保健指導や乳幼児に対する訪問指導の他に，1歳6か月児健康診査，3歳児健康診査などの乳幼児健康診査の実施がある。このような訪問指導により保護者や家庭内の情報を収集することができ，問題が発生した場合には他機関との連携を図りながら対処することが可能となる。今後，新たな支援システムの構築など更なる連携体制の整備が求められる。

（2）各機関と他機関との連携

　最後に，家庭裁判所や弁護士会，警察などの司法機関の児童福祉推進の役割および児童福祉機関との連携を取り上げる。

　家庭裁判所は「裁判所法」第31条の3に規定された，下級裁判所の一種である。家庭裁判所が有する権限は，1．家事審判法（昭和22年法律第152号）で定める家庭に関する事件の審判および調停，2．人事訴訟法（平成15年法律第109号）で定める人事訴訟の第一審の裁判，3．少年法（昭和23年法律第168号）で定める少年の保護事件の審判，4．少年法第三十七条第一項に掲げる罪に係る訴訟の第一審の裁判，の4項目である（第31条の3）。

　児童福祉法では，家庭裁判所と児童福祉機関との関係を次のように規定して

いる。たとえば，第25条では，「要保護児童を発見した者は，これを市町村，都道府県の設置する福祉事務所若しくは児童相談所又は児童委員を介して市町村，都道府県の設置する福祉事務所若しくは児童相談所に通告しなければならない。ただし，罪を犯した満十四歳以上の児童については，この限りでない。この場合においては，これを家庭裁判所に通告しなければならない」ことや，「家庭裁判所の審判に付することが適当であると認める児童は，これを家庭裁判所に送致すること」（第27条の4）など，少年法との関係が濃厚である。

しかし，近年では，「家庭裁判所は，措置に関する承認の申立てがあった場合は，都道府県に対し，期限を定めて，当該申立てに係る保護者に対する指導措置に関し報告及び意見を求め，又は当該申立てに係る児童及びその保護者に関する必要な資料の提出を求めることができる」（第28条の5），「家庭裁判所は，措置に関する承認の審判をする場合において，当該措置の終了後の家庭その他の環境の調整を行うため当該保護者に対し指導措置を採ることが相当であると認めるときは，当該保護者に対し，指導措置を採るべき旨を都道府県に勧告することができる」（第28条の6）といった，児童虐待防止にかかわる家庭裁判所の関与の比重が高くなってきている。

また，近年の児童虐待増加によって，保護を必要とする児童の権利を守るために，児童福祉機関と司法機関との連携の重要性が増大してきた。児童相談所等の児童福祉機関が，法的措置が必要な場合に法律のプロである弁護士会等との連携を図りながら，問題に対処する機会が今後増加してくると思われる。そのための連携体制の整備が必要不可欠である。

一方，警察との連携も重要である。日本の警察は「警察法」第2条において，「個人の生命，身体及び財産の保護に任じ，犯罪の予防，鎮圧及び捜査，被疑者の逮捕，交通の取締その他公共の安全と秩序の維持に当ることをもってその責務とする」ことが定められている。警察と児童福祉との関係は主に少年非行や犯罪被害児童の保護および青少年保護育成条例等に定められている事項に関することが中心であったが，近年では児童虐待についての児童相談所への通告など児童虐待問題に関連する活動も重要となってきた。

第5章　児童福祉施設・機関における支援の実際

　警察の児童虐待防止に関する主な業務として，「児童虐待の防止等に関する法律」（児童虐待防止法）では次のように定めている。たとえば，「児童相談所長は，第八条第二項の児童の安全の確認又は一時保護を行おうとする場合において，これらの職務の執行に際し必要があると認めるときは，当該児童の住所又は居所の所在地を管轄する警察署長に対し援助を求めることができる。都道府県知事が，第九条第一項の規定による立入り及び調査若しくは質問をさせ，又は臨検等をさせようとする場合についても，同様とする」，「児童相談所長又は都道府県知事は，児童の安全の確認及び安全の確保に万全を期する観点から，必要に応じ迅速かつ適切に，前項の規定により警察署長に対し援助を求めなければならない」，「警察署長は，第一項の規定による援助の求めを受けた場合において，児童の生命又は身体の安全を確認し，又は確保するため必要と認めるときは，速やかに，所属の警察官に，同項の職務の執行を援助するために必要な警察官職務執行法（昭和二十三年法律第百三十六号）その他の法令の定めるところによる措置を講じさせるよう努めなければならない」と定められている（第10条）。つまり，虐待を受けた児童に関する調査や保護，虐待が疑われる家庭への立入り調査や保護，虐待者の検挙といった業務が主である。

　この他にも，触法少年や虞犯少年の保護および児童相談所への通告なども警察の業務である。「少年の健全な育成を期し，非行のある少年に対して性格の矯正及び環境の調整に関する保護処分を行うとともに，少年の刑事事件について特別の措置を講ずることを目的とする」少年法の趣旨に従い，触法少年に対しては罰則よりも福祉的な支援の対象として少年を保護することを第一義としている。このような非行少年を早期に保護救済するためにも，警察の役割は重要となる。

【演習課題】
第1節　養護系施設の実践の現状と課題
（1）乳児院の利用者における実践の現状と課題
1．乳児院の子どもたちは，入所当初から病弱，虚弱児，障害児，被虐待児等

183

心身に何らかの問題を抱えていることが多い。また，病気や障害などを抱える子どもは，医療的・療育的ケアや養育の個別的な対応が求められることから，乳幼児期における保護者支援にはどのようなことが考えられるか話し合ってみよう。
2．乳児の場合，児童相談の一時保護を経ないで直接乳児院へ入所する場合が多い。その事から乳児院が抱えるリスクや問題・課題にはどのようなことが考えられるだろうか，乳児を預かる視点から考えてみよう。

（2）児童養護施設における実践の現状と課題
1．厚生労働省は，これからの児童養護施設の方向性を示し，ひとつの建物の中で生活する人数を，大舎制（20人以上生活）から小舎制（12人以下の生活）にすることが望ましいとしている。加えて，地域で6人の児童と職員が生活する地域小規模児童養護施設や，小規模グループケア（6人での生活単位）をすすめようとしているがなかなか進まない状況にある。理由を考えてみよう。
2．施設を退所後の支援（アフターケア）を行う場合の課題として，就学途中での家庭復帰，高校卒業後の就職自立等が考えられるがグループによりどちらかを選択し話し合ってみよう。また，それぞれの場合の援助の違いや課題等についても比較してみよう。

（3）母子生活支援施設における実践の現状と課題
1．母子生活支援施設は，母親と子どもが一緒に生活する施設であるが，その生活は，日中，子どもは幼稚園や学校に行き，母親は仕事に行く，または母親が就労できないために施設内にとどまって過ごす場合がある。こうした場合，どのような支援があるかまとめ，グループで話し合ってみよう。
2．母親に複数の子どもがいる場合，上の子どもが18歳になると，特別な事情がない限りその子どもは施設を出なくてはならない。こうした場合，母子分離になる場合と分離にならない場合が考えられるが，それはどのような場合か考えられる例を挙げて，グループで話し合ってみよう。

第2節　障害児・者施設における実践の現状と課題

1．アスペルガー症候群の特徴について調べてみよう。
2．超重症心身障害児と言われる児童の状況について調べてみよう。
3．インテグレーション（統合教育）の現状と課題について調べてみよう。

第3節　情緒・行動系施設における実践の現状と課題

1．さまざまで複雑多岐にわたる子どもの問題行動に対して，あなたは何を発想の起点とした支援を考えますか。施設入所中と在宅中の児童について，支援の方法等考えてみよう。考えるポイント：子どもの視点から見た家族と親の視点から見た子どもの姿。
2．子どもにとっての「自立」とは，どのような（年齢的にも）状態を考えていけばよいか，自立支援について，考えてみよう（自分自身ではどのように思うか）。

第4節　被虐待児に対する施設内支援の実践の現状と課題

1．被虐待児など心に傷を負った子どもたちへの支援では何が大切なのかを考えまとめてみよう。

第5節　発達障害児に対する支援の実践の現状と課題

1．自分の住む地域（市区町村）では，発達障害に対してどのようなサービスが行われているか調べてみよう。調べる際は，公的な支援だけでなく，NPO法人などについてのサービスも調べてみよう。
2．発達障害は早期に発見し早期に支援することが大切である。それと同時に保護者に対する支援も大切になる。支援者の立場に立って，医師から発達障害の診断を受けた児童の保護者に対してはどのような支援が行えるかグループで話し合ってみよう。

第6節　社会的養護にかかわる行政機関の実践の現状と課題
1．児童の社会的養護を担う行政機関の役割を改めてノートに整理してみよう。
2．実際に個々の行政機関を訪問してフィールドワークをしてみよう。特に，社会的養護に関する具体的な取り組みや他機関との連携の方法について職員にインタビューしてみよう。
3．フィールドワークで知り得た情報をもとにレポートを作成してみよう。特に，行政機関と地域住民との連携の重要性についてレポートを作成してみよう。

〈注〉
(1)　発症のほとんどが女児であり，その多くは生後5か月までの発達は正常であるが，その後自閉的対抗，手の常同じ運動，運動発達の停止あるいは退行が見られる。
(2)　生後2か月間は正常発達を示し，その後，対人反応の障害や執着傾向あるいは常同運動などを特徴とする精神発達退行がみられ，男女比は4：1程度と男子が優位とされている。
(3)　大人に対して反抗的，挑戦的，拒否的な言動を繰り返す障害のことを指す。
(4)　一般的には，自傷，他害，奇声，不眠，異食，破壊，飛び出し等，多彩な行動を示し，その頻度や度合がさらにきわめて多様性を持ち表出する障害のことを指す。

〈参考文献〉
第1節　養護系施設の実践の現状と課題
（1）乳児院における実践の現状と課題
全国乳児福祉協議会「平成22年度全国乳児院入所状況実態調査・充足状況調査報告書」。
全国乳児院協議会「新版　乳児院養育指針」，2009年9月。
「平成24年度社会的養護関係施設福祉サービス第三者評価事業評価調査者養成研修会資料」。
厚生労働省「乳児院運営指針」，2012年3月。
（2）児童養護施設における実践の現状と課題
社会保障審議会児童部会「社会的養護専門委員会とりまとめ報告書」（平成23年7月）。
厚生労働省「社会的養護の現状について」（参考資料）平成24年10月。
「児童養護施設入所児童等実態調査結果」（平成20年2月1日現在）。
厚生労働省「平成20年度施設設備実態調査」（厚生労働省家庭福祉課調べ）（平成23年3月1日現在）。
全国社会福祉協議会「平成24年度社会的養護関係施設第三者評価事業評価調査者養成研修会資料」。
虹釜和昭『社会的養護と子どものこころ』北陸学院大学，臨床発達心理学研究会。
厚生労働省「児童養護施設運営指針」（平成24年3月）。
（3）母子生活支援施設における実践の現状と課題

第5章　児童福祉施設・機関における支援の実際

厚生労働省社会保障審議会児童部会「社会的養護専門委員会とりまとめ」(平成23年7月)。
厚生労働省「児童養護施設入所児童等実態調査結果」(平成20年2月1日現在)。
厚生労働省「平成20年度施設設備実態調査」。
全国母子生活支援施設協議会「平成22年度全国母子生活支援施設実態調査報告書」全国社会福祉協議会・児童福祉部，2011年。
「厚生労働省家庭福祉課調べ」(平成23年3月1日現在)。
厚生労働省・全国社会福祉協議会「平成24年度社会的養護関係施設第三者評価事業評価調査者養成研修会資料」。
厚生労働省「母子生活支援施設運営指針」(平成24年3月)。

第2節　障害児・者施設における実践の現状と課題
小田兼三・石井勲編著『養護内容の理解と実際』ミネルヴァ書房，2006年。
山岸道子・田中利則編著『保育士のための養護原理』大学図書出版，2010年。
山岸道子・田中利則編著『保育士のための養護内容』大学図書出版，2011年。
山縣文治・岡田忠克編著『よくわかる社会福祉』ミネルヴァ書房，2012年。
山縣文治・柏女霊峰編著『社会福祉用語辞典』ミネルヴァ書房，2006年。
山縣文治・林浩康編著『よくわかる社会的養護内容』ミネルヴァ書房，2012年。

第3節　情緒・行動系施設における実践の現状と課題
阿部彩『子どもの貧困——日本の不公平を考える』岩波新書。
日本子ども家庭総合研究所編『子ども虐待対応の手引き』有斐閣。
全国児童自立支援施設協議会「児童自立支援施設の将来像」平成15年発行。
全国児童自立支援施設協議会「非行問題(各年度版)」。
社会福祉の動向編集委員会「社会福祉の動向」，2012年。
中央法規出版編『社会福祉用語辞典　五訂版』中央法規出版。
子どもの貧困白書編纂委員会編『子どもの貧困白書』明石書店。
全国社会福祉協議会「子どもの育みの本質と実践(調査研究報告書)」。

第4節　被虐待児に対する施設内支援の実践の現状と課題
黒川昭登『スーパービジョンの理論と実際』岩崎学術出版社，1992年。
小林英義『少女たちの迷走——児童自立支援施設からの出発』三学出版，2001年。
社会福祉辞典編集委員会編『社会福祉辞典』大月書房，2003年。

第5節　発達障害児に対する支援の実践の現状と課題
別府哲・奥住秀之・小渕隆司『自閉症スペクトラムの発達と理解』全障研出版部，2005年。
発達障害者支援法ガイドブック編集委員会『発達障害者支援法ガイドブック』河出書房　新社，2006年。
宮尾益知『「気になる子ども」へのアプローチ ADHD・LD・高機能 PDD のみかたの対応』医学書院，2009年。
文部科学省『改訂版　通級による指導の手引』第一法規株式会社，2011年。
小野次朗・上野一彦・藤田継道編『よくわかる発達障害——LD・ADHD・高機能自閉症・ア

スペルガー症候群』ミネルヴァ書房，2007年。

第6節　社会的養護にかかわる行政機関の実践の現状と課題
井上仁『子どもの権利ノート』明石書店，2002年。
井村圭壯・相澤譲治編著『児童家庭福祉の理論と制度』勁草書房，2011年。
小田兼三・石井勲編著『養護内容の理論と実際』ミネルヴァ書房，2007年。
木村武夫編『現代日本の児童福祉』ミネルヴァ書房，1970年。
鈴木祥蔵・山本健治編著『子どもの権利条約を読む』拓殖書房，1993年。
長谷川眞人編著『子どもの権利ノート——子どもの権利擁護の現状と課題』三学出版，2005年。
晴見静子・谷口純世編著『社会的養護』光生館，2011年。
堀正嗣『子どもの権利擁護と子育ち支援』明石書店，2003年。
『児童福祉六法』中央法規出版，2011年。

　　　（第1節　坂井　勉，第2節　山本哲也，第3節　岩崎裕一，第4節　大塚良一，
　　　　第5節　大屋陽祐，第6節　畠中　耕）

第6章
社会的養護の実践を行うための専門的技術

学習のポイント

本章では、施設養護の実際を取り上げ、その中の職員の業務の内容や質、方向性などを示す。また、職員が施設で支援を行う際に必要とされる専門的な知識や技術、そして、その応用について記述する。

第1節　職員が必要とする専門性としての知識や技術およびその応用

(1) 職員に期待される専門性

わが国の少子高齢化が進行する中で、アメリカ発の「リーマンショック」（2008〔平成20〕年）や東日本大震災（2011〔平成23〕年）、EU諸国の金融危機（2011〔平成23〕年〜継続中）などを契機とする経済不況や、国、あるいは地方自治体の財政の不安定さなどが拍車をかけ、それぞれの家庭生活にゆらぎを与え、失業や収入の低下など、さまざまな問題を提示し始めている（2012〔平成24〕年9月現在・生活保護家庭は211万人）。そのために、施設（事業所、以下省略）を活用する利用者が抱える問題は内容や質、方向性に大きな変化が見られ、施設での仕事に携わる職員に期待される支援内容は変容しつつある。

これらの理由から、施設で働く職員の専門性が不当に低く評価されていた時代は終焉を迎え、高齢者施設を代表として、施設で働く職員には高度な知識や技術、倫理観が不可欠であるという認識は周知されている。この状況は、児童福祉施設においても同様であり、社会福祉士や精神保健福祉士、臨床心理士、

あるいは保育士の国家資格を有している人材の必要性や社会からの要請は年々増すばかりである。

これらの状況を迎えた背景は，都市化や産業化，核家族化，家事労働の機器化・外部委託化，女性の社会進出，介護の社会化，子育ての社会化などの加速に由来するものである。また，家庭は国内外の政治や経済状況，生活環境などを要因とする劣悪化の強い影響を受け，これらの混乱要因に左右されているのもたしかである。また，その一方では育児の社会化，女性の働き方を支え合う社会的な価値観や理念の変化が広がり，そこから多様な福祉サービスの促進が課題となってきていることも一因である。

それでは，施設でサービスを提供するためには，利用者（以下，子どもと略す）とのかかわりの中で，いかなる専門性が必要とされるのであろうか。ここでは職員に期待される専門性について着目した検討を行うこととしたい。

利用者一人ひとりは家庭や施設という複数の生活拠点を持っている。そのために，職員は利用者や保護者とのコミュニケーション関係の活性化，あるいは保護者と利用者との関係の調整を遂行するために欠くことができない人材となりつつある。加えて，施設における利用者の在園期間が短くなるように福祉施設制度自体がシステム化されつつある理由から，施設は利用者が一定の時期を過ごす場所であると位置づけるとすれば，職員は，本来，家庭が保有すべき養育力の向上やADL（日常生活動作），IADL（手段的日常生活動作）の獲得，しつけ，進路指導などに一層着目した活動を遂行する必要がある。加えて，利用者と家族の関係の調整に力を注ぐことが期待されている。

これらの事態を背景として，社会福祉基礎構造改革（1999〔平成11〕年）を契機として，児童福祉法（2001〔平成13〕年）の改正や保育指針（2007〔平成19〕年）の改訂などの一連の流れの中で，保育士は多様な職場における活動を意識する人材として国家資格化（2003〔平成15〕年）が実現されている。

しかし，今後，施設で働く職員が一層社会的な信用を得て，その専門的力量を発揮するためには，克服すべき課題を有している。

その課題とは，障害を持つ乳幼児をも含めた地域の子育て支援活動の充実で

ある。ここでは，職員は，ケアワーク(介護・支援，以下省略)や施設内における利用者・保護者に対するソーシャルワーク(相談支援，以下省略)に限定して支援するのではなく，ソーシャルワークの活動範囲を広げ，地域住民をも含めた形での養育不安や虐待不安などを解消し，緩和するコミュニティソーシャルワークの基本姿勢をしっかりと体得し，在宅乳幼児や保護を支援する役割が期待されている。

(2) 職員の専門性とは何か

施設は，職員の言動が利用者や保護者に大きな影響を与えかねない事態を有している理由から，高い倫理性が求められている。そのために，一人ひとりの職員が備えるべき知識や技術，判断力および人間性は，時間や場所，対象を限定して発揮されるものではなく，日頃の支援における言動のすべてを通して表出されるものである。これらの内容や質，あるいは方向性は高い倫理観に裏づけられたものであって初めて，利用者や保護者に対する支援は十分な意味や効果を持つこととなる。また，プライバシーの保護や利用者の立場に立ってそのニーズを代弁することなど，職員が持つべき倫理性の具体的な内容については，社会福祉士や精神保健福祉士，介護福祉，保育士などの職種により，関係団体において倫理網領などが定められている（資料Ⅰ参照）。

こうした状況について一人ひとりが十分に理解し常に認識しながら，日頃から職場内研修や職場外研修，あるいは自己研鑽によって支援の専門性を高めることは必要不可欠である。

職員の技術や知識，倫理は社会福祉専門職の専門性を背景として構成されている。この社会福祉専門職の専門性は3つに分類される。1つは福祉倫理である。福祉倫理は，福祉観や人権の尊重，自立・自己実現の支援などの視座,ソーシャルワークを行う上での価値観（守秘義務など）で構成されている。2つは専門知識である。専門知識は歴史や理論，知識，公私福祉制度（在宅福祉サービス，通所福祉サービス，入所施設福祉サービスなど），隣接科学（医学，心理学，精神保健学など）などで構成されている。3つは専門技術である。専門技術は，支援方法・技術，技能などで構成されている。

資料Ⅰ 保育士の倫理綱領

　すべての子どもは，豊かな愛情のなかで心身ともに健やかに育てられ，自ら伸びていく無限の可能性を持っています。
　私たちは，子どもが現在（いま）を幸せに生活し，未来（あす）を生きる力を育てる保育の仕事に誇りと責任をもって，自らの人間性と専門性の向上に努め，一人ひとりの子どもを心から尊重し，次のことを行います。
　　　私たちは，子どもの育ちを支えます。
　　　私たちは，保護者の子育てを支えます。
　　　私たちは，子どもと子育てにやさしい社会をつくります。

（子どもの最善の利益の尊重）
1．私たちは，一人ひとりの子どもの最善の利益を第一に考え，保育を通してその福祉を積極的に増進するよう努めます。

（子どもの発達保障）
2．私たちは，養護と教育が一体となった保育を通して，一人ひとりの子どもが心身ともに健康，安全で情緒の安定した生活ができる環境を用意し，生きる喜びと力を育むことを基本として，その健やかな育ちを支えます。

（保護者との協力）
3．私たちは，子どもと保護者のおかれた状況や意向を受けとめ，保護者とより良い協力関係を築きながら，子どもの育ちや子育てを支えます。

（プライバシーの保護）
4．私たちは，一人ひとりのプライバシーを保護するため，保育を通して知り得た個人の情報や秘密を守ります。

（チームワークと自己評価）
5．私たちは，職場におけるチームワークや，関係する他の専門機関との連携を大切にします。
　また，自らの行う保育について，常に子どもの視点に立って自己評価を行い，保育の質の向上を図ります。

（利用者の代弁）
6．私たちは，日々の保育や子育て支援の活動を通して子どものニーズを受けとめ，子どもの立場に立ってそれを代弁します。
　また，子育てをしているすべての保護者のニーズを受けとめ，それを代弁していくことも重要な役割と考え，行動します。

（地域の子育て支援）
7．私たちは，地域の人々や関係機関とともに子育てを支援し，そのネットワークにより，地域で子どもを育てる環境づくりに努めます。

（専門職としての責務）
8．私たちは，研修や自己研鑽を通して，常に自らの人間性と専門性の向上に努め，専門職としての責務を果たします。

出所：社会福祉法人　全国社会福祉協議会・全国保育協議会・全国保育士会。

第 6 章　社会的養護の実践を行うための専門的技術

```
         価値・倫理
         臨床経験
     保育・教育・相談支援技術
      保育・教育・福祉知識
      基礎的社会力（人間力）
```

図 6-1　職員の専門性を構成する要素
出所：筆者作成。

　そして，これらの専門性の基盤となるのが社会性を体得する領域の学問である。この範疇(はんちゅう)に入るのは，一般教養，社会経験，人間関係などで構成されている。これらの社会福祉専門職に求められる要素につては，図6-1に4点を三角形の構造で整理している。

　これらの専門性を獲得するためには，質の高い養成課程での学習や職場での継続的な現任訓練などが必要とされる。また，年を重ねて変化する利用者のかかえる状況に相応するためには，常なる研鑽(けんさん)と高いモチベーションを保持し続けることが求められる。また，職員は利用者とかかわり，その関係性の中で自分を磨き，利用者と共に自己実現を図ろうとする強い信念を持ち続けることが期待されている。加えて，施設内外の支援を求める利用者・保護者への支援活動の継続の他に，その対極にいるボランティアや地域の福祉関連団体などの市民性（市民への認知）を創造し，その両者をコーディネートする役割を担うことが望まれている。

(3) 職員に求められる人間性と社会性

　先の（2）の文章の後部で著したように，職員の専門性の基礎を成すのが一

般教養，社会経験，人間関係などである。これらの領域は，いわゆる職員に限定される訳ではなく，一般社会人には欠かせない要素である。近年，これらの領域の充実が必要とされている社会状況や職場環境であるにもかかわらず，専門学校や短期大学，4年制大学での教育では，総体的に，おざなりにされてきている印象がある。この事態は保育士養成校においても同様であり，職員養成を行う上において重要な課題であると思われる。

やはり，職員は，わが国の将来を担う利用者に英知を伝えたり，人間として生きてゆく土台づくりを保護者と共に行ったりする必要がある。職員が「だれでもなれる職種」であってはならないことは明確である。職員になるには，それなりの素養と人間性に裏打ちされた専門性が欠かせないことは言うまでもない。特に，施設における業務に従事したいと考えている学生は社会福祉学や保育学，幼児教育学などに加えて，社会学や経済学，人間学，医学，心理学，精神保健学などの幅広い知識や臨床に関する経験を意識して学習したり体得したりすることが求められている。また，多様な社会経験がある方が一層望ましい。

つまり，施設を活用する利用者の発達や人間力（生き抜く力），コミュニケーション力の向上を保証し，多様な状況に置かれている彼らの心身の支援を行うためには，一人ひとりの倫理観や人間性，あるいは，職務や責務に関する自覚が必要となるということである。まず，その基本となるものは，職員になる素養を身につけることはもちろんのこと，社会福祉関連の知識や技術，あるいは豊富な臨床経験から獲得した経験値の獲得や意識の向上は欠かせない。利用者は身近な魅力を感じる大人を観て真似をする，学ぶ，挑戦する。また，彼らはたおやかな愛情を求め続けている。そして，利用者の心は職員のやさしいまなざしを期待している。

施設における支援は，職員が利用者の日常生活や保護者の人生を大切に思い，日頃から利用者や保護者と心が通い合うように努めることが重要である（同様に保護者の協力も必要）。また，職種の異なるもの同士が相互の理解を図り，それぞれの利用者の気持ちをチームとして受け止めながら柔軟なかかわりを保ち，提供するサービスを充実させ，加えて，利用者や保護者，あるいは，地域社会

における子育て支援活動やソーシャルワーク活動の中核的な役割を果たす気概が必要である。

したがって、施設における支援で利用者や家庭に対する支援においての充実を図るためには、施設で勤務する看護師や事務員、調理師などを含むすべての職員がそれぞれの分野に相応する専門性を有する必要に迫られている。それと同時に、利用者の最善の利益を考慮して質の高い支援を行うためには、すべての職種の人間観や利用者観、人生観などの総体的なものとして現れる人間性や、職員として自らの職務を適切に遂行していく責任に対するしっかりとした自覚が必要である。その上で、利用者の人権を尊重することへの一層の配慮が望まれる。

（4）職員に求められる倫理性と人間を尊重する姿勢

施設における支援において、純粋に利用者と向き合い、彼らの人生やしあわせを守ろうとするとき、あるいは、社会体制の制約や無理解と対峙する時に生じる苛立ちや苦しみを乗り越える作業は、ややつらいプロセスとなる。その一方で、やりがいもあるが、苦しみも深いものである。

その中で、利用者と向き合い支援を行う時には、4つの困難がともなうと考えられる。

1）支援の対象が人間である

人間は美しい。しかし、相手の抱える状況によっては、対象となる利用者とのかかわりがつらい、苦しい、けがらわしいものになってしまうことがある。特に、施設における支援を活用している人たちは、利用者・家族に何かしらの病気や障害、問題などを抱えており、不健康な心身を隠し持つことが多い。そのために、職員が利用者・家族と向き合ったり、支援したりする時に、予想もしない状況下に置かれたり、自尊心を傷つけられたりする事態に陥りやすい。

2）自分の計画通り支援や活動が進まない

施設における日常的な仕事は、ほぼ毎日のスケジュールは決めてあり、さほど創意工夫を求められるものではない。しかし、支援に関しては、利用者の意

志や希望，あるいは，その時々の気分で活動したり動いたりすることが多い理由から，ほどよい支援をするためには，臨機応変に対応する柔軟性が必要とされる。そのために，職員は，利用者とのかかわりや計画を自らコントロールできにくいことから，利用者の抱える状況によっては，継続的なストレスに支配されやすい。

３）施設で就労している時に，気持ちにゆとりが持てない

施設を活用している利用者は何かしらの病気や障害，問題を抱えている理由から，いつ，どのような行動や事態に陥るのか予想ができにくい。そのために，雑用であれ，支援であれ，業務中は息を抜くことができない。ある意味で，いつもこれらの状況から精神的に支配されているために，心身の疲労をともないやすい。

４）利用者の活動や意志，視点などに合わせる必要がある

人間は，本来，独自の考えやそれにともなう行動，あるいは思考回路などを有している。そのために，施設で支援する活動は，日常的に，利用者の考えやそれにもとづいた行動，あるいは思考回路に相応する必要性があることから，職員である自分と異なる考えやペース，思考回路，不規則な行動に沿って行われることが多い。そのために，職員は，いつも自分自身の神経や行動などを抑制しなくてはならない事態に追い込まれやすくなりやすい状況に置かれる。

このような業務の困難性を，職員は日常業務を行う中で，しばしば感じることである。しかし，これらの問題には，下手をすると，職員が燃え尽き症候群に陥ったり，支援の質が低下したり虐待行為に走ったりする危険性が内在している。

ところが，先に著した４つの困難性に支配にされてしまい，利用者がこれまで基本的人権はおろか，心身の安全が守られてきたかというと，絶対的に「守られてきた」とは明言できにくい事態がある。なぜなら，相当数の施設における利用者に対する不適切な行為がマスコミを通じて報道され続けているからである。ある時は，利用者が「暴行」を受けている。また，ある時には，利用者が「いじめ」を受けたり，「食事」を与えられなかったりしている。これらの

第6章 社会的養護の実践を行うための専門的技術

事態が利用者の心身を癒やしたり人間的成長を意図したりして運営されている施設で生じていることはきわめて許しがたいことである。また，事態の改善の必要性を強く感じる。

なぜなら，人間としてわが国に生まれた以上，さまざまな障害や病気，あるいは問題を抱えているからといって，日本国憲法に明記されている憲法25条（生存権）を代表とする，基本的人権を無視して，他者を取り扱うことができる訳ではないからである。しかも，わが国の施設の存在自体がその基本的な人権を守る象徴や砦として建設されてきた歴史を持つことから考えると，利用者の人間性を尊重することについては，今一度，吟味する必要がある。これらの理由から，施設関係者に一層の猛省を促したい。(3)

─ 事例 ─

施設内虐待

　彩香さん（仮名）は，11日間の予定で関東地区にある乳児院で宿泊実習を行うために，事前学習を行い，施設実習指導教員の個人指導を受けた上で，実習施設に出かけた。

　施設は風光明媚なところにある，きわめて落ち着いた雰囲気のある乳児院であった。乳児院の実習は施設数が限られているので，彩香さんは実習を行うことは幸運であると思い，実習に張り切って望んだ。

　ところが，実習の初日，職員のいる事務所に通勤してみると，二人の職員が利用者のことで口論をしていた。その内容は，「私が勤務していない時に，家の子にちょっかいを出さないでほしい。」ということであった。そのときは，「家の子」という意味が理解できなかった。また，「ちょっかいを出す」という内容がピーンとこなかった。

　しかし，その内容は実習を始めると彩香さんにはすぐ理解することができた。この施設では，担当している乳児や幼児を「家の子」という表現で呼ぶ週間があった。また，「ちょっかいを出す」というのは，「いじめ」や「嫌がらせ」，「体罰」などの虐待を意味していた。

　彩香さんは，実習生だから11日間黙って過ごそうと思ったが，さすがに，幼児をベットの上へ放り投げるのを見て，つらくなり，短大の実習担当の先生へ電話を入れて，施設で起きている状況を説明し，実習を継続することができない旨を伝えた。短大の先生は，彩香の話を誠実に聞いてくれた後で，明日，乳児院の園長先生と主任さんと話し合いをしてくれることを約束してくれた。

（5）職員の専門性としての知識や技術およびその応用

1）施設の住環境の整備に関する考え方

近年，ノーマライゼーション理念の普及と共に，施設の大きさや建築設計の内容，設備，部屋の装飾など，さまざまな創意工夫がなされ，利用者の生活環境はじょじょに変容しつつある。特に，企業が参入し，利用者を対象とした獲得競争が激化している高齢者領域の建物や住環境，あるいは設備の充実は，児童福祉施設領域の施設経営者は学ぶ点が多い。

児童福祉施設領域においても小規模で，かつ家庭的な雰囲気を持つ施設に少しずつ改善されていたり，ファミリーホームやグループホームなどでの支援も急激に充実してきていたりする事態も散見されるが，その内容や質は，今一歩の努力が求められているのではないかとの印象を持つ。

施設の建物や設備，空間は，利用者の心理や生活の充実との関係に強い影響をもたらすものであり，施設文化としての知識や技術，理念の質の一端が見て取れる大切な部分である。

それでは，施設における建物や設備などの住環境を充実させる意味はどこにあるのかについて考えてみたい。

①外的から守られる安全地帯である。

②家庭に代わる居場所である。

③心身の疲れを癒し，毎日のエネルギーを再生産する所である。

④社会での生活や学業の中で，さまざまなストレスや危険にさらされる時に，いつでも安らぎを求めて逃げかえることが許される，ある意味で施設を利用する人びとの緊急避難場所である。

これらの理由から，施設の住環境は，施設を利用する，多様な悩みや問題を抱えている利用者の生活の基盤となるものである[4]。

施設の住環境に関する環境要求水準は，一昔前の「不健康な環境の排除」から，一歩前進して「快適な環境の保障」（アメニティの強化）へと大きく変化している。そのために，劣悪な環境を改善するために最先端技術を駆使して克服し，一層快適な住環境を求めて，試行錯誤を繰り返している。特に，施設を住

まいとして活用しなければならない状況にある利用者は，自己の家庭の中で保障されてこなかった，「やすらぎ」や「愛情」，「精神的な支え」などを得ることが可能となる。その意味から，施設における住環境は，建築設計や設備の面で利用者の心身を包み込み，癒されるような工夫が必要であり，落ち着いて暮らせる，そして，快適な環境設定が保障されるよう配慮されることが期待されている。

2）建物の設計・施工・設備面から考えた整備に関する工夫の方向性

施設の設計や施工，設備を客観的に観る時，当該施設の園長を初めとする職員が有する文化，すなわち社会福祉に関する理念や意識の高さを肌で感じとることができる。

長い施設の歴史の中で，1959（昭和34）年にデンマークで誕生したノーマライゼーション理念の影響は施設の建物や設備に強い影響を与えている。この理念は，旧来からの集団管理的な施設生活ではなく，プライバシーが尊重された個別の居住空間を確保し，利用者の自立や尊厳を高めることを求めている。このときに，キーワードとして，多くの施設で目的の概念として活用される言葉が「普通の暮らし」である。この「普通の暮らし」の環境的な要素として示されるのが，「生活の匂いがする」，「住宅らしさがある」，「家庭的な雰囲気が感じられる」などのフレーズである。それでは，「生活の匂いがする」，「住宅らしさがある」，「家庭的な雰囲気が感じられる」とは，具体的にはどのような施設環境や設備のことを示すのであろうか。[5]

このテーマは高齢者施設や児童領域の障害者系施設，養護系施設など，それぞれの施設に応じて異なる部分があったり，ズレル部分があったりする。そのために，ここでは，それぞれの児童施設に共通する要素を挙げながら検討を試みる。

やはり，一番重要視されるのは居住空間の明るさであろう。また，保温性や換気性，遮音性などを考慮した壁や空調などが求められる。また，基本的には，利用者のニーズに柔らかく対応できる1人部屋，あるいは必要に応じて2人部屋が準備されていることが望ましい。さらに，利用者が仲間とくつろぎ，団ら

んを楽しめるリビングも必要である。その他，料理が楽しめるキッチンや綺麗(きれい)で清潔なトイレ，ゆったりと入浴を楽しめるお風呂や，暑さ，寒さを感じないで洗濯ができる洗濯場などは準備されるべき，最低限のレイアウトではないかと思われる。(6)

コラム

施設の材料

施設運営の中で，経営者側が一番気を使うことは，防火対策と利用者の人権擁護に関する配慮である。その中で，1990（平成2）年末頃までは，施設の建物設備は，耐火構造であることを，厚生労働省や各地方自治体は，きびしく指導してきたが，それ以降は建設条件が緩和され，中には木造建築やログハウス（丸太で造った建物）でできている施設もめずらしくなくなってきている。

---

3) ケアや支援，レクレーションなどに関する工夫

施設において，一番大切なことは，利用者と職員が作り出す雰囲気や感情的な色彩（かかわりの雰囲気や状況）である。このことは，いかなる対象者を支援する施設であっても同様である。利用者と職員のかかわりの内容や質，方向性は，施設の存在する価値にも影響を与える。この状況は施設の種別や規模の大小を凌駕(りょうが)する。

施設支援では，職員の数と比較して，数の多い利用者（たとえば,20人の利用者の食事の介護を4，5人で行う，あるいは20人の利用者の入浴を3人で行うなど）をローテーションで支援することから，安易に効率性を考えてしまい，画一化した生活の流れになりやすい傾向がある。これらの状況を回避(かいひ)するためには，利用者の体調や精神の状況を考慮したり，彼らの声に耳を傾けたり，必要に応じて彼らが訴えようとしている非言語的な意志表示を読み取ったりすることが重要視される。

職員は，利用者の生活の内容やリズムについて考える時には，自分の心と向き合うと良い。春に自分が桜を見て，職員が花見をしたいと感じる時には，利用者と花見に出かけるのも一案である。そうすることによって桜の花が一層綺麗(きれい)に見えたりする。夏になり，汗ばむ季節になると，毎日，お昼休みにシャ

ワーを浴び，夜は入浴したくなる。このような時には利用者と一緒にシャワーやお風呂を楽しむと良い。そうすることによって，お互いの心が通いあい，さわやかな気分をみんなで感じることができる。秋になり，コスモスが咲き乱れる頃になると，近くの山々や高原へピクニックに行きたくなる。そのような時には，利用者と一緒におにぎりやお弁当，お菓子などを一緒に準備して，自然を求めて野山に出掛けると良い。そうすることによって，秋の澄み切った空気と色彩が豊富な景色をみんなで笑みを浮かべながら楽しむことができる。冬になると，街並みの食事をする店に温かい鍋ものの広告が並び始める，だれもが自ずと店に足を延ばしたくなる。そのような時には，利用者と一緒に鍋ものを施設でつくって楽しんだり，お店に出掛けたりして，冬の味覚に舌鼓を打つと良い。そうすることによって，みんなの心と身体がほんわかと温もりを感じて，お互いにしあわせな気分になれる。

　利用者の日々の楽しみやしあわせ観は，支援をする職員のアイデアや行動力次第で，正負の方向のどちらにも転がってしまうものである。

4）それぞれの利用者に合わせた住環境や設備，嗜好品が必要である

　利用者はそれぞれに自分の落ち着く環境や必要な物や嗜好品を有している。しかも，これらの形や素材，デザインなどはそれぞれ相違する。したがって，住環境や設備，嗜好品などは，可能な限り利用者個々の好みや必要度に応じて，準備したり，購入したり，改築したりする必要がある。そのためにはそれぞれ利用者の状況や希望に合わせて，本人が購入する意志があるか，否かについて，職員が確認し，彼らの判断を支援してあげることが大切である。利用者が必要とするものは，四季折々の環境の変化や気持ちの変化によって内容や質，方向が相違していくものである。大量購入や画一化したものの提供は利用者の希望を喪失させ，生活の質（QOL）を低下させてしまいかねない。

第2節　レジデンシャルソーシャルワークにかかわる知識や技術およびその応用

（1）レジデンシャルソーシャルワークとは何か

　施設福祉の分野においては，利用者を支援することをレジデンシャルソーシャルワーク（一般のソーシャルワークとの関連性は強い）と言い，支援する人をソーシャルワーカーと呼ぶ。レジデンシャルソーシャルワークは，直接的に人と接して行う支援（ケアワーク）と，そうではない支援（ソーシャルワーク，グループワーク，コミュニティソーシャルワーク，アドミニストレーション）に大きく2つに分かれる。また，直接的に人と接して行う支援のうち，個人を対象に支援する技術をケースワークと呼び，集団を対象に行う支援技術をグループワークと呼ぶ。この他に家族を支援するファミリーソーシャルワーク（家庭支援）や地域社会の社会資源を活用するコミュニティソーシャルワーク（地域支援技術）や施設内外における利用者の生活や活動を推進するアドミニストレーション（施設運営管理）という支援方法もある。

　レジデンシャルソーシャルワークは，これまでそれぞれの支援方法は分けて考えられていたが，最近はそれぞれの支援方法を状況に応じて使い分けることが要求されている。

　レジデンシャルソーシャルワークは，施設という社会福祉サービスを集中させて支援する利用者を対象としていることから，多用な支援技術や支援方法を活用する必要に迫られる。

　これらの施設における支援や技術の中で，必要不可欠なのはケアワークとソーシャルワークである。特に，ソーシャルワークは重要視する必要がある。

　今日の社会では，人が日常生活を送るうえで，さまざまな問題に遭遇する。これらの問題を解決・緩和する方法のひとつがソーシャルワークである。高齢になったり，障害を抱えたり，生活が困窮したりすることにより社会的な活動ができなくなりやすくなる。これらの問題を解決する時に，ソーシャルワーク

では，単に個人の側に問題があるという考え方はしない。個人の心の中に問題と考える時には一般的にカウンセリングで対応する。そして，社会の仕組みに問題があるという捉え方は行わない。しかし，ソーシャルワークでは，個人の問題であると考え，同時に，家族や社会の側に問題があるという方向で検討する。

　それでは，どのような方向で考えるのかということが重要となる。これまでの歴史を検証して見ると，ソーシャルワークは，先に挙げた個人の問題と社会の問題の両方を行き戻りしながら発展してきたプロセスを辿っている。そして，現在では，個人と社会の双方の関係性に注目をするようになってきている。つまり，個人の問題と社会の問題は互いに影響をし合っているという考え方をするのが一般的である　この関係性を，ソーシャルワークでは，「人と状況の相互関連性」，「状況内存在としての人」などという表現の仕方をする。ソーシャルワークでは，個人の側に焦点を当てた対応法としては，面接を手段としたカウンセリングの技術を活用すると同時に，地域社会に準備されている社会資源（児童相談所・福祉事務所・保健所・警察・施設など）を活用して，支援を必要とする人や家族に福祉サービスを提供しながら，個人や家族の生活を支えたり，回復させたり，関係を調整したりする手段を取る。[7]

（2）レジデンシャルソーシャルワークにかかわる知識や技術

　ソーシャルワークをくわしく学ぶには，どのような方法を採用したほうが良いのだろうか。また，ソーシャルワークに関する知識や技術をどの程度深く身につけるべきなのであろうか。これらの状況は，実際に就く現場や職種によって相当な違いがあると思われる。しかし，社会福祉に関連する仕事に就こうとする者は，相談援助技術のセオリーは一通り知っておく必要があることは確かである。ここでは，ソーシャルワークについて詳細に触れるほどの紙面に余裕がないので，簡単に名称と概要だけを提示しておくことにする。

1）ケースワーク（個別支援技術）

　ケースワークとは，困難な課題，問題をもった利用者が主体的に生活できる

ように個人や家族などを対象として支援していくソーシャルワーク（相談支援技術）のことである。元来は英語で，日本語では一般的に個別支援技術と翻訳され，専門書でも実際にそのように表記されるが，指導・ディスカッション等の福祉における現場では「ケースワーク」の呼称の方が一般化している。

2）グループワーク（集団支援技術）

社会福祉分野において，メンバーがグループ（小集団）を媒体として，メンバー間相互の影響を受け，個人が変化（成長・発達）する支援の過程および活動のことを言う。

メンバーは自分と同じような課題や問題を持つ他のメンバーとの活動や交流を通してさまざまな人の異なった見方，感じ方，あるいは解釈に耳を傾けることで，いつしか自分の問題に対して新しい見方ができるようになる。さらにこのような集団のなかで，自分の見方や感じ方などが他のメンバーの役に立つという機会や役割が与えられることによって，メンバーは自分に自信がもてるようになり，他者への信頼感を強めていくことにつながっていく経験を積むことができる。

3）コミュニティワーク（地域支援技術）

コミュニティワークは間接支援技術のひとつである。コミュニティワークは，地域診断，社会サービスの開発，地域組織のコーディネート，各機関や組織との連絡，調整などに用いられ，通常は地域社会の中で，共通する福祉ニーズや課題の解決のために，住民組織や専門機関などの活動をソーシャルワーカーが専門的に支援する技術である。

具体的な支援対象は，ボランティア活動支援，家族会や当事者による自助グループ活動支援，住民参加型福祉サービス開発支援，などが挙げられる。

その他に，社会福祉計画法，社会福祉調査，社会福祉運営管理，ソーシャルアクションなどがソーシャルワークの具体的な技術として挙げられる。しかし，ここで確認したいことは，これらの技術は現実の実践においてはバラバラに行われるのではないということである。たとえば，施設の指導員をしているとして，目の前の1人の利用者（クライエント）の介助をしたり，相談に乗ったり

第6章　社会的養護の実践を行うための専門的技術

している時は、ケアワークやケースワーク的な場面であると思われるが、その直後に同じ職員が、10人の利用者と一緒に行事の打ち合わせを始めることもあると考えられる。その時は、グループワークの手法を使っていると言える。また、行事に地域の人に参してもらうために、職員が地域の学校や町内会を回ることがあるかも知れない。この場合にはある意味で、施設の職員がコミュニティソーシャルワークをしていると言えるかも知れない。このように、職員は自ら身につけた多様なソーシャルワークの手法を、時と場合に相応する形で使い分けていくことが期待される[8]。

4）ファミリーソーシャルワーク

ワーカーは個人や家族の力、親族、近隣の人々、友人などの協力のみでは解決困難な生活課題を抱える家庭を対象に、家族一人ひとりの福祉と人権の擁護に向け、個々の機関や職員、ボランティアなどが、関係機関との連携のもとに、専門的援助技術や社会資源を活用しつつ、家族を構成する個々人の自己実現と生活設計を見通し、家族構成員、とりわけ子どもが健全に育つ場としての家庭がその機能を十分に発揮できるよう援助していきながら問題を解決する。これをファミリーソーシャルワークと言う。

5）アドミニストレーション

この技術は相談援助技術の中の間接援助技術に分類される。ワーカーは社会福祉事業が地域社会のニーズに即した施設の運営方針や、地域住民に対する社会生活上のサービスの供与など、その目的達成のために効率的、民主的に運営できるように指導、監督する。この技術のことをアドミニストレーションという。

（3）ソーシャルワークにかかわる知識や技術およびその応用

1）自活の準備としてのリービングケア

リービングケアとは、養育代替機能（家庭養育の代替機能）を持つ入所型児童福祉施設におけるインケア（施設支援を受けている状況、以下省略）とアフターケア（施設退所後の支援、以下省略）の隣接する領域にその双方の領域に重なって

位置するインケアの終結期，アフターケアの開始期における自立支援の支援内容を示す概念である。このリービングケアは，児童養護施設，児童自立支援施設および長期養育里親制度など，長期に渡って施設で暮らした利用者が地域社会での生活移行をスムーズに行えるようにサポートする方法として，近年，施設における支援の中で力が注がれている手法である。

コラム

ノーマライゼーションの影響

　ノーマライゼーションの理念が浸透し，地域での支援が主体となってきたことから，高齢者であれ，障害児者であれ，難病で苦しむ患者であれ，多様な医療や福祉領域のサービスや支援を受けながら，在宅で生活することが，一般的な考え方に傾いてきている。
　出所：筆者作成。

　このリービングケアは自立へ向けての準備と退園してからのアフターケアの2つの側面を同時に含めて考え，決してこれらの支援の流れを分断して考えるのではなく，連続したタイムテーブルの流れの中で一貫して支援を行う必要があるという理念にもとづいて活動する支援の考え方である。

　わが国においてのリービングケアにあたるものは，各施設で実践されている自活訓練棟，あるいは自立支援ホームや分園型の自活訓練事業があたるのではないかと思われる。

　このリービングケアにおいては，社会で自活していくための社会力をつけるために，就労支援や施設を退所することを目指した個人目標や個人プログラムを設定し，職員が支援する中で行うさまざまなケースワークやボランティア，仲間などとの相互関係で実施されるグループワーク，そして，地域社会の福祉関連団体や一般人の協力者，一般企業の人たちの協力の下で進められるコミュニティソーシャルワークなどをフルに活用しながら行われる。

　そして，このリービングケアは利用者が退所した後に，職を失ったり，社会の中でトラブルに巻き込まれたりして，地域生活の継続が困難な事態に陥った時にも必要に応じて実施される。また，就職しても自立が困難な利用者に対し

ては措置の延長などを行い，自立のための支援を継続して行い，リービングケアの一環として取り扱われる。

このリービングケアは，(A)インケアの終結期に職員側が意図的に自立へ向けたサービスを具体的に提供することによって，支援関係の未練を整理し，自覚的になるという効果がある。また，(B)人を育むことの深さと重みを職員側に突きつけ，意識化させる意味がある。さらに，(C)職員と卒園を迎える利用者との人間関係のこれまで，あるいは今後のあり方を確認する意味が含まれている。加えて，職員と利用者が終わりなきアフターケアという関係に陥らないように，一定の区切りをつけるという意味においても有用である。

2）アフターケアの必要性

利用者は，比較的長い期間，施設の中で暮らし，大人として成長し，そして社会人となる。この社会的養護を活用して育って行く利用者の生活の流れは，わが国の社会福祉に施設が開設されて以来，連綿と続いているものである。したがって，社会的養護を活用し，職員の支援を受けながら，社会人となった者は数知れない

しかし，施設における安全，かつ不安のない生活に慣れ親しんだ人たちは，社会の習慣やルール，状況に応じて自由自在に変化させる身の処し方などがなかなか身につかない。そのために，施設を旅立ち就職先の人間関係で躓いたり，生活が行きづまったり，詐欺にあったり，結婚で失敗したりして卒園後に施設を訪れる者は少なくない。あるいは，出自を隠すために施設との連絡を絶っていた者が事件や事故に会い，警察や福祉事務所などの第三者機関を通じてアフターケアを依頼される事態も散見される。

施設卒園者が表立って語ることは少ないが，施設育ちであることで，職場での給与や人事などの待遇面で，出自を理由に差別的な待遇を強いられることもめずらしくない。また，結婚をする際に施設での経験が支障になることも少なくない。他人の手を借りて，さまざまな葛藤の中で苦しみながら育ってきた彼らに地域社会は決してやさしくはないのである。むしろ柔らかく受け入れてくれる人や職場は限られている。やはり，出自が明確でない，高学歴ではない，

連帯保証人が明確でないなどの負の状況を抱える施設卒園者が，特別な支援もなく社会の中で生きていくことは生易しいことではないに違いない。

　一般の家庭で育った人たちと大きく異なるのは，やはり社会経験の少なさである。一般の家庭で育った人は良いことも，悪いことも，年を重ねるごとに，本人の意志や好みにかかわらずに，地域社会での活動を求められ，人間が生きていく上で必要な社会の常識や社会を生き抜く知恵を年齢に応じて身につけて行くことになる。もちろん，人間は良いことばかりを身につける訳ではない。予想もしないような痛い目に会うこともある。恥ずかしめに会うことも多い。そして，人からだまされることは日常的である。人間は長い時間をかけて正負の経験を積みながら社会で生きて行く力，ある意味で，人間として生きる「逞しさ」や「したたかさ」，「順応性」を身につける。これらの過程は，人間にとって，良い意味でも悪い意味でも，ソーシャリゼーション化（社会生活に適応する力を高める）を図ることになる。

　残念ながら，施設での暮らしが長い人は，いかなる経験を彼らに積ませようと試みても，やはり一般の家庭の児童と同様に形で，自由自在に経験を積むことはできにくい。特に，人間関係や組織活動，消費活動，健康管理などの領域の負の経験に出会う機会に限定される。これらを背景として，先ほど著したリービングケアが必要されることになる。しかし，リービングケアをいかに施したとしても，地域社会で暮らして行く過程では，多様な問題が降りかかることは避けられない。しかも，長期不況が続く中で，リストラや給与カットが次々と遂行され，社会全体が揺らいでいる状況下において，安定した社会生活を継続してゆくことは決して楽なことではない。

―― コラム ――

　　　　　　　　　　アフターケア

　児童養護施設では，近年，短期大学や4年制大学などへ通う卒園生が1割ほどいる。進学するにあたってのリービングケや物心両面の支援は丁寧に行われている。しかし，卒園して，施設から一度離れると，なかなかきめ細かな支援が行き届かなくなる。また，実際の生活の把握も難しくなる。そのために，進学した短大や4年制大学との情

報の交換は継続して行くが，学業生活や社会生が順調に行くとは限らない。そのために，必要な場合には，施設内，あるいはグループホーム内で生活しながら，通学する学生も少なくない。この場合の必要な経費の一部は，施設側の好意で賄われている。

出所：筆者作成。

　これらを背景として，施設の役割として，ケアワークやケースワーク，リビングケアの継続として，アフターケアは欠かせない。安定した家庭が支えている利用者は限られている。生活相談や心の支えになってくれる支援者を持つ利用者は限られている。したがって，卒園者には，心の支えとなる，実家の代替となる，保護者の代わりを務める，キーパーソンや支援チームが必要となる。これまで生活拠点であった施設，あるいは職員がこれらの役割を果たすことは自然な流れである。

　アフターケアの支援内容としては，実家を離れた子どもに対する支援と同様で，就労支援や住居支援，生活支援，家庭支援，司法支援などである。また，卒園者の必要に応じて，自己のルーツを探る「ふりかえり支援」などが実施されている[9]。

第3節　介護技術・看護技術に関する基礎知識

（1）介護技術

　介護の定義については，社会福祉士及び介護福祉士法第2条の介護福祉士の定義の中において「身体上又は精神上の障害があることにより日常生活を営むのに支障がある者につき心身の状況に応じた介護」とある。また，介護保険法第1条の介護保険法の目的の文中に「加齢に伴って生ずる心身の変化に起因する疾病等により要介護状態となり，入浴，排せつ，食事等の介護，（中略），これらの者が尊厳を保持し，その有する能力に応じ自立した日常生活を営むことができるよう……」と示されている。つまり，介護とは，身体上や精神上の理由により日常生活を営むのに支障をきたした時，その者の心身の状況により入浴や排せつ，食事等の身体面あるいは生活面での支援を行うことで，自立した

生活を営むことができるように援助していくことである。介護を必要とする人は，高齢者や身体や知的に障害を持つ人々が中心となるが，児童福祉施設でも障害児のための施設やサービスなど介護を提供する場面は多い。

> **コラム**
>
> **介護と生活**
>
> 　介護を考える上で欠くことのできない視点として「生活」がある。介護は，日常生活で必要とされるさまざまな行為・行動（たとえば，入浴や排せつ，食事，移動など）を本人の能力に応じて，一部あるいは全部を援助するものである。つまり，介護は介護を受ける人の日常生活が基盤となる。日常生活の中での食事や睡眠，入浴，さらには仕事や趣味，買い物などは個別的な営みであり，かつ多様である。そのために，一人ひとりの生活のリズムやスタイルは異なるので，それぞれの日常に応じた介護を十分に反映した介護を提供することが重要である。

　介護福祉士などの介護職が行う介護は主に，食事や排せつ，入浴などの身体面での支援を行う身体介護と，掃除や洗濯，買い物，調理などの生活支援，そして相談や助言を行う相談援助がある。ここでは，主な介護技術について見てみる。

1）食事介護

　食事を摂ることは，身体を維持していくために欠かせない行為であるとともに，日常的な楽しみのひとつでもある。食事介護の際には，食事制限の有無，どのような病気を有しているか，嚥下能力，歯の状況を把握しておくことが大切である。また，嗜好や食事の時間帯などを理解することで，食事をより楽しい時間にすることができる。食べることに時間がかかっても自分の力で食べることに意義があり，そのための調理法や自助具，介護の量を考慮して，残存能力を活用しながら自分の力で食べることができるように工夫することが大切である。

2）排　泄

　排泄は，体内の老廃物や残渣物を外に排出するための生理現象であると共に，生理的欲求のひとつである。同時に，排泄は健康のバロメーターでもある。便や尿の回数や量，色，臭いなど，健康状態を読み取る重要な情報源になる。

一方で、排泄は非常に個別的な行為でもある。だれでも、排泄時の排泄物や臭い、音などは他者には見られたくない、知られたくないという思いが強く働く。したがって、心身の影響などにより、排泄の介護が必要になった時には、介護を受ける人の自尊心や羞恥心など心理的側面に十分に配慮し、二次的苦痛を与えることがないようにすることが大切である。

3）入浴（身体清潔）

日本人にとって、入浴は単に身体を清潔にするだけでなく、心身のリラックスや安寧の要素を含み、日常生活における楽しみのひとつでもある。しかし、裸になり、身体の隅々を洗う行為を他者に委ねることになる入浴の介護では、排泄と同様に羞恥心を傷つけないための配慮が必要となる。同時に、入浴にともなう一連の動作では、衣服の着脱や滑りやすい浴室での移動、入浴中の身体への負担など、事故に関連するさまざまな要因を含んでいる。そのため、入浴の介護を行う際には、疾患や障害についての理解や健康状態の把握、福祉用具の使用方法の理解など、安全な入浴介護を行うための知識や技術を習得することが大切である。

疾患や健康状態により入浴することができない場合、全身清拭（せいしき）によって清潔を保つことになる。また、手浴や足浴などでは入浴したのと同じ効果を得ることもでき、就寝前などに行うことで血行を良くし、安眠を促すことができる。

他にも身体の清潔に関しては、洗面や口腔ケアなどもある。特に口腔内を清潔に保つことは、咀嚼機能や嚥下機能、唾液の分泌、味覚などにも影響を及ぼすため、口腔ケアは基本的な生活における重要なケアのひとつとなる。

4）移　動

私たちは日頃、食事や睡眠、入浴、排泄など、すべて違う場所・空間で行っている。つまり、移動することは生活空間に拡がりをもたらし、活発に生活するための基本的動作となる。移動の介護では、介護者が身体を支えるほか、車いすや歩行器といった福祉用具を用いることが多いため、転倒の危険をともなう。したがって、移動の介護を行う際には、恐怖感を与えず、安心して支援を受けられるように、動作前の説明や声かけを行い、急な動きや無理な動きを避

けて身体が自然な動きになるようにしなければならない。日常生活の中で頻繁に行われる移動の介護は介護を行う側にとっても受ける側にとっても身体的な負担が大きくなる。そのため，双方にとって余分な負担を感じないように，身体の障害を理解することで活用できる能力を考慮すると共に，効率的な移動介護を行うための介護技術，福祉用具の知識や操作の技術を習得することが大切である。

5）家事支援

　加齢や疾病，障害が原因で身体の機能が低下してくると，ADL（日常生活動作）だけでなく家事行為にも影響を及ぼすようになってくる。買い物や調理，掃除，洗濯など衣食住に関わる家事は質の高い生活を営むためには欠くことのできない行為であると共に，生命を維持するためにも必要な行為である。必要な家事を行えない状態が続くと，十分な食事を摂ることができず健康を維持し続けることができなくなるほか，衣服や部屋の生活を保つことができなくなり衛生上にも問題をきたす。

　一方で，家事は個人個人の長年の習慣によって培われるため，同じ家事でもその方法や道具なども異なる。家事支援を行う際には，家事の基本もさることながら，個別の欲求やこだわりなどにも配慮して，満足できる生活を整えていく必要がある。

コラム

QOL（クオリティ・オブ・ライフ）

　QOL（Quality of Life：クオリティ・オブ・ライフ）は「生活の質」を意味し，今日の医療や福祉，介護で提供されるサービスでは，利用者のQOLを高めていくことが求められる。従来，介護などの分野では，身体機能が低下した部分を介護サービスの提供によって補うことでADL（日常生活動作）を獲得することに重点が置かれていた。しかし，慢性疾患や重度の障害を抱えながら生活をする人びとにとってADLを回復することは現実的には非常にむずかしい課題である。身体に障害や不自由があっても，さまざまな支援を受けながらその人らしい自立した生活を送ることは可能であり，このような観点から近年では，ADLの獲得・回復もさることながら，いかにQOLを高めていくかに視点が置かれるようになった。たとえ，疾病や障害，加齢等

により身体機能が低下したとしても，その人らしく生活していくこと，つまりは「生活の質」を高めることを介護や医療を通して支えていくことが大切である。

（2）看護技術

　看護の定義については，看護師資格を規定する保健師助産師看護師法（以下，保助看法）の中にみることができる。保助看法第5条で，「看護師」とは，厚生労働大臣の免許を受けて，傷病者若しくはじょく婦に対する療養上の世話又は診療の補助を行うことを業とする者をいう」とある。つまり，看護師が行う主たる看護は「療養上の世話」と「診療の補助」となる。ここでの「療養上の世話」とは，療養中の患者やじょく婦に対して，その症状に応じて行う医学的知識及び技術を必要とする世話であり，「診療の補助」は医師または歯科医師が患者を診断治療する際に行う補助行為である。また保助看法第31条では，看護師が行う看護業務の業務独占が規定されている。

コラム

看護業務の範囲

　看護師が行う業務は「診療の補助」と「療養上の世話」と規定されており，この業務は医師，歯科医師，保健師，助産師を除いては，看護師のみが行える業務とされている。同時にこれら看護師が行う業務の範囲は，医師自身が行う「絶対的医行為」，医師の指示により看護師等が行う「相対的医行為」，看護師が主体的に行う「療養上の世話」に分類することができ，医師や歯科医師のみが行う医行為との区別がなされる。

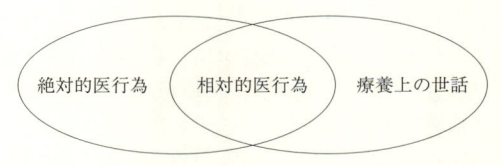

　　　　絶対的医行為　相対的医行為　療養上の世話

　乳児院や医療型障害児入所施設，情緒障害児短期治療施設など看護・医療的ケアが必要な施設等では看護師の配置が義務づけられている。さらに，近年の保育需要の増加にともない，そのニーズも多様化し，保育現場でも病児保育や

病後児保育といった看護・医療的な要素を併せ持つ保育サービスの必要性が高まりをみせている。子どもの生活の場である児童福祉施設における看護の知識や技術では，医療現場で必要とされる疾患や症状に対する看護知識・技術に加えて，子どもの生育歴や生活背景，家族関係の把握や，病気や障害などを抱えながら生活する子どもの不安に共感し取り除いていく姿勢などが求められる。

第4節　個別支援計画の作成から実践までの流れ

（1）ソーシャルワーク実践の概要

　ソーシャルワークの実践とは，利用者のニーズを充足できるように，利用者とソーシャルワーカーが協働・調和して取り組み，内在する問題を浮き彫りにし，その解決したり緩和したりするために，利用者自身とその対象者を取り巻く環境に働きかけたり調整したりするために行われる一連の行為の積重ねからなる支援活動の時間的な流れを意味している。したがって，ソーシャルワーク実践は，今日の複雑な社会で暮らしている利用者のニーズを詳細につかみ，それらに対して適切な社会資源を結びつけたり，新たな社会資源の開発をしたり，利用者の**ストレングス**を見出す作業を行ったりする。そして，利用者自身と環境の交互作用に焦点化し，多様な働きかけを行うとされている。

重要語解説

ストレングス

　社会福祉援助の目的概念として近年，着目されており，エンパワメントを前提として，利用者の持つ潜在的な力，未活用の能力に着目した援助のあり方である。各自の能力や獲得した才能，発達させたスキル，将来性，個人の主体性や意欲などを示唆している。加えて，未活用な潜在的状態にあるものも含まれている。これらを背景として，個人，集団，コミュニティが持つストレングスに焦点化した援助をストレングス視点と言う。

出所：中央法規出版編集部『社会福祉用語辞典』中央法規出版，2012年を参考にして筆者作成。

　ソーシャルワークの展開過程の流れは，基本的には，1．ケースの発見（イ

第 6 章　社会的養護の実践を行うための専門的技術

表 6-1　ソーシャルワークの展開過程

1．ケースの発見・情報の収集	信頼関係の形成。利用者と環境に関する情報を収集し，問題を明確にする。
2．情報の分析	問題の状況，利用者のストレングス，社会資源などの情報。
3．支援計画の策定	アセスメントを基にした支援実施計画や短中期目標の設定。
4．支援計画の実施	支援計画に沿った利用者や環境への働きかけや介入。
5．結　果	事後評価，効果判定，欠点，将来予測及び今後の改善点の検討。
6．観察および評価・効果の測定	介入が利用者の利益になっているか，支援の目標に到達しているかの確認。
7．相談支援(予防も含む)	地域社会のサービスの開発，予防活動，ネットワーク形成。

出所：筆者作成。

ンテーク）および契約を前提とした情報収集，2．情報の分析（アセスメント），3．支援計画の策定（プラニング），4．支援計画の実施（インターベンション），5．結果（エバリエーション），6．状況の観察および評価（モニタリング），効果の測定，7．予防を含めた相談支援（ソーシャルワーク）などから構成される。また，これらの一連の過程は，時間の経過にともない直線的に移行されるのではなく，解決・緩和に向かう状況と共に，必要に応じてプロセスを繰り返しながらフィードバックされる循環的な展開過程であるとされている。

（2）支援計画の策定の意図

　個別の教育支援計画の狙いは，利用者一人ひとりの福祉的ニーズを的確に把握し，福祉施設の活用開始から社会的自立，あるいは退所までの長期的な視点に立って，医療，保健，福祉，労働等の関係機関と連携し，適切な指導および必要な支援を行うための計画をたてることである。

　そのために施設を活用している利用者に対する指導については，支援することのみならずに施設長（管理者，以下省略）をはじめとする職員が協働して，生活指導や職業指導，家庭環境調整等各支援領域を通じ，入所から退所後までの間の継続的な指導・支援を行うことが必要とされる。また，それと共に，児童福祉施設最低基準を踏まえ，利用者の自立支援の視点に立った指導や支援の充

実,利用者が通学する学校や児童相談所等関連機関との連携などを推進する観点から,入所者個別の自立支援計画を策定する必要がある。

　これらの支援計画は,入所時に児童相談所の支援指針を受け,利用者自身の意向もふまえて策定し,以後は定期的に児童相談所と協議の上で再評価を行うことになる。なお,再評価に際しては,利用者のいわゆる問題行動や負の特性の指摘に止まることのないよう十分に留意する必要がある。また,それまでの間の支援が利用者の成長や発達,あるいはソーシャリゼーションに関して,これまで職員から提供された支援が果たした役割を評価するとともに,支援に関し一層改善が求められる領域に注目することが期待されている。そして,これまでおざなりにされてきた部分や隠し持っていた問題あるいは,課題を発見することに主眼を置くことが重要となる。[10]

(3) 福祉実践を活かす個別支援計画の作成
1) 個別支援計画の作成とアセスメント

　アセスメントとは,個別支援計画の作成に際して,利用者の日常生活や環境において状況を把握し,利用者の希望や意向を尊重しながら,職員が協働・調和して生活課題を浮き彫りにする作業を行うことである。また,利用者の「生活しにくい部分」の背景が何によってもたらされているのか,あるいは日常生活や社会生活の課題の解決・緩和を妨げている要因を明らかにし,それらを充足するためにはどのような手段や支援方法を模索するために検討する作業である。

2) アセスメントに関する面接の意義

　アセスメントにともなう面接の意義は以下の通りである。

　①利用者の施設生活および社会生活を明確にする共同作業を行い,利用者と職員が,問題の実態や利用者・本人の問題認識の状況および対応能力の評価,必要とされる適切な情報提供,心理的支持の度合いなどについて判断する機会となる。

　②利用者にとっては,自分の現状と向き合い,改めて自己に内在する問題を発見する気づきの機会であり,その意味で,日常生活や生活社会を内省する自

己覚知の契機となる。

③長期にわたる，体系的な，かつ治療的な働きかけによる問題の的確な認識と対応行動のパターン変容を可能とする適切な支援関係につながりやすくなる。

④個別的な事情と状況に応じて行われ，対象の利用者が有する課題とその心理・社会的意味が全体として取り扱われる。

3）支援計画の策定の手順

ケース目標の設定は，利用者が施設や地域社会での活動を行っていくか，どのような生活をして行くのかについて大きな目標を設定することである。この目標設定では，利用者と職員は「あなた」と「わたし」というようなお馴染みの関係となり，可能な限り率直に意見交換できる関係性の中で，目標のすり合わせをすることが大切である。

ケース目標の設定は，厳格なアセスメントを前提として行う必要があり，職員と利用者の情報や環境を観る価値観や方向性の統一を図るように努めて，ケース目標設定の前提となる話し合いが期待される。

ケースの目標はソーシャルワークの過程においては支援計画作成の一部であり，一般にはアセスメントの直後に設定され，その後に具体的な支援計画が作成されることになっている。しかしながら，時にはアセスメント前にケース目標が設定されることもあり，また支援計画作成後にケース目標が再度見直されることもある。

なお，必要に応じて，モニタリングの過程において，具体的な支援計画がやむなく変更される場合があることを，職員は利用者にケース目標を設定し始める前に，伝えておくことが大切である。(11)

（4）支援計画の作成

①フェースシートは，独自のシートを作成し，利用者の基本情報を記入するものである。フェースシートの記述内容としては，家族の状況関係の割合や利用者の生育歴などを記入する。また，アセスメントシートは，施設における生活に関係が深い，日常生活や健康管理，金銭管理，人間関係，地域生活，余暇

表6-2 アセスメントシートの例

	アセスメント項目	評　　価	支援上の課題
社会的生活・活動	生活スキル	着脱を自分でできますか。 食事は自分でできますか。	着脱の際に支援が必要 スプーンを使用する	○ファスナーを最後まで上げ下げできない。 ○おかずは，みじん切りにする。

出所：筆者作成。

活動などの項目について現状を把握できるような小項目を設定する必要がある。

　②アセスメントシートは，独自のシートを作成し，項目毎に記入を行う時には，利用者の希望や意見を理解できるように配慮することが求められる。かかわるケースの中には，利用者の希望や意見と家族の意見との間にズレが生じたり利用者が必要と思う支援と職員が必要と思う支援に違いが生じていたりすることも考えられる。これらの調整を行うためには，お互いが納得できる，「合意」に到達できるようにするために時間をかけた密度の濃い話し合いが必要となる。

　③すべての記入が終了したら，利用者・家族に内容をわかりやすく説明し，利用者に納得した証として署名，捺印をお願いしてアセスメントシートはできあがりとなる。また，アセスメントシートができあがり次第，どの項目を個別支援計画の目標にするかについて絞り込みを行う必要がある。

　④個別支援計画は，年度単位で作成し，年に2回程度のモニタリングを行うシステムを採用するのが適切であると思われる。当初は，アセスメントシートの内容や分析をもとに，利用者が十分に理解した上で，本人が施設でどのような生活や地域社会での活動を考えているかをもとに，職員のアドバイスを参考にして，総括的な目標を設定する。この内容を受けて，施設での目標を記入する。目標は，ある程度，絞り込んで実現可能な数を設定するほうが，より達成しやすいのではないかと思われる。

　⑤支援内容は，利用者と職員の役割分担を明確にすると効果的である。利用者が実現可能なところは，自力で取り組んでもらうほうが，より主体的な計画遂行となり，支援計画の意義が明確となる。また，職員はどのような場面で支

第6章 社会的養護の実践を行うための専門的技術

表6-3 支援計画書の例

領域／キーワード	支援課題	支援目標	支援内容	担当者	モニタリング
基本的生活習慣（食事）	食事の際に，主食と副食を交互に食べられない。	主食と副食を交互に食べるように食べる。	主食と副食（2つ程度）を三角の形に並べて，順番を決めて循環的に食べるように促す。		3か月後
社会的生活・活動（健康管理）	肥満傾向にあるが，外遊びをしたがらない。	少しづつ身体を動かす機会を増やしてゆく。	散歩や買い物などをする機会につれ出したり，屋外での遊びに参加し，楽しめるように支援する。		3か月後
社会的生活・活動（社会参加）	促さないと，外部の行事やイベントに参加しない。	行事へ参加し，顔なじみの仲間をつくる。	本人の意向を尊重しながら，好みの行事に参加するように促し，同年齢の地域の子どもとのふれあいを増やしていく。		6か月後

出所：筆者作成。

援を提供するかについて，お互いに認識しておくほうが，効果は高まりやすい。

⑥個別支援計画は，だれがどういう方法で作成したかを明記する必要がある。また，支援計画を作成する際に，意見の相違が生じた場合は，どのようにして調整したのかなど，ケースカンファレンス（事例検討会，以下省略）の結果などを記入しておくと良い。

⑦できあがった支援計画は，利用者・本人が理解・納得できるように，わかりやすく説明し，利用者が理解・納得できたら必ず署名・捺印をお願いする。[12]

（5）支援計画の実施（インターベンション）

一般的に言われる支援計画の実施とは，さまざまな角度から利用者の状況や環境，あるいは情報を分析した結果をもとに作成された計画を具体的に遂行して行くことである。その過程は，計画を実行し，進捗状況をモニターし，必要であれば修正しながら，計画を完了させていくことである。この支援計画の実施は，問題を解決したり，予防したり，あるいは利用者を支援したりする

219

ために職員が活用するメニューの役割を果たすことになる。

第5節　職員が記述する記録および自己評価

（1）記録の意義
　1）福祉現場における記録の現状
　社会福祉実践においては，専門職は支援過程でさまざまな記録を取る。このことは福祉に限らず，医療や保健，看護，教育などといった対人支援を行う領域での専門職は，サービスの対象となる利用者にかかわる観察をはじめとした事柄を記録し，詳細な文書を作成している。しかも，職員が記録に費やす時間とエネルギーは決して小さくはない。
　ところが，福祉現場，特に施設における記録は，これまでさほど重要視されてこなかった経緯がある。なぜなら，記録を日常の実践に活用して行くという発想を持つ意識が低かった経緯があるし，デスクワークよりも，実践に時間と力を注いで行く方が大切であり，職員のあるべき姿であるという意識が強かったからであると推察される。また，肉体労働を終えた後で，記録を書くのは億劫(おっくう)で仕方がないし，面倒くさいという意識が強かったのではないかと考えられる。加えて，勤務時間内に記録を記述する時間を保障されている施設は少ない。これらの背景には，「記録は監査指導で通用する程度のもので良い」，「せっかく時間をかけて記録を書き，細かいデータや情報を継続的に書いたとしても1年単位でまとめられ，倉庫へ保存されるだけである。いくら詳細な記録を書いたとしても活用される可能性は低い」という職員の意識が心の奥底にあるのではないだろうか。したがって，実態として，記述した記録を活用とする姿勢や意欲が希薄となり，これまでその活用する手段やシステムも育っていなかったのではないかと推測される。そして，感想文的な記録，芯のない，うわっつらだけの，しかも，イヤイヤ業務上で「書かされている」という意識の強い受動的な支援記録の作成に終始してしまい，これらの意識の悪循環の構造が施設内に負の文化として構築され連綿と受け継がれてきた可能性が高いと思われる。

しかしながら，**社会福祉基礎構造改革**（1999〔平成〕11年）以降，介護保険制度導入（2000〔平成12〕年）や障害者自立支援法導入（2006〔平成18〕年）を契機として，医療・福祉・保健の連携の必要性が高まり，他職種，あるいは他機関・施設の専門職などとの情報の共有化が必要不可決となるチームワークを前提とするケアマネジメント（福祉や医療などのサービスと，それを必要とする人のニーズをつなぐ手法のこと）が普及するにつれ，ケアプラン（福祉サービスの利用計画）の作成をはじめとする実践レベルでの記録の重要性が高まってきている。そのために，改めて記録の大切さが認識されるようになってきている。

それでは，なぜ施設現場での記録が重要なのか，また，記録とは何か，記録を書くことの意義や目的・機能は何なのかについて明らかにしていく中で，社会福祉実践における記録の位置づけを明確化していきたいと思う。[13]

重要語解説

社会福祉基礎構造改革

　2000年（平成12年）6月に社会福祉基礎構造改革が実施されました。
　この改革は目の前に迫っている超高齢社会に備えて，早いうちに国民の期待に応えられるだけの，社会福祉の共通基盤を作り上げることを目的としている。その基本は，個人が住み慣れた地域において，人としての尊厳をもって，その人らしい自立した生活ができるように支えることにある。そのために，個人に対して社会連帯の考え方に立った総合的な支援が行えるよう，社会福祉事業，社会福祉法人，措置制度（行政主導の社会保障）などについて見直しが行われた。「介護保険制度」や「障害者自立支援制度」の成立も，この改革の一環である。
　出所：阿部實編『わかりやすい社会福祉』同文書院，2012年を参考にして筆者作成。

（2）記録の必要性と活用

　支援にかかわる記録は，生活（育成）記録であれ，日中活動記録であれ，あるいは医療記録であれ，これらを書き記す目的は，ある現象や状況，あるいは結果などを，現状の支援や後々の支援のために形として残しておくためである。基本的には，記録は後日，だれかに読まれ，活用されることが運命づけられている。したがって，記録はメモではないので，正確，かつ理解しやすい書き方

表6-4 利用者の記録の記述例

生活記録（育成記録）	
8月8日(水)	
日常の出来事	考察および対応
英二さん（仮名）が昨日から精神的に不安定のようです。昨日は徹さんとTVのチャンネル争いで口論になりました。今日は，夕食のおかずが嫌いな物ばかりで，食べたくないと言って，田中職員（仮名）に八つ当たりしていました。	今週の日曜日（12日）に，夏季帰宅（7日間）が予定されている。大半の利用者の方は，帰宅の可否や可能な帰宅期間の連絡がご家族から来ているのですが，英二さんのご家庭からは，まだ連絡が入っていません。 　ご家族の連絡が遅いのは，英二さんも承知しているのですが，それでも，他の利用者の話題が帰宅に集中しているので，落ちつかないのだと思われます。 　今夜，英二さんとご自宅に電話を入れて，帰宅の可否，予定期間を確認してみることにしたいと思います。 　もし，帰宅が不可の場合は，帰宅できない他の利用者を含めて，旅行を企画したいと考えています。 <div align="right">職員氏名　三浦武士（仮名）</div>
指導課長の状況の確認および指導 　英二さんのご自宅の収入が少なく，日々の生活の大変さもありますので，帰宅の無理強いは回避して下さい。ただし，英二さんのご家族への気持ちもありますので，彼の心情はご家族も職員も丁寧に受けとめてあげてください。また，帰宅できない人たちのための旅行を企画する時には，早めに参加利用者名，付き添い職員名，予算，行程，旅行会社の見積りなどを書面にて提出してください。<div align="right">指導課長　佐藤公彦（仮名）</div>	

出所：筆者作成。

で，事実を記される必要がある。また，ひとりよがりの判断や予測によって，記述されることは避けなければならない。また，私的な日記ではないので，客観的な視点にもとづいて書いていくことを心がける必要がある。

　支援にかかわる記録が単なるメモと異なるのはこれらの理由からである。施設の実践現場では，複数の職員や複数の職種のスタッフが利用者・個々の支援を行うのを日常としているので，記録そのものは，支援計画を作成する際の振り返りやケーススタディやケースカンファレンスに活用されたり，ご家族へ支援の状況を伝えたりするなどの時に活用されるころが多い理由から，詳しく，かつ第三者が目を通しても理解しやすい表現や文字で記述されていることが重要である。これらの条件をクリアして初めて，専門家が書き記した記録となり，

第 6 章　社会的養護の実践を行うための専門的技術

職員が支援や実践活動の中で活用できる道具としての役割を果たせることにつながりやすくなる。

ひいては，記述した職員の支援方法を振り返る時に，自分と利用者との間に生じた感情的な色彩（かかわりの雰囲気や状況）や心のやり取り，あるいは実践の組み立ての良し悪しを，後日，客観的に検証することが可能となり，より高度な知識や技術を持つスーパーバイザー（経験の浅い職員を指導する者）からの指導を受ける時や支援に関する自己評価を行う際の貴重な材料としても活かすことができるものになる。

そして，多様な記録が利用者の一人ひとりの施設利用中の歴史や生きてきた証，あるいは対象者の状況によっては，日記の代わりを果たすことにもなるので，丁寧，かつ詳細に，データや事例，エピソード，職員の意見などを具体的，かつ詳細に書き記す必要がある。[14]

第 6 節　事例を通した支援の実際の理解

（1）日常生活支援に関する事例分析

児童養護施設などの児童福祉施設現場では，それぞれの問題や課題を抱えた児童が児童相談所から措置されてくる。その時，施設で行える支援と子どもの状況（障害，非行，虐待が与えた精神的影響など）の判断については主に児童相談所の児童福祉司（ケースワーカー）が行っている。児童養護施設などでは児童相談所ら措置された児童について，その状況を観察し自立支援に向けての自立支援計画を作成する。同時に，それまで生活している子どもに対する影響や，子どもの中での力関係，児童の担当職員などを決めていく。これらを行うために，ケース会議が実施される。このケース会議については，各施設でスタッフ会議，担当者会議，寮会議，自立支援会議など独自の名称を用いて行っている。

しかし，行われているのは個別の利用者の状況について共通の理解を求めるケーススタディ（case study）と，利用者の問題や課題に対して何らかの方向性を出すケースカンファレンス（case conference）である。ケースとは事例，

表6-5 ケーススタディとケースカンファレンスの相違点

項	ケーススタディ	ケースカンファレンス
目 的	具体的な事例の研究を通じて，一般的理論を抽出する。 （どう学ぶか）	支援方針を決める。 （どう対応するか）
素 材	「典型」の「典型」	当面している事態
方 法	事実の確認 ⇩ 仮説の構築 ⇩ 検 証	現状分析 ⇩ 問題点の抽出 ⇩ 背景分析 ⇩ 目標の設定 ⇩ 解決策の提示 ⇩ 評価の日程の確認
その他	積み残した課題は，出席者の問題意識（自己啓発の素材）とする。	① 解決策の提示は場面ごとに役割を提示。 ② 誤りを恐れず，きちんと結論を出す。 ③ 実施した結果は必ず評価する。 ④ 提案者は解決策の提示まで提案する。 ⑤ 討議はそれぞれの段階ごとに行う。

出所：近藤偉司『ケーススタディとケースカンファレンスの概要と方法』嵐山郷，1988年，9頁。

症例，事件，事情，状態，問題等の意味であり，ソーシャルケースとは，「一般的に援助を必要とする者が担っている社会的な問題ないし状況」を意味するものとして用いられている。

ケーススタディは情報を得るために時間と嗜好を捧げるとし，一般的に事例研究，事例検討（報告）として使われている。事例研究と事例検討（報告）は，後者が単なる事例の記述であるのに対して，前者は仮説が，明確であることから区別されるべきであるとしている。この他に，看護の分野では介入研究という言葉がある。介入研究は対象に対して介入方法をあらかじめ明確にした上で行われる研究であり，一般に介入研究では，対照群（コントロール群）を設定した上で，実施するので論理的な考慮がより強く要請されるとしている（川村佐和子編『看護研究』メディカ出版，2007年，34〜46頁）。

ケースカンファレンスは，協議して一定の結論を組織内で得る会合のことである。ケース会議と一般的に呼ばれているが，より明確に「支援方針会議」と

第 6 章　社会的養護の実践を行うための専門的技術

した方が内容と合致している。
　1 ）ケーススタディ
　ケーススタディは事例研究でもあり，よりケースに関する認識を深めるために実施する。

ケーススタディ

児童養護施設勇君（14歳，仮名）の事例

　勇君の母親には軽度の知的障害があった。勇君を産んだがミルクを飲ませることが出来ず，勇君の育児をほとんどしていなかった。見かねた父親が福祉事務所に相談し，勇君は生後 1 か月目に乳児院入所となる。
　その後も家庭状況は改善されず，そのため家庭引き取りが難しく，2 歳の時に児童養護施設に入所となる。勇君が10歳（小学 4 年）の時，児童相談所の心理判定を受けた。その結果として，①落ち着きがない，②問題にぶつかると拒否して逃げる，③社会性が育っていないとの判定結果を伝えられた。
　勇君が11歳（小学 5 年）の時，児童相談所は父親に家庭引き取りを打診したが，父親の生活が家を開けることが頻繁であり，パチンコに夢中になっているなど家庭引き取りは困難とであるという結果となった。そのころから勇君は万引きや，けんか，自転車窃盗を起こすようになる。
　14歳（中学 2 年）時，児童相談所の意向もあり自宅への一時外泊を試みた。しかし，父親に「俺の子ではない」と言われ，半日で施設に戻ることになった。勇君の行動は，一時外泊ができなかった 2 か月後から，再び同級生への恐喝や万引きを起こすようになった。
　出所：児童養護施設職員からの聞き取り調査をふまえ筆者作成。

　まず，担当者から，ケース（事例）についての紹介ある。児童福祉施設の担当者も施設内での配置転換や異動，退職などがあり最初から利用者を見ている職員は少ない。入所児童の歴史（ケースヒストリー）については，過去の記録から読み取ることが大切になる。
　勇君のケースについて，まず，ケースヒストリーを含めて確認作業が行われた。1 点目としては勇君自身が家庭引き取りを希望しているのか，していないのかである。勇君は家庭生活を知らずに施設で育った。また，家庭でも勇君なしの生活が続いていた。父親の言葉から勇君自身の家庭に対する気持ちがどう

変化したかを理解する必要があること。2点目としては，10歳の心理判定を受けての対応，さらに，11歳の時の問題行動を起こした時の職員対応はどうであったかである。また，なぜ14歳の時に再度児童相談所は一時外泊を提案したのか，母親の現在の状況は，などである。

　ケーススタディの結果，次の点が明らかになった。
　▼ケーススタディの結果
　①家庭に対する勇君の気持ち
　幼児期については自分の環境について疑問を持つことは少なかった。しかし，小学校の就学時から他の児童の家庭環境と自分の環境について徐々に疑問が生じるようになっていた。なぜ，自分はここで生活しているのかを問うようになっていた。小学5年生の時に担当職員は勇君の疑問に応えようと児童相談所と相談し，父親の家庭引き取りの打診を行う。
　②10歳，11歳の時の職員対応
　心理判定を受けての職員対応は特に行っていない。11歳の問題行動を起こした時には，ケース会議を開き，「叱られることが多いため信頼関係が築けないということが前提となり，a．行動の記録を残す，b．問題が起きたら勇君を注意する，c．学習力をつける，の3つの支援方針を考えた。しかし，勇君は以前と同じように粗暴行動が続き，改善されることはなかった。
　③一時外泊，母親の状況について
　児童相談所は14歳という年齢なら，家庭生活に戻したとしても回避できる年齢であると判断し，一時外出から家庭に戻していこうと考えた。しかし，家庭自体の調整は行われていない。また，母親は失踪を繰り返しており，自宅であるアパートの環境は悪い。
　さらに，勇君の状況について，a．乳児院，児童養護施設で育てられた，b．母性愛を受けていない，c．叱られることが多かったため，職員との信頼関係ができていないことが確認された。
　2）ケースカンファレンス
　ケーススタディの結果，勇君の抱えている状況について，職員の共通の理解

ができた。次に，勇君の今後の方針を決定するケースカンファレンスが行われた。ケースカンファレンスでは担当者から次のような提案が行われ，当面の対応，職員の役割が決められた。

▼ケースの分析

1回目の支援方針や支援計画が勇君の気持ちに沿った計画ではなかったことを確認する。さらに，勇君はなぜこのような行動を起こすのだろうかという点から，話し合いを始めた。この会議では勇君の育った背景をまとめた。

▼支援方針

支援方針については，①勇君の感情を理解し，全員が否定的な言葉を使用しないようかかわりを持つ，②勇君を信頼しほめることを多くする，③担当保育士が勇君と対話する時間を作る（週1回30～40分）。2か月間この方針にもとづき全員がかかわりを持っていくこととすることとした。

▼ケース確認（2か月後の会議）

担当者との対話については，最初の対話は15分程度であったが，回数を重ねるにつれ時間が伸びていき，次第に自分のことについて話してくれるようになった。この対話が始まって2か月が過ぎた頃から勇君の表情が和らぎ始め，問題を起こすこともなくなってきた。また，職員の勇君に対する態度の変化に勇君自身も素直に対応するようになってきた。

さらに，学校生活では，担任の先生の話のよると遅刻もなくなり，部活も陸上部にて頑張っているとのことであった。

▼その後の経過

中学3年生になって進路も高校進学が可能と評価を得るまでになり，職員と受験勉強に取り組み，志望高校に合格知ることができた。

3）事例研究の過程

この事例では，生後間もなく乳児院に入所し，その後も児童養護施設での生活が継続し，充分な愛情を受けることがなかった男子児童の高校入学までの支援経過である。

当初の対応では，勇君の行動の背景の考察までには至らず，行動の現象面だ

けを捉え，注意や叱ることだけで勇君の粗暴行動を止めようとしていたと考えられる。

ケーススタディでは，勇君はなぜ粗暴行動を起こすのだろうかという，勇君の心の内面から捉えようとしたところに注目したい。勇君は実父から見放され，施設や学校では注意され，叱られることが多くなっていた。このことから，大人への信頼もなくなり，もうどうでもいいやと投げやりの生活に陥りやすくなっていた。そのことについて，職員全員が気づき，共通認識を持つことができた。

ケースカンファレンスではケーススタディを受けて，注意ではなく，勇君を信頼し，愛情を持ったかかわりや対話について検討された。つまり，勇君の心を変えるのではなく，保育士のかかわり方を変えようとしたのである。これらによって勇君は大人である保育士を信頼し始めたと言える。

――ケーススタディ――

児童養護施設　支援事例概要

喜美子さん（仮名）は14歳で児童養護施設に入所した。本来なら中学2年生であるが小学6年生からのやり直しとなった。それは小学校2年生の時から父親の仕事で全国を転々とし，転校手続きをせず除籍のままになっていたためであった。実母の死後，継母に育てられたが，父親は継母にも暴力をふるったため継母も家出をし，父子家庭となった。さらに家事を命じられ，父の病気の看病もさせられた。従って，小学2年生以降学校には通っていなかった。その父も亡くなり児童養護施設入所となったのである。

喜美子さんの入所後，児童相談所は継母に家庭引き取りを打診したが，喜美子さんの父親から受けた暴力に対する恨みから家庭引き取りを拒んだ。喜美子さんはその話を聞いて半日泣いた。そのころから喜美子さんは，髪の毛を茶色に染め，中学では途中から学校を抜け出し，タバコを吸っては担任の先生から注意を受けることが多くなった。

施設の第1回目の支援（ケース）会議では，①喜美子さんは幼児期に十分に甘えられなかった，②継母に受け入れてもらえなかった，③父親が強権的であったため自我の芽生えがなかった。これらから喜美子さんの行動は，①家族愛への失望，②将来への失望，③大人への不信感へとつながったのではないかと考察した。さらに喜美子さんは職員にどんな援助を求めているのかを考えた。そこで喜美子さん支援方針として，

①喜美子さんの悲しい気持ちをそのまま受け止める，②喜美子さんは今どんな助けを求めているのか，手紙のやり取りで気持ちを出す，③職員とふたりだけの会話を持つ，または外出をするということになった。具体的には，担当保育士と一緒に勉強し，できたらほめることを繰り返した。これらを続けた結果，部活にも参加し笑顔が多くなった。さらに，家庭的体験として夏と正月に「ふれあい里親」さん宅に２泊泊めてもらうことを続け，担当保育士と動物園にも出かけた。

中学３年時の進路選択では，身寄りもないことを考え高校受験を勧めた。学力が合格圏に届かなかったので学習ボランティアにお願いすることにした。その結果希望の高校に合格することができた。その後の高校生活は順調で，社会福祉協議会主催の老人ホーム体験ボランティアにも参加した。

高校３年時の進路選択では准看護師をめざした。無事准看護学校に合格することができ，さらに近隣の病院にも採用が決まり，働きながら准看護学校に通うことになった。

出所：児童養護施設職員からの聞き取り調査をふまえ筆者作成。

▼ケーススタディ（事例）の分析

このケーススタディ（事例）は家族関係が途切れてしまった児童への支援事例である。喜美子さんは家庭引き取りを拒まれたことにより，大人への不信感，人生への失望感が強くなり，投げやりな生活に陥った。担当となった保育士は，喜美子さんの入所に至った背景や心情を考察した。支援者が支援計画を考える際最も重要視しなければならない点は，行動（現象）面だけを見てここが問題だと考えてしまうことである。それらの問題となる行動が起きるには，何らかの要因や背景がある。第１段階ではこの要因や背景を分析することが，支援方針を考える手掛かりになることが多い。その考察にもとづいて第２段階で支援方針を考えることになる。支援方針はこの事例では，①受容であり，②大人への信頼回復を図る，③自信が持てるようにするという３つと言えよう。これらの方針に従い具体的な支援計画を作成する。この事例では，手紙のやり取りや一緒の外出，ふれあい里親さん宅への外泊，学習支援等である。第３段階ではこれらの計画を実践していく過程である。ケースによっては施設の職員だけではできない部分も多い。この事例では学習ボランティアやふれあい里親さんなどに依頼したように，地域にある社会資源を活用することも意義あるものとな

る。第4段階では評価である。この事例ではおおむね支援計画通りにいったが，かならずしも計画通りにはいかない場合は計画の修正を行う。しかし何と言っても大切なことは，喜美子さんに愛情を持ちながら心の交流を続けたことではないかと言える。

---ケーススタディ---

知的障害施設　支援事例の概要

　文夫君（仮名）は19歳自閉症があり，言葉を発することができない。特別支援学校高等部に通学していたが，友だちのいじめにあい高等部2年時から登校しなくなった。この頃から自宅では衣服を着なくなり，1日中裸で過ごすことになった。母親が病気のため入院することになり，在宅生活が困難なため施設入所希望を訴えたが，裸の生活のため受け入れ先がなかなか見つからなかった。各施設の1か月ごとの短期入所利用を6か月繰り返したのち，ようやく二葉施設（仮名）に入所することができた。

　入所時から3か月間は，在宅時と同じように1日中裸で過ごしたが，外出時は衣服を着ていた。生活支援員はどのようにかかわってよいのか戸惑っていた。

　第1回目の支援会議では，文夫君はどのような人なのかをかかわりや観察を通して把握することにした。

　第2回目の支援会議（入所後3か月目）では，働きかけに対する反応や，興味をもつものが把握できた。その上で支援方針として，①見守る，②叱らない，③語りかける，④強制はしない。の4点が挙げられ，それを日々の中で実践していった。

　第3回目の支援会議（入所6か月目）では，第2回目の支援会議の支援方針の実践評価を行った。その評価の中で音楽に興味を持っていること等がわかった。

　入所7か月が過ぎた頃，施設内の喫茶室を覗いているので衣服を着るよう促すと，すぐに衣服を着た。支援員と一緒に喫茶室に行きコーヒーを飲みお菓子を食べた。これをきっかけに集団の場にも参加できるようになった。その後音楽療法の時間にも参加し，表情が柔らかくなってきた。この時期から1日の2/3は衣服を着て過ごすようになり，入所1年後には1日を通して衣服を着て過ごすようになった。さらに1日5時間の簡易作業にも従事できるようになった。

　出所：知的障害者施設職員からの聞き取り調査をふまえ筆者作成。

▼事例の分析

　この事例では，まず文夫君はどんな人であろうという点から始まった。福祉事務所から届く本人および家族に関する書類には，家族関係や本人の概要（好きなもの，興味を持つものなど）が記載されているが，本人の人物像を把握でき

る詳細な記載がないことも多い。入所時に第1回目の会議があり，利用者の概要を基に当面の施設入所後1か月程度は観察期間となる。この事例では，第2回目の会議がもっとも重要なものと言える。学校でのいじめがあった時期と衣服を着なくなった時期が近いことから，何らかの影響があったのではないかと考えられる。したがって，文夫君（仮名）の存在を認め，語りかけを続けることで職員との信頼関係の再構築を図ったと言える。第3回目の会議では，文夫君が興味を持っている音楽をきっかけにして，音楽療法に参加したことも良い結果につながったと思われる。この事例の場合，衣服を着させようとするこという方針にせず，文夫君との信頼構築に努めたことが現在につながっているものと考えられる。

（2）治療的支援に関する事例分析

乳幼児期において，親を中心とする周囲の大人のかかわりは，その後の子どもの発育や人格の形成に重要な意味を持つ。そして，この時期に虐待など不適切な養育を受けた子どもは，健全な発育や人格の形成に支障を及ぼすだけでなく，精神的・心理的問題をきたすことがある。また，医療を必要とするような精神疾患に至らないまでも，日常生活の中でのさまざまな問題行動につながることが考えられる。このような子どもの心理的・精神的問題やそれに起因する問題行動に対しては，生活の支援に加えて，心理的要素を含んだ治療的な支援やかかわりが必要になる。

--- 事 例 （1） ---

情緒的不安定から異常行動を示す児童養護施設入所児童（光二君：仮名）の事例

小学校2年生の光二君（7歳）は，母（実母）と3つ年上の兄の三人暮らしであった。父親は光二君が1歳の頃，母親と離婚。光二君はおとなしく，行動もゆっくりであったため，快活で学校での成績も優秀な兄といつも比較されていた。光二君の性格と行動の緩慢さに母親は常にイライラを示し，3歳頃より光二君に対し暴力をともなう暴言を繰り返すようになった。しばしば小学校にも顔や体にアザを残したまま登校することもあり，この様子に見かねた小学校の教諭が児童相談所に通告したところ，

児童相談所は光二君を一時保護し，その後，児童養護施設に入所することとなった。
　児童養護施設に入所に対し，光二君は特に不安を表すことはなかったが，本来の性格がおとなしいこともあり，なかなか友だちをつくることもできず，1人で過ごす時間が多かった。職員が話しかけても積極的に返事をすることはないものの，施設内での生活は安定しているように見られた。しかし，入所して2か月が過ぎた頃，深夜に施設内を徘徊する光二君の姿を職員が発見した。光二君は目的を持って歩いている様子ではなく，職員が話しかけても返事もしなかった。とりあえず，職員が光二君の手を引きながら，居室まで連れて戻ると，何事もなかったように光二君は眠りについた。翌日，職員が光二君に昨日の夜のことを聞くと，光二君は何も覚えていなかった。同じ時期から，昼間はボーっと天井や床を眺めたり，意味のわからない言葉をつぶやいたりする姿がしばしば見られるようになった。この様子を気にかけた職員が「天井に何がいるの」と聞くと，光二君は「アリが天井を歩いている」と答えた。もちろん天井にアリはおらず，その時，職員は光二君の想像であろうと思い，心理療法を担当する職員と施設長に報告した。
　ある日，光二君が泣き声と奇声をあげ，手足をバタつかせながら居室内を走り回っていた。駆けつけた職員が興奮する光二君を抱きかかえると，光二君は少しずつ落ち着きを取り戻した。光二君が落ち着いた後，職員が「どうしたの」と聞くと，光二君は「アリが体中に寄ってきた」と言いながら，まだ体の回りを気にしているようであった。この状況を深刻に感じた施設の職員は緊急にカンファレンスを開き，光二君の異常行動の原因や心理的状態と今後の解決策を検討した。幼少期からの長期に渡る母親からの身体的虐待と心理的虐待による影響，さらには家庭から離れて施設で生活することによる大きなストレスと不安が募り，現在の異常行動につながっていると推測された。対応として，第1に光二君が安心して過ごすことができるよう，担当職員が積極的に光二君との信頼関係を形成していく方針が立てられた。並行して，心理療法を担当する職員が定期的に面接を行い，光二君の心理的状態を把握し，ストレスの軽減や虐待経験による情緒的不安定を解消する心理療法を行った。

　1年後，光二君は担当職員に対して次第に安心感を寄せるようになり，学校であったことや友だちのことなどを自ら話してくれるようになった。心理療法を担当する職員による心理療法は続けられており，時々不安になる様子が見られるが，担当職員が寄り添うことで安心している。

▼治療的支援による生活の援助
　今日，児童虐待相談件数の増加にともない，乳児院や児童養護施設，情緒障害児短期治療施設，児童自立支援施設では，虐待を背景として入所する子ども

が増加傾向にある。冒頭でも述べたように、虐待は子どもの発育・成長および人格の形成に大きな影響を及ぼすことが考えられ、結果として事例に見られるような異常をともなう行動をもたらすこともある。他にも、対人関係上の問題や過食・拒食、チック、さらには**反応性愛着障害**や**心的外傷後ストレス障害**(Posttraumatic stress disorder: PTSD)、**解離性障害**など、さまざまな心身への影響が見られ、子どもの現在から将来にわたって種々の課題や問題を残すことになる。これら子どもに及んださまざまな心理的・精神的影響に対しては、心理的要素を含んだ関わりや心理療法、場合によっては精神医学的な治療を行なって解決を図っていかなければならない。そのために、必要に応じて児童養護施設や情緒障害児短期治療施設では心理療法を担当する職員や個別対応職員が配置され、子どもに対する専門的な治療的支援が行なえる環境が整備されている。

重要語解説

反応性愛着障害

人間にとって乳幼児期における愛着の形成は対人関係の基盤となる。乳幼児期に親やその代理となる人と間の愛着関係が不適切であると人間関係を作る能力に障害をきたし、反応性愛着障害となる。反応性愛着障害は国際的には、他者に対して無関心を示すことが多い抑制型と、他者に対して薄い愛着を示す脱抑制型の2つに分類される。

心的外傷後ストレス障害(Posttraumatic stress disorder: PTSD)

PTSDとは、過去に心理・精神的に苦痛を伴う体験をし、体験後その体験と類似した状況に置かれることや出来事を想起することにより、不安や恐怖等が再び現れる(フラッシュバック)状態を言う。出来事を想起させるような活動や場所、人物を避けるようになり、結果的に日常生活に支障をきたすようになる(表6-9)。

解離性障害

解離性障害は意識が自覚のある状態と解離されることである。つまり、自分の意識しない、あるいはできない意識が自分自身の中に存在することである。精神が解離された状態では、個人の記憶がなくなったり、2つ以上の自己や人格が現れるといったことが見られる。また、児童期において性的虐待を受けたことのある大人は、解離傾向が強くなるとも報告されている。

表 6-6　心的外傷後ストレス障害（PTSD）の診断基準
（精神障害の診断と統計の手引き　第 4 版（DSM-IV））

A．死に瀕する体験への曝露
　その人は，以下の 2 つが共に認められる外傷的な出来事に曝露されたことがある。
　1）　自分が実際に危うく死ぬか，または重症を負うような出来事を，1 度または数度に渡って体験するか，またそのような他人の状態に直面または目撃した。
　2）　その出来事によって，強い恐怖感，無力感，または戦慄を経験した。
　　　注：子どもの場合は，まとまりのない行動や興奮によって表現されることがある。

B．再体験症状
　外傷的な出来事が，以下の 1 つ（またはそれ以上）の形で再体験され続けている。
　1）　出来事の反復的，侵入的，かつ苦痛な想起で，それは心象，思考，または知覚を含む。
　　　注：小さい子どもの場合，外傷の主題または側面を表現する遊びを繰り返すことがある。
　2）　出来事についての反復的で苦痛な夢。
　　　注：子どもの場合は，はっきりとした内容のない恐ろしい夢であることがある。
　3）　外傷的な出来事が再び起こっているかのように行動したり，感じたりする（その体験を再体験する感覚，錯覚，幻覚，および解離性フラッシュバックのエピソードを含む）
　　　注：小さい子どもの場合，外傷特異的なことの再演が行われることがある。
　4）　外傷的出来事の 1 つの側面を象徴し，または類似している内的または外的きっかけに曝露された場合に生じる，強い心理的苦痛。
　5）　外傷的出来事の 1 つの側面を象徴し，または類似している内的または外的きっかけに曝露された場合の生理学的反応性。

C．回避症状
　以下の 3 つ（またはそれ以上）によって示される，（外傷以前には存在していなかった）外傷と関連した刺激の持続的回避と，全般性反応性の麻痺。
　1）　外傷と関連した思考，感情，または会話を回避しようという感覚
　2）　外傷を想起させる活動，場所または人物を避けようとする努力
　3）　外傷の重要な側面の想起不能
　4）　重要な活動への関心または参加の著しい減退
　5）　他の人から孤立している，または疎遠になっているという感覚
　6）　感情の範囲の縮小（例：愛の感情を持つことができない）
　7）　未来が短縮した感覚（例：仕事，結婚，子ども，または正常な寿命を期待していない）

D．覚醒亢進症状
　（外傷以前には存在していなかった）持続的な覚醒亢進症状で，以下の 2 つ（またはそれ以上）によって示される。
　1）　入眠，または睡眠維持の困難
　2）　いらだたしさ，または怒りの爆発
　3）　集中困難
　4）　過度の警戒心
　5）　過度の驚愕反応

E．障害（基準 B，C，D）の持続期間が 1 カ月以上
F．障害は，臨床上著しい苦痛，または社会的，職業的，または他の重要な領域における機能の障害を引き起こしている。
▶該当すれば特定せよ
　・急性　症状の持続期間が 3 カ月未満の場合
　・慢性　症状の持続期間が 3 カ月以上の場合
▶該当すれば特定せよ
　・発症遅延　症状の発現がストレス因子から少なくとも 6 カ月の場合

出所：高橋三郎ほか訳『DSM-IV-TR 精神疾患の診断・統計マニュアル』医学書院，2002 年。

主に児童福祉施設において行なわれる心理的要素をともなう治療的支援やかかわりには、大きく2つの側面がある。1つは、子どもの日常生活支援の中に、意図的に心理的な援助や関わりを導入することで、日々の生活で子どもが抱える不安やストレスを和らげることである。事例でも見られたように、日々の生活の中で子どもが情緒的に安定して過ごすためには、主に担当する職員とのかかわりは特に重要である。被虐待経験のある子どもは、親や大人などからその存在を否定され、拒否され、場合によっては攻撃されている。そのような経験によって心に傷を負った子どもは自己評価が低く、大人や他者と接することに対して不安を抱くことがある。子どもの自己肯定感を養い、存在を認め、日々の生活の中で情緒的安定を図ることは大切な心理的かかわりであり、児童指導員や保育士といった主に子どもの日々の生活を担う職員の役割になる。

もう1つの側面は、児童養護施設や情緒障害児短期治療施設などの児度福祉施設に配置される心理療法を担当する職員が行なうプレイセラピーやエクスポージャー療法といった心理療法や、精神科医などが行なう医学的治療を用いての支援である。児童虐待によって受けた子どもの傷に対しては、日常生活を担当する職員の支援とは別に、より専門的な治療的支援が必要である。

近年では、上記のように虐待によって子どもが抱える心理・精神的な問題にとどまらず、注意欠陥多動性障害（ADHD）や学習障害（LD）、アスペルガー症候群など、発達障害の診断を受けた子どもが入所するケースも増加しており、心理的な支援を中心とした治療的支援の必要性がより一層高まっている。

（3）自立支援に関する事例分析

児童自立支援施設における「自立」とは、全国的にも数少ない施設でありながら、その歴史と伝統から、常に求められている課題の一つでもある。社会的養護を必要とする子どもたちにとって、目の前にありそうで手の届かない社会的「自立」へ向けて、支援者として、支援を必要とする子どもたちにどのような支援を進めていけばよいのか、著者自身のかかわってきた事例を通して自立支援への理解を深め、そのあり方について考えていく。

1) 事例：母親の死と父親のネグレクトから非行に走った
中学1年女子の例

①事例の概要

武士君（仮名）が小学校4年の頃，養育の中心であった母親が死亡，父親は仕事を理由として家庭を顧みずまともに家にも帰らず放任したまま，結果として家出浮浪が始まり，浮浪する中で男性からもちやほやされることと，自由気ままに過ごせる非行文化に憧れ，また，小6という早い時期に性体験を経たこと，支えとなる父親の無関心等が重なり，急速に非行性が高まって行った。

警察からの身柄つき通告により児童相談所に一時保護となったが，入所後しばらくは反抗，叱責，無断外出等不安定な生活が続いていたが，「本児のすべての行動」を受容する態度と時間が経過すると共に，安定した生活が見えるようになり，父親と同年齢の男性職員から声をかけられたことをきっかけに思慕の思い，父親とは違う厳しさとやさしさを感じたのか，生活も落ち着き，男性職員への甘え，職員の出勤を待ち望み，上履きを隠してしまうといった，悪戯をしてみたり，自ら話しかけてきたり，穏やかな日々を過ごすことができるようになった。

②児童自立支援施設への入所・そして自立に向けて

その後の児童相談所内での支援を決定するためのケース会議で「児童自立支援施設」への措置が決定され，児童に伝えるも，当然のごとく反発し，しばらく泣きわめいていた。児童自立支援施設も含めて施設入所の措置の場合，当日説明することとなっており，状況から，結局一晩考えさせることにし本児からの結論を待つこととなる。翌朝，何事もなかったように，日課のようになっていた男性職員の上履きを隠し，その後本児が考えた結果を聞くが，入所については納得したものの，その男性職員が運転する車（私有車）で連れて行くことが条件として提示され，協議した結果やむを得ない，ということになり，本児の希望を受け入れ無事に入所となる（ただし，父親とは連絡が取れず，会うことができても，「勝手にしろ……」となかなか同意が得られずかなりの時間を要した）。

③施設入所後の指導と経過

第6章 社会的養護の実践を行うための専門的技術

納得して入所となったものの,入所後数か月は,ことあるごとに職員に反発し,荒れ続けた生活が繰り返されていた。当時の担当保育士(教母)は,どんなに荒れ,反発,罵声を繰り返していても,黙って受け入れやさしく見守っていた。時には泣きわめく本児をしっかりと抱き締めてやると,そのまま寝入ってしまうこともあった。やがて,今までの生活について自分から話ができるようになり,それと共に次第に落ち着きを取り戻し,寮内でもリーダー的な生活で過ごせるようになっていった。後日談になるが,児童相談所当時も施設入所後にも,自身が望む父親の姿,亡き母のイメージが重なり,思慕がうまく伝えられず反抗へとつながった。自分の思いや考え方を相手にうまく伝えること,伝え方がわかってきたら自分らしさを取り戻せられるようになったようで,施設での生活を通して,育ちそびれていた部分が「育てなおされ」,教母をはじめとする職員の受容的な対応で,学園での自身の役割と居場所が見つけられたものとも言える。

しかしながら,当時の教護院については,「義務教育在学中」という条件が大きな壁として立ちふさがっており,どのような状態であれ,中学校を卒業することは退院を意味することでもあり,「自立」することとは自活できること(児童養護施設も同様)しかなく,家庭復帰するか就職(通勤か住み込み)しか道は開かれておらず未自立なまま,措置の解除(家庭復帰等)をすることもやむを得ない状況にあり,自立をしていくためには,もう少しの時間と支援が必要と思えわれながらも途中で挫折してしまった子どもたちも少なくなかった(児童福祉法の改正後,年長児の支援も認められるようになっている)。

2)事例:乳幼児期から施設と家庭での生活を繰り返した小学校6年女子の例

①入所に至るまでの経過と概要

児童自立支援施設に入所となった恵子(仮名)は,入所の事前協議では女子と資料に記述されていたが,当日の子どもの様相は,髪は散切り頭(男の子みたいに)服装も男子のような風貌で,一瞬入所予定児童は女子のはずなのにと,思ったほどだった。

237

この子どもは，保護者の怠惰・生活面での問題等により，乳幼児期から施設への入・退所を繰り返す生活を強いられ，家庭での親の養育態度は，ことあるごとに暴力，食事も満足に与えられず放任，日常生活全般の中で保護者の養育態度などどれひとつとっても身体的，心理的，ネグレクト，それぞれの虐待が繰り返されていた事実が確認されていた。
　(このケースの場合，言葉での説明が困難なほど児童相談所とのかかわりは長く，著者の短い経験ながら四世代の家族とかかわり続けてきた。取り扱い経過を見ると「なぜ……」と疑問を感じられる読者も多いことは当然であろうが，当時から「親権」という壁を取り払う事のできない児童相談所の権限の無力さがあり，家庭裁判所と協議しながらも前へ進むことのできなかったもどかしさが悔やまれている。)
　入所する前に，一旦児童相談所の一時保護所に入所したが，その際には，「言うことを聞かずに逃げ出してしまうから」と，犬の散歩に使う鎖で体中をぐるぐる巻きに縛られて連れてこられた，という悲惨な状況にあった。
　②児童自立支援施設への入所と養育環境の再発見
　入所後もなかなか落ち着かず，女子でありながら言葉づかいも乱暴で生活全般にも反抗的で乱雑・粗野な，まさに男勝りな行動・性格が前面に出た状態が続いていた。入所後数か月して，それまで連絡も取れず面会にも来ない家族が，突然一族郎党でどたばたと来園し，台風一過のごとく子どもと面会をしていったことがあった。面会後，子どもは「学園から逃げてこい」，「職員には内緒にしろ」と，「逃げ出したら電話をかける金」を渡された旨の話をしていた。また，家族が帰ったその夜から，子どもが突然声を失い，数日間は職員とも筆談状態が続いたこともあった。子どもが落ち着きを取り戻した頃から，職員に，時々性的虐待を疑わせる発言を行う姿が見受けられるようになってきた。
　ケース記録を読み直しても，子どもはだれにも打ちあけておらず，児童相談所からの記録にもそれらしきことは書かれていない。しばらくして，子どもが，「絶対にだれにも言わないでね」と，口止めしながら，職員に話した話をつなぎ合わせてみると，小さい頃から実父から身体をさわられたり，時には性行為を強要されたこともあった。また父親が服役後，祖父母と共に叔父と同居した

時にも，家族がいない留守，叔父に川原に連れて行かれ父親と同じような行為（性的虐待）をされたことなどを涙ながらに訴えていた。

　恵子にとって，すごく深い心の傷を負うことになり，その傷がトラウマとなっているため，トラウマにふれなくてもいいように防衛をしていた。どういうことかと言うと，日常生活の中で粗野な行為そのものにしても，ひとつの行為から，心の奥の大変な部分にふれなくていいようにしていた。トラウマを回避するように粗野で乱暴な言動を振る舞っていくことで自分を守っていた。静かにしていたり，ひとりでいると嫌なことを思い出してしまう，それがいやだから落ち着いた生活をしないようにしていた。自分と深刻に向き合わないことが自分を守る唯一の方法だった。

　恵子にとって，大人は傷つけ，裏切り，苦しめる存在で，散々な目にあわされてきた。でも，この子どもの本当の気持ちは，苦しみをだれかに解ってほしいし，安心できる大人にすがりつきたい気持ちを訴えられないまま，トラウマを回避するように女の子らしからぬ乱暴な生活態度を振る舞っていたわけである。

　恵子は，心の中のトラウマを訴えてからは，みるみるうちに明るさを取り戻し，本来の子どもらしさを回復したかのように見受けられたが，新しく入所した子どもとのつながりから，生活も乱れてしまい，残念ながら，学園での生活に不適応を起こして，家庭裁判所経由で他の（国立の）施設へ変更（触法少年であったが，保護者が行方不明であったため）となったが，審判官や調査官等関係者には，何度も「学園に戻りたい」ということを訴えていたそうである。

　恵子にとって，学園での生活の中で心の中の葛藤を訴えることができたことは，入所期間は短期間ではあったが，自分を認めてもらえ，心から落ち着いて生活をすることができた唯一の場所であり，今まで閉ざしていた心を開くことができ，この子なりに居場所が見つけられた場所として心の中に残ったものと言える。

　③子どもたちの自立支援に向けて

　これらの事例からも，見えてくる自立支援施設の役割は，「育ち直しの必要な児童を受け入れ，その児童と職員とが生活を共にする中で，地域社会で生き

ていく力を育み，そのことによって児童の自立を支え，支援するという役割を担う」ことと言える。

　教護院当時の「反社会的行動や習癖を除去する」ためだけの施設としてではなく，現在の児童自立支援施設には，「心に深い傷を持ってやってくる個々の児童の心を癒し，元気を回復して，個々の児童が個性豊かでたくましく，自立した社会人として生きていくことができるよう個別的に支援していく専門的治療施設」としての役割が求められている。

　しかも，施設に入所する多くの子どもたちの背景には，家族からネグレクト他の虐待を受け続けてきた不適切な養育環境がそこにあり，それらに起因した社会からまた学校という，もっとも身近でもあり，大きく成長が期待されたにもかかわらず，また自身が好むと好まざるとはかかわりなく，もっとも影響を受けざるを得ない重要な教育的な場所である学校や社会集団からも疎外された中で，必然的に逸脱した行動が繰り返された結果として，現在の施設での生活があるわけである。

　女子の場合，性的虐待の結果，非行に走るケースが多く，虐待の加害者は自宅に出入りしている母親の彼氏であるとか，内夫や継父などから，事例2のように，時には実父からの性的虐待ということも決して少なくない。

　また，女子の非行に限らず，なぜ虐待を受けた子どもの中に非行が多いかというと，虐待されてきたことがトラウマになっていたり，家庭崩壊による心の傷ができているので，学校の中で学校生活や家庭的に恵まれている子どもたちとの接触は正直しんどいわけで，学校に行けば家庭での出来事などが友だち間でも話題になる。自分の家には明るい話題もなく，家にいても安心できる居場所もない。ゲームセンターにでも行っていたら嫌なことも忘れて遊べるし，同じような境遇の子どもとなら，トラウマや刺激を受けるような，心の中の傷に触れるような話もしないですむから，わいわいやれて楽しいし，彼氏や彼女とべたべたしているとさびしさも消すし・紛らすことができる。セックスでもしていれば，お互いが愛しあっていると錯覚し，薬物やシンナーも嫌なことを忘れさせてくれる。これは，大人のアルコール依存症と同じで，まわりの大人か

第 6 章　社会的養護の実践を行うための専門的技術

ら見れば遊び感覚でやっている逸脱行為もそうせざるを得ない。そうやって自分を守っている。守らなかったらどうなっていくか，子どもたちはさんざんな目に遭ってきているので，「私なんか生きていても……」といった暗い話になっていくしかないとも言えるだろう。

　非行もしない。命も絶たないとなると，何にも感じない人間になっていくしかないのである。これらのことは，「ハーロウの赤毛ザル」や「セリグマンのネズミ」の実験で実証されていることだが，虐待により，傷つくような言葉を浴びせられ続けた子，暴力の恐怖をズーッと持ち続けてきた子，捨てられるのではないかと心配し続けてきた子，どの子も生き生きとした表情がない。みな，心の痛みを感じないように感じにくくしてきた。だから，平気で弱い人から，ひったくりなんかができる。「強引に引っ張れば，けがをしないかなー」，「年寄りからお金を取ったら明日の生活に困るだろうな」と少しでも感じられるの

コラム

ハリー・ハーロウの実験

　ハリー・ハーロウは生まれたてのアカゲザルを母親から隔離し，代理の人形を与えるとどう育つかを比較実験したアメリカの実験心理学者で，ハーロウは布で出来た代理母と，針金で出来た代理母を用意した箱を準備し，その箱の中でアカゲザルの赤ちゃんを育てる実験を行ない，母性についての実験を行った。

　「布製の代理母は，体温と同等の温度に暖められているが，ミルクを飲むことはできない」，「針金製の代理母は，哺乳瓶が取りつけられていて，ミルクを飲むことができる」というものである。アカゲザルの赤ちゃんはお腹がすいた時には針金の代理母に近づきミルクを飲むが，お腹が満たされると，直ぐに布製代理母の方に寄り添い，近づこうとはしないことなどが判明した。実験から得られた結果からハーロウは，「布製であっても温もりを感じられる接触さえあれば，子供は育つので母親なんていなくても子どもは育つ，母性なんて必要ない」と言う考えを示した。この発表はアカゲザルの赤ちゃんの成長過程における実験結果であって，その後の経過から母親から隔離されて育った4頭のうち，自分の子どもが連れ去られても気にかけることもしない猿や，子どもを虐待する猿などがおり，成長する過程において必要な愛情や友情などについて学ぶ機会を奪われたサルたちからは，凶暴性と性的早熟という2つの特徴が見られることとなり，アカゲザルの成長過程において，母親や仲間との関係性がいかに重要であるかと言うことを示す結果となった。

コラム

「学習無力感」理論とマーティン・セリグマン

「学習性無力感」とは,「人は長期にわたって,ストレスを回避することが困難な環境に置かれると,その状況から抜け出そうとする行動をとらなくなる」と言う,アメリカの心理学者であるマーティン・セリグマンが犬を使った実験を元に提唱した理論である。

セリグマンによると,長期にわたり,抵抗や回避の困難なストレスと抑圧の下に置かれた犬は,その状況から「何をしても意味がない」ということを学習し,逃れようとする努力すら行わなくなるというもので,セリグマンらは「学習性無力感」と呼んだ。

「人は長期にわたって監禁されたり,暴力を振るわれたり,自分の尊厳や存在価値が無視されるような場面に置かれると,不愉快なストレスが加えられている状況から,積極的に抜け出そうと努力したり,その状況から抜け出そうという事すら考えられなくなってしまい,ストレスの加えられている状況やストレッサーとなっている原因に対しても何もしようとしなくなってしまい,情緒的に混乱をきたしてしまう」という考えで,長期にわたる家庭内虐待の被害者などの行動やその心理を理解しようとする時に参考となる理論である。

であればこのようなことはできないはずである。

④自立に向けた児童自立支援施設の役割

こうして見ると,子どもにとって何が大事かというと,「心を育てること」なのである。

心が育っていない子どもたちに贖罪教育(しょくざいきょういく)(善行を積んだりするなど,実際の行動によって,自分の犯した罪や過失を償うこと。罪滅ぼし)をしても十分に伝わらない。普通の家庭の子どもたちのように十分な愛情を注がれて育った子どもならば,人の心について教えても,それまでに蓄積されたものがあるから,自然に理解し,吸収し,豊かな情緒を持った子になっていく。それだけの基礎が備わっているからである。乳幼児期にたっぷり愛されたことのない子どもに心を教えようとしても,かなりむずかしい。大切にされた体験を持たない子どもには「人から大切にされることのよろこび」,「大切さ」ということの意味が通じない。

「心を育てる」ということの上で何が大事かと言えば，教えることではなく，こういうことが「うれしいこと」なんだ。これが「心地良い感覚」なんだ。こういうことが「本当にうれしいこと」なんだよというように，毎日の生活の中で，そういうことをたくさん体験し積み重ねていくことが大切なのである。

　児童相談所や施設でかかわる子どもたちの多くには，乳幼児期に体験しておくべきことができていない場合が多く，身体の方が大人になっていても，母親が赤ん坊にするようなことをやってあげることも大切になってくるのである。愛情のこもった手で頭をなでてやる，暖かい懐で抱きとめてやる，安心できる表情で見守ってやることから始めて，「心を育てていく」しかない。子育てには省略できることも，近道できる道もないが，ただ，思春期がそのやり直しの最後のチャンスであることには間違いがない。学校を巣立ち，いつかは社会に巣立っていく子どもたちが，その時，笑顔で暮らせる「礎(いしずえ)」をつくっていくこと。そして，「自分で努力してしあわせをつかむことが本当のしあわせであること」を知らしめることが，子どもたちを育む大人としてのひとつの役割であり使命ともなる人間関係の確立が必要不可欠である。自立に向けて，目的や目標に向かって一時的にでも我慢すれば，その後の達成感，充実感が得られるという経験を小さい時から積み重ねていくこと。これは大変手間がかかり効率的ではないけれどそこに施設における教育的意味があるし，ある意味では，自立支援への道筋には，現状の「マイナス」を「ゼロ」にまで高めスタートラインに立てるものである。自立支援とは，マイナスをゼロにし，点を線に繋げていくこと。つまり，ゼロからのスタートであるが，大切なのは，自分で人生を切り開く力をつけることでもある。

　児童自立支援施設へ入所した子どもたちの多くは「ひとりぼっちだった自分，やっと見つけた自分の居場所，そしてひとりでないことを気づかせてくれた先生，それが学園」だったという声や，「学園に来て先生に出会えてよかった」という思いを胸に秘め退園し，退園後も折に触れて学園を訪れ，自身の近況を報告してくれることも少なくない。

　施設の生活の中で自身の居場所・存在感，役割・自己承認を確認できれば，

児童自立支援施設入所児童（当時）作品

　退園した予後の生活は比較的安定しているようだが，それらを確認できないまま退園していった子どもたちの場合は，退園後も，生活の安定が図られず，さまざまな問題を繰り返してしまっている場合が少なくないのもまた事実である。
　このように考えると児童自立支援施設において，子どもたちが「自立」するということは，「退園」＝「自立」と言える子どもあるが，それらの判断基準は一人ひとりが違うもの，多くの場合，退園後もいくつかの問題を繰り返しながら，まさに，雑草の種が川の濁流に飲み込まれ流され漂いながら，いくつかの「よどみ」にはまり込み，その都度失敗を繰り返し「もがきあえぎながら」も，

第 6 章　社会的養護の実践を行うための専門的技術

ようやくたどり着いた所で細々と根を張り芽を出し，小さな花を咲かせることができる。「自立」とはそういったような意味合いを持つことと言え，個人差，年齢差等，そして背景にある家庭・その他の支援体制等の環境要因に応じて大きく違いがある，こととも言える。いうなれば，虐待の予防と再発・防止（虐待の連鎖の防止）等に向けて，保育士の責務のひとつに保育・子育て支援が課されているように，非行等の逸脱した環境を生み出すことのない子育てしやすい養育環境の構築に向けた支援もまた，求められている。

コラム

児童福祉司のひとり言

　昭和の終りから平成にかけて，経済情勢も右肩上がりから次第に下降気味の兆しが見受けられるようになったこの頃から，児童相談所の児童福祉司間には，多くの子どもたちに「不自然な傷」が見受けられ，会議の議題にも取り上げられるようになり，併せて「児童虐待」という言葉が全国各地から聞かれるようにもなってきた。

　もっとも，1947（昭和22）年に児童福祉法が制定され児童相談所が開設されて以降，虐待相談はなくはなかったが，虐待という認識がなされることは少なく，相談の種別でも養護相談の一部程度しか取り上げられていなかった。児童虐待そのものについては，既述されてきているように，有史以来，体罰は大人の権限であり，「子供」は親の所有物・従属物としての位置づけしかなされておらず，間引き，堕胎，人身売買等といったことは，大人の都合で「子ども」は何も言えないまま大人の意のままに行われてきた，という歴史的経過もあり，児童福祉法が制定された現在まで「古き悪しき陋習」として，親は我が子の監護・しつけに対する「絶対的な権限」を主張し，他人の介入を拒否する理不尽な親も少なくなかった。

　こういった中で，都市部（特に大阪，東京が中心であった）の児童相談所からの虐待の問題提起が発信されるようになり，この活動が現在の虐待防止センター等の活動につながっている。

　当時は，各国で「児童の権利条約」が批准され，子どもの人権擁護の視点から「児童虐待は子どもの人権侵害」であるという考え方が主張されるようになってきたが，現実的な問題・課題として「監護・しつけ，であると，第三者の介入を拒否する理不尽な親権者」に対して，対抗可能な法的拘束は，民法第834条による親権喪失と児童福祉法第28条に親権者の意向に反した施設入所の2条文にすぎず，かといって他には一般刑事法による傷害罪等の対応にならざるを得ないが，家庭内の出来事故に実証することが困難であるし，児童虐待という立場をふまえれば，加害者への刑事罰だけで何の解決も得られない実情にあった。さらに，これらの2条文は有効に機能している

とは言い難い実情にあり，28条の申し立てに至っては全国的にも殆どど実績がない状況にあった（群馬県でも片手に余る件数，立入り調査に至っては平成14年度に初めて実施）。これは，子どもの福祉よりもケースワークの理念が先行（優先）していたこと，つまり，会える当てもない親と面接する為には足繁く訪問を繰り返し関係づくりを図るという「援助の基本」があり，ケースとの面接には（親にせよ子どもにしても）会うためには「夜討ち朝駆け」は日常的であった。

　特に長欠（不登校）の子どもの場合には早朝に訪問し，登校させる（かなり強引に）こと。長欠を主訴としての児童を一時保護する場合など，数人係で身柄を保護（拘束）してくる事も少なくなかった。

　一方で，A県から全国各地に広がっていった「シンナー遊び」や年ごとに北上してくる「校内暴力」が管内各地の学校で吹き荒れ，幾度となくその渦中に訪問し，荒れた教室や割られた窓ガラスを目の前にして漠然とした経験や，子どもの自殺（相談を受け初めての面接が死者との対面もあった）をはじめ，いじめの問題も少なくなく，児童福祉司は，児童相談所の受付窓口として担当する地区で受付ける相談（養護・障害に限らず里親関係も含めて）のすべてを担当し，その上直接的指導にもかかわってきていた。また，この頃から子どもたちの間にゲーム機が普及し，ゲーム機にかかわる万引等ゲーム感覚での「遊び型非行」と言われる非行が多く見受けられ，「リセット」すると「生命」までもが新しく再生されることで，瞬く間に広まっていった。県内でも，小学4年生の子どもが5歳の幼稚園女児を殺害してしまったという事件があったが，経過や動機等，加害児童があまりにもゲーム感覚で訴えていたこと。また，家庭でも放任された養育環境から，捜査を担当した刑事の「この事件には被害者が二人いる」とつぶやいていた言葉が今でも強く印象に残っている。

　こうして当時かかわった養護相談を振り返ってみると，本来ならば虐待として係わるべきケースも少なくなかったこと。ただ，言い訳にもなるが，当時，児童相談所内では，虐待に関する意識がその程度でしかなかったことが反省材料のひとつとして今も悔やまれている。

（4）被虐待児に対する社会的支援の実際

　児童虐待が起きた際には，早期発見と早期対応に始まり，子どもの安全の確保，そして親子関係の修復および子どものケアといった一連の対応が必要となる。児童虐待に対しては，発生した児童虐待をいかに早期に発見するかが重要である。児童虐待は家庭内という密閉された空間で行われることが多いのに加え，父親や母親などの虐待者はもちろんのこと，被虐待者である子ども自身も虐待を受けている事実を明らかにしたがらないことがしばしばある。よって，

児童虐待の事実が明るみになった時には，子どもが死亡していたり，すでに子どもに重大な身体的・精神的影響が及んだりしていることも少なくない。

また，児童虐待への対応を行う機関として児童相談所が設置されているが，その数は，2011（平成23）年12月現在，全国で206か所である。児童相談所は，虐待相談を含む養護相談，障害相談，非行相談，育成相談などの相談業務をはじめ，専門的な調査・診断・判定，児童福祉施設への入所措置など，児童福祉の第一線の行政機関として多様な業務を行っている。2012（平成24）年には，児童虐待等の問題に適切に対応できるように児童福祉司の担当区域の見直しや増員等が行われているが，依然として増加し続ける児童虐待件数に対して十分な体制が確保されているとは言い難い現状がある。このような状況で児童虐待を早期に発見し対応していくためには，医療機関や保健所・市町村保健センター，学校，保育所，さらには地域住民との連携は欠くことのできない要素と言える。

― 事　例 (2) ―

日常的に身体的虐待を受け続けた健太（仮名）君の事例

健太君（4歳）は，父親と母親の3人暮らしであった。父親は無職，母親は深夜の飲食業に就いていた。健太君は未熟児で生まれ，普段から動作が鈍く，父親がきびしく注意をしていたという。1年前位から健太君の行動の遅さに父親がいら立ち，手を上げることがしばしば見られた。母親は健太君の様子を気に止めるものの，父親のエスカレートしてく暴力を止めることができずにいた。ある日，午後11時頃に1階の居室でいつまでもテレビを見ている健太君に腹を立てた父親は，拳で健太君の顔面を数度にわたり殴打した。健太君はそのまま気を失ったが，父親は健太君をそのままにして2階の寝室で就寝した。午前1時に母親が帰宅したところ，意識のない健太君が倒れているのを発見し，すぐに救急要請した。病院に運ばれた健太君は硬膜下出血により開頭手術を受け一命を取りとめた。医師は健太君の父母から受傷状況の説明を受けるが，その状況が二転三転したため，虐待を疑い，児童相談所に通告した。

手術から2週間後，健太君は母親に連れられて病院を退院し，自宅に戻った。病院から通告を受けた児童相談所の所員が母親と面会を試みるが，拒否的な態度を示すため，面会機会を得られずにいた。そこで，病院で健太君を担当した医師の所見として，健太君に発育・発達不良が認められたため，育児相談を兼ねて保健サイドからの接触を模索した。健太君の成長に不安を抱えていた母親は保健センターの保健師には少し

> 心を許したようであり，健太君の動作が鈍いことやそれに対して父親が暴力を振るうこと，父親に対して母親自身が制止できないことなどを話すようになった。一方で児童相談所が介入することに対しては依然として拒否感を示していた。保健師は，母親の気持ちを受け止めつつも，健太君の安全が最優先であることを母親に伝えながら，児童相談所と連携を取りつつ定期的に健太君宅を訪問し経過を見守ることにした。
>
> 　3か月が経過した頃，保健師が家庭を訪問した際，健太君の顔面に新しいアザがあることを見つけた。母親に問い正すと，昨晩，母親自身が仕事で外出中に父親が健太君の食事が遅い事に腹を立てて殴ったことを話した。保健師は状況を児童相談所に報告・相談した。児童相談所は，母親が仕事で外出するため健太君と父親の2人で過ごす時間が多い事，父親が健太君の行動や動作に対して頻繁に苛立ち，暴力を振るう状況が続いていることを考慮して，このままでは健太君の安全を確保することがむずかしいと判断し，健太君を一時保護することにした。その後，母親との面会で，健太君を取り巻く生活環境が早急に改善する見込みがないことから，児童養護施設に入所することとなった。

1）被虐待児の早期発見と早期対応

　児童虐待を未然に防ぐための取り組みの重要性は言うまでもないが，冒頭でも述べた通り，児童虐待は家庭内，つまりは社会や世間から非常に見えづらい空間で行われることが多い。したがって，児童虐待が重度化しないためにもできるだけ早期の発見と対応が肝要になる。併せて，早期発見と早期対応で重要になるのが，いかに子どもの安全を確保するかである。

2）支援における多職種間連携

　児童虐待が家庭内で発生し地域社会から見えづらい状況に置かれていること，また核家族化や家庭そのものが地域社会から孤立している現代では，予防・早期発見から対応に至るまで近隣住民を含む多くの人びとや子どもにかかわるさまざまな職種間の連携が欠かせない。

　児童虐待対応の中核は児童相談所ではあることは言うまでもないが，事例に見られるように，児童虐待の予防や早期発見においては，保育所や幼稚園・小学校などの教育機関，さらには病院や保健といった医療機関など，子どもや家庭を取り巻くさまざまな関係者や関係機関の協力が不可欠である。地域を中心とした児童虐待の予防・早期発見・早期対応の取組としては，2000（平成12

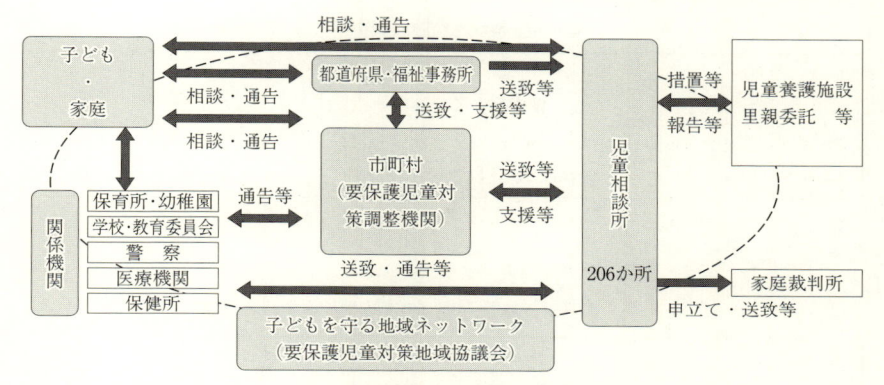

第6章 社会的養護の実践を行うための専門的技術

図6-2 地域における虐待防止対策
出所：厚生労働省「社会的養護の現状について（参考資料）」，2012年。

年度に，市町村区域において保健，医療，福祉，教育，司法，警察などの関係機関が情報交換や援助検討を行う「児童虐待防止市町村ネットワーク事業」が創設された。また，2004（平成16）年には，児童福祉法改正により，市町村による相談や「要保護児童対策地域協議会」が法定化され，児童虐待に対して地域の関係機関が連携する体制が整備された（図6-2）。「要保護児童対策地域協議会」では，保育所や学校，医療機関など子どもや家庭を取り巻く地域の専門職が連携を保つことで，児童虐待に対する早期の対応や支援を図っている。

また，被虐待児の多職種間連携という観点においては，被虐待児童が保護され施設等に入所した後でも重要である。乳児院や児童養護施設，さらには障害を持つ児童に支援を行う施設でも同様に，児童福祉施設では児童指導員や保育士をはじめとして，栄養士や調理師，個別対応職員，心理療法職員など，多様な職種の職員が配置されている。虐待経験のある児童は身体的あるいは心理・精神的に大きな傷を抱えており，その中には，専門的な心理的治療を要するケースもある。また，被虐待児は複雑な家庭環境や生活環境の中で成長発達していることも多く，社会的に十分な養育を提供されないままに育ち，時としてそのことが日常の生活習慣や社会生活を営む際に問題となって現れることもある。このように，さまざまな課題を抱えた子どもの支援を行う際には，特定の職員

249

表6-7 児童養護施設入所時の中学校卒業後の進路

	進　　学		就　職	その他
	高校等	専修学校等		
児童養護施設児　2,538人	2,376人(93.6)	52人(2.1)	49人(1.9)	61人(2.4)
全中卒者　　　　1,203千人	1,203千人(98.0)	5千人(0.4％)	5千人(0.4)	14千人(1.2)

注：(　)はパーセント。
出所：厚生労働省「社会的養護の現状について（参考資料）」平成24年4月。

表6-8 児童養護施設入所児の高等学校卒業後の進路

	進　　学		就　職	その他
	大学等	専修学校等		
児童養護施設児　1,600人	191人(11.9)	177人(11.1)	1,112人(69.5)	120人(7.5)
全高卒者　　　　1,069千人	581千人(54.4)	246人(23.0)	167千人(15.6)	75千人(7.0)

注：(　)はパーセント。
出所：厚生労働省「社会的養護の現状について（参考資料）」平成24年4月。

のかかわりだけでは不十分であり，子どものかかわるすべての職員の連携の下に支援が行われることが望ましい。

3）被虐待児の将来への支援

　被虐待児の主な入所先である児童養護施設は，児童福祉法第41条に規定される児童福祉施設である。そこには，「保護者のない児童（乳児を除く。ただし，安定した生活環境の確保その他の理由により特に必要のある場合には，乳児を含む。以下この条において同じ），虐待されている児童その他環境上養護を要する児童を入所させて，これを養護し，あわせて退所した者に対する相談その他の自立のための援助を行うことを目的とする施設とする」とあり，虐待を受けた子どもを入所させるだけでなく，児童養護施設を退所した後にも自立のための支援を行うことが規定されている。つまり，児童養護施設では，入所した子どもが将来に渡って自立した生活ができるような支援を提供することが求められている。

　児童養護施設の入所児童の進学および就職の状況について見てみると，まず，中学校卒業後の進路としては，約93％が高等学校へ進学し，就職は約2％となっており，高等学校への進学率は過去に比べて高くなっている（表6-7）。高

等学校卒業後の進路では，進学が全体で23％（大学等が11.9％，専修学校等が11.1％），就学が約70％と，就職が圧倒的に多い（表6-8）。全高卒者の進路（大学等が54.4％，専修学校等が23.0％，就職が15.6％）と比較しても，児童養護施設児の就職の多さが見て取れる。

　今後，被虐待児の自立に向けた将来を展望すると，児童養護施設入所時における虐待の傷に対するケアや生活習慣の獲得の支援はもちろんのこと，進学や就職への自由な選択肢の提供も大切あろう。

（5）発達障害児に対する社会的支援の実際

　発達障害を抱える者に対する支援は発達障害者支援法が制定された現在でも，障害に対する知識普及や理解，支援者の育成，専門医の数など支援の充実が進められている。

　発達障害は，早期に発見し，早期に対応することで障害の悪化を防ぐことや問題行動を軽減することができるとされており，乳幼児期から成人期まで一貫して継続した支援が必要となる。その中でも重要とされるのが幼児期から学童期における支援である。発達障害を幼児期もしくは学童期初期に発見することは，二次的障害の予防にもつながるため，非常に重要となる。しかし，支援は発達障害を発見し診断することではなく，いかに発見後，診察後に適切な支援をするかで二次的障害に対する軽減を図れるのである。そのため，発達障害の発見後，診断後の支援は発達障害児（者）を支援する上での緊急の課題となる。また，発達障害は，早期から一貫した支援を行うことにより問題行動が減少し，社会適応能力の向上につながるとされている。

　発達障害児に対する支援は，障害の特徴に応じた支援と個人の特性に応じた個別的な支援が必要となる。したがって，個人のライフスタイルを視野に入れながら，適切な対応や治療法を変更していくことが大切である。特に発達障害は顕著な知的障害がないため，発見されにくく，発達段階が進むにつれ，生活のしづらさや対人的なコミュニケーションのむずかしさから問題が生じることが多くなることもあり，その結果，自信を失くすことや情緒障害などを起こす

ことにつながることも多い。そのため，障害を抱える本人の苦しさを理解しながら支援をすることが何より大切である。また，発達障害児を抱える保護者は，障害の要因を自身の子育てやしつけに結びつける傾向もあり，自身を責めてしまうこと多く，発達障害児の支援と並行して，保護者に対する障害の知識普及や心のケアが必要である。

　発達障害は，その疑いを感じたら，まず小児科などの専門医で診療を受ける必要がある。1歳6か月健診や3歳児健診などの乳幼児健診などにおいて障害の疑いが発見されることもあり，そこから専門医による診療につながるケースも多い。また，現在では，地域によっては5歳児健診を推進している地域もあり，より多くの発達障害を発見できる場となっている。発達障害の専門の診療科は小児神経科や児童精神科などがある。

　発達障害の診断もしくはその疑いを指摘された場合は，すぐに支援を始める必要がある。それは本人だけでなく，その保護者に対する支援も開始されなければならない。その後，教育的支援と社会的支援を同時に行っていく。教育的支援とは教育機関が連携し，個人の特性に応じた教育を行うことであり，特別支援学校や通級指導教室の利用が挙げられる。社会的支援とは地域社会とのつながりを築くことを目的に，発達障害者支援センターなどを利用しながら地域活動を行うことが挙げられる。

　また，発達障害児に対しては，その子の状態に応じてさまざまな支援が行われる。その支援は主に環境面と行動面に分けることができる。環境面では，それぞれの子どもの発達段階に合わせ，その子が理解しやすく，安心できる環境づくりを行う。環境面の支援には，TEACCH（Treatment and Education of Autistic and related Communication handicapped Children）[1]プログラムや学習支援などが挙げられる。行動面の支援には，認知行動療法やSST（Social Skills Training）[2]などの実際に行動しながら，よりよい行動を身につける支援，遊戯療法[3]や感覚統合療法[4]などストレスや緊張を軽減する支援などがある。発達障害は，障害が重複することもあり，そのため，障害の特徴を考慮しながらも個人の特性に応じての支援が必要となり，ひとつの機関だけなくさまざまな機関に

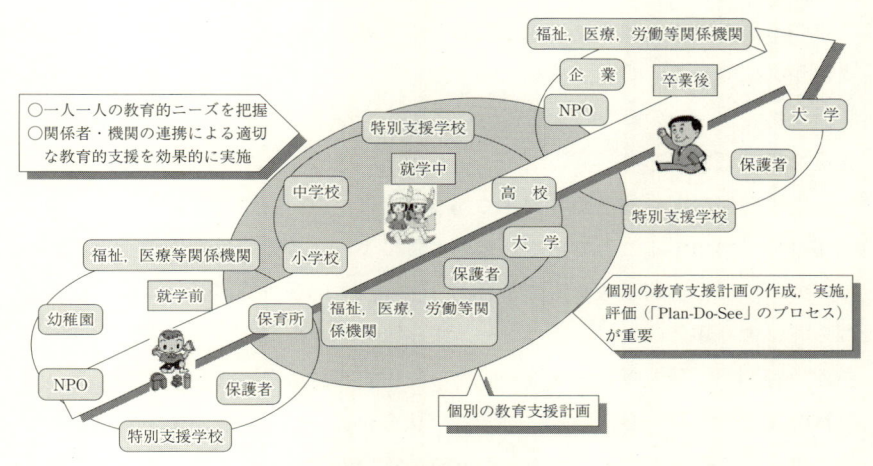

第 6 章　社会的養護の実践を行うための専門的技術

図 6-3　個別の支援計画

出所：独立行政法人国立特別支援教育研究所「個別の教育支援計画の意義」より抜粋，2011.http://www.nise.go.jp/cms/13,3293,54,247.html.

よる支援が必要なり，また，多くのスタッフによるチーム体制による支援が重要である。また，乳幼児期から成人期まで一貫した支援体制を検討するため個別の支援計画（図 6-3 参照）がある。個別の支援計画とは，障害のある者を生涯にわたり支援する観点から，一人ひとりのニーズを把握して，関係機関・関係者の連携によって適切な支援を効果的に行うための支援計画のことである。さらに個別の支援計画を教育上の指導や支援の内容としたものが個別の教育支援計画であり，小・中学校などの教育機関では，「個別の教育支援計画」をもとに支援にあたる関係機関・関係者が連携を図り支援を行っていく。

― 事　例 (3) ―
　小学校 1 年生の順子（女児，仮名）は，幼児期に注意欠陥多動性障害の診断を受け，小学校に就学した。順子は家庭では，落ち着きがあり，保護者の言うことも良く聞くことができる子であった。しかし，順子は，小学校では，まわりの友だちの会話を遮って話したり，授業中も席に座っていることがむずかしく，すぐに教室内を歩きだしてしまったり，まわりの友だちから注意を受けることも多かった。また，体育の授業では校庭での活動で，一緒に体操をしていたかと思うと校庭の遊具を次々と変えて遊び，先生から注意を受けていた。

この事例を見ると順子は，注意欠陥多動性障害の診断を受けており，早期の支援が必要である。まず，注意欠陥多動性障害は多動，不注意，衝動性が主な特徴であるが，この障害特徴を視野に入れつつ順子の生活のしづらさに対する支援を行う必要がある。

　小学校が保育園や幼稚園と大きく違うことは，教科別学習が開始され，より集団行動が増加することである。そのことにより，今までは個人の意思で行動できていたことが制限されることもあり，注意欠陥多動性障害による生活のしづらさはより顕著になる。そのため，主治医である保健・医療機関，小学校である教育機関，発達障害者支援センターや児童相談所などの相談窓口である福祉機関などが連携をし，順子に対する支援を充実させる必要がある。また，順子に対する支援を充実させることと同時にその保護者に対しても育児支援などの支援を充実させる必要がある。

　具体的には，順子に対しては主治医の指示を仰ぎながら，通常学級おいて，順子に1日の流れを掲示などによる視覚的効果を利用して示し，また，正しい行動が行えた際にはその行動を称賛するなどを行い，順子の自己肯定感を高めるようにすることが大切である。また，通級指導教室を利用することも順子に対して個別的な指導を行い，対人コミュニケーションスキルや環境に対する適応力を高める支援となる。また，小学校に配置される特別支援コーディネーター[5]などによって小学校全体で順子を支援する連携体制を図ることが重要である。

　事例の分析からもわかるように，発達障害児を支援するのはひとつの機関，ひとりの支援ではできず，関係する機関，関係するスタッフが連携して初めて充実した支援が行えるのである。また，支援を行うに当たり，環境を整えることや行動面を改善する支援だけでなく，大切なことは発達障害を抱える苦しさやつらさなどを受け入れ，自己肯定感を高めることが何より大切である。今後は，発達障害に対する支援を地域による格差をなくし，より多くの機関やスタッフの充実を行い，乳幼児期から成人期において一貫し，なおかつ，個別的な支援を行えるような環境づくりが課題となる。

第 6 章　社会的養護の実践を行うための専門的技術

― 事　例　(4) ―

発達障害者の就職

　弘さん（男性：20歳，仮名）は，幼稚園在園中にアスペルガー症候群と診断される。小学校では介助員がつきながらも高学年では，介助員なしでもまわりのサポートがあり，そのまま中学校に入学，卒業ができた。高等学校進学後は，まわりの生徒とコミュニケーションがなかなかとれず，不登校気味になることもあったが，無事に卒業することができた。大学にも進学することができたが，大学進学に興味を持てず，就職を考えた弘は，障害者手帳（精神障害者保健福祉手帳）を取得し，弘が住む市の発達障害者支援センターを利用して，就労移行支援を受けた。就労移行支援では，パソコン操作やコミュニケーションなどの実務訓練を行った。その後は，自宅近くの保険代理店で，接客などは行わずパソコン操作を主の業務として行う職に就職することができた。まわりの職員とのコミュニケーションが上手にとれない時もあるが，事務仕事を堅実に行うことが評価され，理解も得られており，弘も充実感を持って仕事を行っている。

　この事例では，弘さんが高等学校卒業後，就職を考えた時，どのような支援がなされたかが記述されている。弘さんは，アスペルガー症候群と診断されたため，障害者手帳である精神障害者保健福祉手帳を取得している。障害者自立支援法が改正（2011〔平成23〕年3月）されたことにより，医師の診断書をもとに精神障害者保健福祉手帳は，アスペルガー症候群でも取得が可能になった。精神障害者保健福祉手帳は，2年ごとの更新があり，障害の等級が1～3級に分かれているが，手帳を所持していることで受けられるサービスが多々ある。事例は，弘が手帳を利用し，就労移行支援を受けた事例である。就労移行支援とは，一般企業などでの就労が困難な障害者に対して，就労の機会を提供すると共に，生産活動やその他活動の機会の提供を通じ，就労に必要な知的および能力の向上のために必要な訓練が受けられるサービスである。弘は就労に関する訓練を受けると共に，発達障害者支援センターを利用することにより地域との関係が切り離されず，就労先にも理解を得られた。発達障害は，ライフステージに応じて一貫した支援が必要であり，それは就労支援も含まれる。支援対象者の特性に応じて発達障害者支援センターを中心に公共職業安定所や地域の就労先との連携体制を整備することが大切である。

【演習課題】
第1節　職員が必要とする専門性としての知識や技術およびその応用
1．現代社会の児童家庭で生じている困難を3つ挙げて，その背景にあるものについて意見交換してみよう。
2．なぜ施設で不祥事が生じやすいのかについて意見交換してみよう。
3．普通の人間関係と施設における人間関係の違いについて考え，意見交換してみよう。

第2節　レジデンシャルソーシャルワークにかかわる知識や技術およびその応用
1．ソーシャルワークとカウンセリングの違いについて意見交換してみよう。
2．一般的なソーシャルワークと施設で実施されるソーシャルワークの違いについて意見交換してみよう。
3．ホスピタリズムとリービングケアの関連性について意見交換してみよう。

第3節　介護技術・看護技術に関する基礎知識
1．福祉用具の種類について整理・分類してみよう。
2．子どもの罹りやすい感染症と感染経路について調べ，その予防法を考えてみよう。

第4節　個別支援計画の作成から実践までの流れ
1．支援計画作成の有効性について意見交換してみよう。
2．利用者と職員がお馴染みの関係になるには，どのような工夫や努力が，お互いに必要でしょうか。これをテーマとして意見してみよう。
3．ソーシャルワークを遂行するためには社会資源とのネットワークづくりをする必要がある。それでは，保育所（園）に通園する児童の児童虐待が疑われる時に，いかなる社会資源とのつながりを重要視し，活用する必要がありますか。これをテーマとして意見交換してみよう。

第5節　職員が業務上記述する記録および自己評価

1．職員が記録を記述する際に，配慮すべき事項を提示し合い，意見交換してみよう。
2．施設では，長期にわたって，記録を保存しているところが多いが，それはなぜでしょうか。意見交換してみよう。
3．ケースカンファレンスを行う際に，誕生した時からの詳細な情報や記録を調べ上げる必要がある。それはなぜでしょうか。意見交換してみよう。

第6節　事例を通した支援の実際の理解

（1）「日常生活支援に関する事例分析」に関連して
1．支援事例では，F・P・バイステックの「援助関係を成立させる7つの原則」がどのように反映されているか考えてみよう。
2．支援事例に出てくる「受容」の意味を考えてみよう。
3．「相談援助」の科目で学ぶことが，支援事例の場面でどのように活かされているのか考えてみよう。

（2）「治療的支援に関する事例分析」に関連して
1．反応性愛着障害や解離性障害，その他児童虐待と関連する障害等の診断基準を調べ，それぞれの障害の状態をイメージしてみよう。

（3）「自立支援に関する事例分析」に関連して
1．事例⑤・⑥からどのような自立支援のあり方が考えられますか。
あなた自身の考え方を整理してみよう。
2．虐待の予防・非行等の防止等に向けてた子育て支援における保育士の役割について考えてみよう（課題に限らず保育士に求められる子育て支援のあり方も含めて考えてください）。

（5）「発達障害児に対する支援の実際」に関連して
1．地域における発達障害に対して支援を行う。社会資源を調べよう。社会資源を調べる際は，公的な支援だけでなく，非公的な支援も調べてみよう。
2．発達障害は早期に発見し早期に支援することが大切ですが，支援者の立場

に立って，医師から発達障害の診断を受けた児童の保護者に対して，どのような支援を行うかグループでディスカッションしてみよう。

〈注〉
(1) 自閉症とその関連する領域にあるコミュニケーション障害の子どもたちの治療と教育プログラムのこと。
(2) 年齢や障害の有無にかかわらず，ソーシャルスキル（社会技能）を身につける訓練のこと。
(3) 子どもの心の問題について，遊びを通して行う心理療法のこと。言語能力が未発達な子どもの場合などは，ことばの代わりに玩具や遊戯を用いて行われる。
(4) 触覚，前庭感覚，固有覚などの感覚系と触覚や聴覚などの認知系との統合を促すために統合訓練を通して身体の使い方などの向上を図る。感覚統合訓練は遊びを通して行われる場合もある。
(5) 児童生徒への適切な支援のために，保護者や関係機関・者の窓口として，また，関係機関・者間が協同的に対応できるよう学内の関係者や福祉との関係機関との連絡・調整する役割がある。

〈参考文献〉
第1節 職員が必要とする専門性としての知識や技術およびその応用
(1) 社会福祉養成講座編集委員会『三訂社会福祉援助技術総論』中央法規出版，1999年，第1章第1節，高橋重宏，執筆分担，5頁。
(2) 野田敦史・藤田雅子「保育士の専門性における構成要因の検討」『東京未来大学研究紀要』2011年，第4号，37～43頁。
(3) 田ヶ谷雅夫『福祉の心』中央法規出版，2012年，80～87頁。
(4) 小木曽宏ほか編『よくわかる社会的養護内容』ミネルヴァ書房，2012年，128頁。
(5) 大原一興・佐藤哲・安藤考俊他共著「福祉施設における『ふつうの暮らし』の環境的条件に関する研究――居住空間における住宅らしさ・家庭的環境の実像について」『住宅総合研究財団研究論文集』2012年，247～258頁。
(6) 小木曽宏『よくわかる社会的養護内容』ミネルヴァ書房，2012年，128～129頁。

第2節 レジデンシャルソーシャルワークにかかわる知識や技術及びその応用
(7) 岩間伸之・白澤政和・福山和女『ソーシャルワークの理論と方法Ⅰ』ミネルヴァ書房，2012年，8～24頁。
(8) 前掲書(4)小木曽宏ほか編，2012年，144～145頁。
(9) 前掲書(4)小木曽宏ほか編，2012年，146～147頁。

第4節 個別支援計画の作成から実践までの流れ
(10) 厚生労働省児童家庭福祉課長通知，児発第9号「児童養護施設等における入所者の自立計画について」1998（平成10）年3月。
(11) 前掲書(7)岩間伸之・白澤政和・福山和女，2012年，71～72頁。

⑿　日本知的障害者福祉協会・調査研究委員会『知的障害者のためのアセスメントと個別支援計画の手引き』(概要版) 2008年, 1〜5頁.

第5節　職員が業務上記述する記録および自己評価
⒀　小椋喜一郎『社会福祉援助技術の記録』日本総合研究所, 2009年, 9頁.
⒁　前掲書⒀小椋喜一郎, 日本総合研究所, 2009年, 9頁〜10頁.

第6節　事例を通した支援の実際の理解
(1)　日常生活支援に関する事例分析
内山元夫『こどもの社会的養護』学苑社, 2006年.
(2)　治療的支援に関する事例分析
庄司順一・鈴木力他編著『社会的養護シリーズ3　子ども虐待の理解・対応・ケア』福村出版, 2011年.
Martin H. Teicher 監修／友田明美著『いやされない傷——児童虐待と傷ついていく脳』診断と治療社, 2006年.
(3)　自立支援に関する事例分析
「非行問題(各年度版)」全国児童自立支援施設協議会.
『社会福祉用語辞典(2012年版)』中央法規出版.
「子どもの育みの本質と実践」(調査研究報告書)全国社会福祉協議会.
深沢道子・江幡玲子『拒む心＝求める心への接近』学事出版.
全国教護院協議会編『親って　家族ってなぁに——非行克服現場からの報告⑧』
(5)　発達障害児に対する支援の実際
宮尾益知『「気になる子ども」へのアプローチ——ADHD・LD・高機能 PDD のみかたの対応』医学書院, 2009年.
宮尾益知『健康ライブラリー　イラスト版　発達障害の治療法がよくわかる本』講談社, 2010年.
能登宏『発達障害通級指導教室の指導・支援法』明治図書.

　　(第1節・第2節・第4節・第5節　田中利則, 第3節・第6節—2・4　田中浩二, 第6節—1　小室泰治, 第6節—3　岩崎裕一, 第6節—5　大屋陽祐)

第 7 章
施設養護を受け持つ施設の役割と運営管理のあり方

> **学習のポイント**
>
> 　児童福祉施設は社会的養護の中心的な活動を受け持っており，児童福祉施設を運営するためにはさまざまな法律や制度がつくられている。施設を運営するための費用は多くの場合，国民の納める税が使用されている。社会的養護という活動を理解するためには，施設養護の役割や運営管理のあり方や，制度の仕組みついて理解することが必要である。
> 　本章での学習を進めることによって施設養護についての理解を深めて行くことが可能となるので，しっかりと学習することを期待している。

第1節　施設の運営および組織

　社会的養護保護を必要とする子どもたちを保護し養育する児童福祉施設は，その施設を必要としている子どもたちの利用目的に合わせて児童福祉法の規定にもとづいて設置されている。これらの児童福祉施設の運営に関する基本的な点については社会福祉法によって定められているが，社会福祉事業の経営主体は，「国又は地方公共団体，社会福祉法人，その他社会福祉事業を経営する者とする」とされている。福祉施設は施設を利用する人たちの目的を踏まえ，設備や機能，職員配置等が一定の基準に適合していることが求められる。こうした点を確保するために児童福祉施設の場合，「児童福祉法」や「児童福祉施設の設備及び運営に関する基準」（以下，「児童福祉施設設置基準」と記す）等によって基本的な事項が定められている。

（1）施設の設置・運営主体

児童福祉施設は，国や都道府県・指定都市，市町村などの地方公共団体が設置運営している公立施設と，社会福祉法などによる一定要件を備えた社会福祉法人などの公益法人が設置・運営を行っている民間施設とがある。公立施設と民間の施設ではおのおのにメリット，デメリットがあるが，社会的養護を担う公共性の高い施設であることには変わりがない。本節においては民間の施設を設置・運営する組織である社会福祉法人の構成と，施設の設置・管理・運営を中心に解説を行う。

（2）社会福祉に関する事業と社会福祉法人

社会福祉事業とは社会福祉法に定められた，社会福祉に関する各種の事業のことであり，社会福祉事業は原則として国や地方公共団体，社会福祉法人のみ運営が可能とされている第1種社会福祉事業とそれ以外の第2種社会福祉事業に分類される。

第1種社会福祉事業とは，原則として国，地方公共団体，社会福祉法人のみ運営が可能とされている事業で，特別養護老人ホーム，養護老人ホーム，軽費老人ホーム，身体（知的）障害者更生施設，母子生活支援施設，児童養護施設などの事業が含まれる。

第2種社会福祉事業とは，老人居宅介護等事業，老人デイサービス事業，認知症対応型老人共同生活援助事業，保育所，障害福祉サービス事業などの事業が含まれる。

社会福祉法人とは，社会福祉法人は社会福祉事業を行うことを目的として設立された法人で，組織の運営や解散および合併，助成および監督等については社会福祉法で規定されている。社会福祉施設建設の際に一定の助成を受けられ，税制上の特例措置があるなど公共性の高い法人である。

社会福祉法人の取り組むことの可能な社会福祉事業は次のように分類される。

1）社会福祉法人の組織

社会福祉法人は社会福祉法により適正な運営を確保するために理事会や評議

```
            ┌──────────┐
            │  理事長   │
            └────┬─────┘
    ┌────────┬───┴────┬────────┐
┌───┴───┐┌───┴───┐┌───┴───┐
│ 監事会 ││ 理事会 ││評議員会│
│(2名以上)││(6名以上)││       │
└───────┘└───┬───┘└───────┘
      ┌──────┼──────┐
┌─────┴┐┌────┴─┐┌───┴──┐
│事業所A││事業所B││事業所C│
│(施設) ││(施設) ││(施設) │
└──────┘└──────┘└──────┘
```

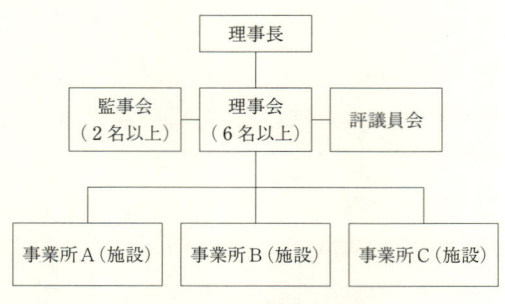

図7-1　社会福祉法人の組織
出所：社会福祉法の規定をもとに筆者作成。

員会，監事会の設置や，組織の構成について欠格条項や役員は無報酬を原則とすることなど詳細な規定が定められている。社会福祉法人には6名以上の理事を置き，理事会を構成することや，法人の活動が適切に運営されているか否かをチェックする重要な役割（監査機関）として2名以上の監事の選任をする。社会福祉法人の民主的で適正な事業運営を図るために，法人業務の重要な事項について理事会で決定する前に審議し，意見を述べる諮問機関として評議員会を設けることが定められている（社会福祉法人の組織については，図7-1参照）。

2）社会福祉法人の資産

社会福祉法人の設立に当たっては，公共性の高い事業を営むことを目的としている理由から，何よりも安定した事業を推進して行くために必要とされる土地や建物などの資産，運営して行くために必要とされる資金や人材などについて詳細な規定が設けられている。

第2節　児童福祉施設の運営・管理の原則

（1）児童福祉施設とは

児童福祉施設は社会的養護を必要とする子どもたちにとっては「家庭に変わる生活の場」である。何よりも安心して生活を送ることの可能な環境の提供が必要であり，施設の運営管理は安心して生活できる環境をどう提供して行くの

かが問われる活動である。

　児童福祉施設設置基準は，この活動を推進してゆくために必要とされる最低限の基準を定めたものであり，同基準には「都道府県知事の監督に属する児童福祉施設に入所している者が，明るくて，衛生的な環境において，素養があり，かつ，適切な訓練を受けた職員の指導により，心身ともに健やかにして，社会に適応するように育成されることを保障するものとする」と示され，この基準に満足することなく，児童福祉施設には基準を超えた環境を整え質の高い支援ができるよう運営の向上を求めている。

　児童福祉施設の運営を行うに当たっては「入所している者の人権に十分配慮すると共に，一人ひとりの人格を尊重して，その運営を行わなければならない」とし，「地域社会との交流及び連携を図り，児童の保護者及び地域社会に対し，当該児童福祉施設の運営の内容を適切に説明するよう努めること」，「運営の内容について，自らが評価を行い，その結果を公表するよう努めること。施設の目的を達成するために必要な設備を設けること」，「施設の構造設備は，採光，換気等入所している者の保健衛生及びこれらの者に対する危害防止に十分な配慮を払うこと」などが明記されている。児童福祉施設が設けるべき設備の基準や管理・運営にかかわる事項については児童福祉施設設置基準や関連する法規，国や地方公共団体などからの通知などにより細部にわたり定められているが（表7-1参照）。

　児童福祉施設の運営管理を考えた時にふまえておくべきポイントとしては，少なくとも，①安全な生活環境の提供，②利用者から信頼される支援，③地域社会からの信頼の3点が必要である。厚生労働省から2012（平成24）年度に示された施設種別ごとの「施設の運営指針」では，各施設の種別ごとに遵守すべき詳細な内容が示されたことにより，今後の施設運営おいて配慮すべき点がより明確化されたと言える。

　施設を利用する子どもたちに対しては（利用者を含む）を「無差別平等」のもとに支援に取り組む必要があり，間違えても施設内で虐待等にかかわる行為が発生しないよう最大限の注意が必要である。また，児童福祉施設の施設長は，

表7-1　児童福祉施設における管理運営に際してふまえるべき事項

児童福祉施設設置基準（最低基準）	児童福祉施設設置基準（最低基準）とは，児童福祉法で定められている児童福祉施設の設備や運営に関し，「これを下回ってはいけない」と言う基準を定めた厚生労働省の省令である。「入所した者を平等に取り扱う原則」や「虐待等の禁止」「懲戒に係る権限の濫用禁止」「衛生管理等」，「食事」「入所した者及び職員の健康診断」「秘密保持」「苦情への対応」など幅広い基準が定められており，基準に満たない場合には，施設を監督する行政機関から施設の設置者に対して，改善勧告，改善命令，事業の停止命令，閉鎖命令などの措置をとることなどが定められている。
施設の用地（土地）	児童福祉施設は利用者の生活や保育を保障するための環境である。設置された施設は長期間にわたり継続して利用できることが必要である。施設を設置するための土地は設置者の所有登記した土地か，施設の活動のために使用登記した土地が必要である。施設用地は施設の目的や利用定員を踏まえた上で，自然災害や公害などに影響されにくい土地の確保が望まれる。
建　　物	福祉施設は家庭に変わる「生活の場」である。ただ建物があれば良いと言うのではなく，生活するために必要な「安らぎ」を感じることの出来る環境が必要となる。建物の広さや必要とされる基本的な設備等については児童福祉施設最低基準に定められているが，建物の建設にあたっては建築基準法を遵守した耐火や耐震などの構造に十分配慮した建物が求められる。
備えるべき備品	各児童福祉施設はそれぞれ保育や社会的養護という目的や役割を担っている。各施設で提供すべき活動内容に応じて必要とする様々な備品を準備する必要がある。備品は生活するために必要な家具や電気製品などから，テレビや音響機器，パソコンなどのような生活の質を高めるためのものまで多様である。児童福祉施設で準備する備品は備品台帳を作成し，きちんと記載し管理することが基準で定められている。
保健活動（健康管理）について	児童福祉施設は家庭に代わって養護や保育などの活動を提供する場所であり，利用者の健康管理には配慮が必要である。健康的な生活を営むためには，衛生環境の確保と共に「安心して生活してゆくための健康状態の確保」が必要となってくる。入所施設では医師や看護師の確保と共に，医務室等の整備，及び入所者及び職員に対して法により健康診断（入所時の健康診断，少なくとも一年に二回の定期健康診断及び臨時の健康診断）の実施が義務づけられており，その結果を記録するとともに適切な対応を行うよう定められている。同様に，児童福祉施設に勤務する職員の健康診断に当っては，特に入所している者の食事を調理する者につき，綿密な注意を払うことが求められている。
食事と栄養管理	児童福祉施設を利用する子ども達の中には家庭おいて食生活に関し必ずしも十分な環境の得られなかった者が多い。こうしたことへ対応するため児童福祉施設では食事を提供することが多い。 児童福祉施設で，入所している者に食事を提供する場合には，「自らの児童福祉施設内で調理する」ことや，献立の作成にあたっては「できる限り，変化に富み，入所している者の健全な発育に必要な栄養量を含有するもの」であることや，「食品の種類及び調理方法については栄養並びに入所している者の身体的状況や嗜好を考慮した」ものであること，「あらかじめ作成された献立に従つて調理を行うこと」などが義務づけられている。少数の児童を対象として家庭的な環境の下で調理を行うとき」には例外的な取り扱いがされている。こうした取り組みの目的は「児童の健康な生活の基本としての食を営む力の育成」である。

第 7 章　施設養護を受け持つ施設の役割と運営管理のあり方

環境衛生	児童福祉施設は「社会的な支援を必要とする児童」に対して必要とされる保育や養護活動を担当する極めて大切な役割がある。当然のこととして通常家庭で営まれる生活と同様に児童の生活全般に関わる活動に接することとなり，安全な生活環境の提供が必須の条件となる。この点について「児童福祉施設設置基準」では福祉施設に入所している者の使用する設備，食器等飲用水についての衛生的管理の確保，感染症等への対策，入所している者の「清潔を維持することができるよう適切に，入所している者を入浴（一週間に二回以上義務付け）させ，又は清拭しなければならない」ことや，「必要な医薬品その他の医療品の準備」と「適正な管理」が求められている。（設置基準第10条入所者への。施設においては看護師や栄養士等を中心として食生活や住環境の環境衛生の確保に努め，生活環境の改善に努めることが必要である。
疾病の予防・治療	児童福祉施設は不特定多数の者が出入りする可能性がある。また利用者の多くは乳幼児や障害児など，成長・発達途上の者が多く疾病等に対する抵抗力は高くはない。施設内の疾病の発生はもちろん外部からの様々な感染症の持ち込みなどへの対応が必要となる。病気の予防に関しては施設の利用者に対しては入所時，及び年に2回以上の定期健康診断を，職員に対しては労働基準法の定める規定の他，特に入所している者の食事を調理する者につき，綿密な注意を払うことが求められている。病気治療に関しては施設として嘱託医を決め，病人等が発生したときには速やかに通院治療等を行い病気の治療に関する対応をしなくてはいけない。また。病気等が発生したときには速やかに家族へ連絡するとともに，必要に応じて保健所や関係機関に連絡を行わなくてはいけない。
防災対策	福祉施設の行う活動の中で特に配慮すべき事として「安全に対する配慮」がある。このことは「利用者の生命の安全を保障する」と言った面からも極めて重要な取り組みであり，地震や豪雨等の自然災害や火災等に対する十分な対策が求められる。地震や豪雨等による自然災害に対しては施設の立地条件を十分検討し，危険箇所等については日頃からの点検と対策が必要である。火災に関しては消防署等の指導の下に「消防計画書」の作成を行い，施設の利用者都職員，全員が参加して月一度は定期的な防災訓練の実施を行うとともに，必要な機器の整備や地域の方たちの協力を得て総合的な防災対策に努めることが求めらる。緊急時に対応するため関係機関を含めた職員の非常連絡網を作成しておくことも必要である。
金銭等の管理	児童福祉施設は社会的養護としての環境を提供する場であり，施設で使用される財源はは税金と本人からの利用のための負担金等によって確保されている。この点を踏まえ，児童福祉施設の設置者は，入所中の児童に係る厚生労働大臣が定める給付金の支給を受けたときは，給付金として支払を受けた金銭を定められた適切な方法で管理し，適切な利用を行うことが義務づけられている。
施設内の規定等の整備	児童福祉施設では，施設の性格上，入所する者の援助に関する事項や，施設の管理に関する重要な事項について，必要とされる規定の整備や，職員や施設の財産，収支及び入所している者の処遇の状況を明らかにする帳簿を整備しておくことが義務づけられている。
利用者などからの苦情への対応	2000年に成立した社会福祉法の規定等により，児童福祉施設は，「その行つた援助に関する入所している者又はその保護者等からの苦情に迅速かつ適切に対応するために，苦情を受け付けるための窓口を設置する等の必要な措置を講じなければならない。」こととなり，このための対策として，「苦情の公正な解決を図るために，苦情の解決に当たつて当該児童福祉施設の職員以外の者（「第三者委員」と言う）を関与させなければならない。」ことがさだめられている。

出所：「児童福祉施設の設備及び運営に関する基準」をもとに筆者作成。

265

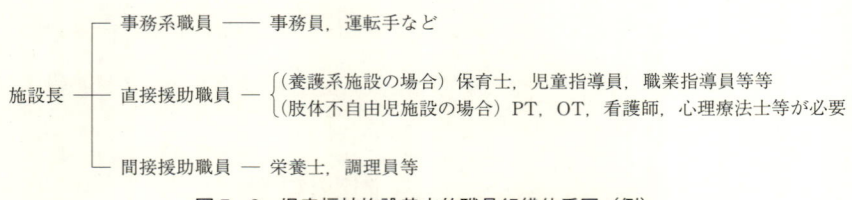

```
            ┌─ 事務系職員 ── 事務員, 運転手など
施設長 ─────┼─ 直接援助職員 ─┬(養護系施設の場合) 保育士, 児童指導員, 職業指導員等等
            │                └(肢体不自由児施設の場合) PT, OT, 看護師, 心理療法士等が必要
            └─ 間接援助職員 ── 栄養士, 調理員等
```

図7-2　児童福祉施設基本的職員組織体系図（例）
出所：「児童福祉施設の設備及び運営に関する基準」をもとに筆者作成。

入所中の子どもたちにとっては父親としての役割が求められている（親権の行使）が，懲戒行為を行う場合，身体的苦痛を与え，人格を辱める等行為をしてはいけない（権限濫用禁止）。

安全な生活環境の提供にあっては，衣・食・住にかかわる環境整備と共に，各種の災害等から子どもたちを保護するために危機管理には関係機関との連携を密接に行い最善の取り組みを行うことが必要である。建物の安全については建築基準法との規定にもとづく必要があり，災害に対する取り組みとしては消防署などとの連携において必要とされる環境整備や防災計画の作成，訓練の実施などを行う必要がある。

（2）職員について

児童福祉施設に入所している者の保護に従事する職員は，健全な心身を有し，豊かな人間性と倫理観を備え，児童福祉事業に熱意のある者」であることが必要である。社会的養護を必要とする子どもたちの援助を行うのであるから，児童福祉に関する理論や実際について訓練を受けた者である」ことが求められるほか，常に「自己研鑽に励み，法に定めるそれぞれの施設の目的を達成するために必要な知識及び技能の修得，維持及び向上に努めること」や，正当な理由がなく，その業務上知り得た利用者又はその家族の秘密を漏らしてはならない（守秘義務）ことなどが求められている。

児童福祉施設に勤務する職員は図7-2に示すような構成となっている。また，施設の種類ごとの職員の職種と人数については施設設置基準で定められて

いる。
　施設の管理者には，職員の資質向上のための研修の機会を確保することが強く求められており，もし職員であった者が，正当な理由がなく，その業務上知り得た利用者またはその家族の秘密を漏らすこと（守秘義務違反）等があった場合には，法的な措置を含めて必要な措置を講ずることが必要であり，そうした意味においては施設長などの管理者，自らが率先して研修に努めることが必要である。

（3）施設長や主任保育士の存在と役割
　施設の運営や経営に関する基本的な方針は，最高決定は理事会で行われるが，施設における日常の生活支援に関する取り組みは施設長のリーダーシップの下で行われるのが一般的である。施設の職員は，施設長の示す方針に従って，主任指導員や主任保育士などを中心に子どもたちの実際に支援を実施していくことになる。そのため，施設で働く職員集団には共通の目標を持って同じ方向に進んで行くことが求められる。職員集団のチームワークをまとめていくことはきわめて重要であり，施設長や主任指導員，主任保育士に求められる重要な役割である。施設のあり方や運営方針のなどは，施設長の考えや価値観で決まると言っても過言ではない。施設長や主任指導員，主任保育士にはしっかりした福祉観や倫理観，児童観を持つことが求められており，子どもたちの「権利擁護」意識をしっかり持ち，福祉観や倫理観，児童観を持った施設の運営を実施することができればそこで働く職員は，施設長の方針に従ったチームワークを形成することが可能となる。
　また，職員が健康な状態で勤務できるよう，施設の管理者としての立場にあるものは労働基準法等で定められているさまざまな労働要件を満たすよう職員の労務管理を徹底する必要がある。

第3節　福祉施設を運営するための財政

(1) 福祉施設を利用するための利用制度と財政

　児童福祉施設は社会的養護を実践するためにつくられた環境である。当然のこととして施設の利用者が不安を抱かないで生活できるような環境整備が不可欠である。そのため，施設の管理・運営のために必要とされる費用や設備等に関する基本的な枠組みがつくられている。

　児童福祉施設に必要となる費用は，児童福祉施設設置基準に示されている基準を維持するために必要とされる費用（児童福祉法第45条）と考えられ，設備の設置・維持・管理に要する経費と子どもの生活援助に要する経費に分けて考えられている。この費用については国の定めた基準により国，都道府県，市町村等の補助や負担の割合が決められている。

　児童福祉施設などを利用するためには，戦後作られた国の行政処分としての「措置制度」によって，その利用の可否が決定されてきた。

　措置制度は社会的養護については国の責任で実施するという大きな役割を果たしてきたが，一方で，社会経済の変化や，家庭・子どもの生活環境の変化や国民の価値観などが多様化したため，戦後つくられた制度では対応することが困難となり，さまざまな課題が生じ，1999（平成11）年4月に厚生省（現厚生労働省）は，社会福祉基礎構造改革にかかわる検討結果をふまえ，「社会福祉事業法等改正法案大綱骨子」を公表，2000（平成12）年には「社会福祉の増進のための社会福祉事業法等の一部を改正する等の法律」（社会福祉法）が成立させ，措置制度等の見直しを行うこととなった。

　社会福祉法の成立にともない，福祉のサービスを利用するための方法が従来からの「措置制度」から「利用契約制度」への方向が示された。障害者福祉の分野においては「支援費支給制度」と呼ばれる利用契約制度が2003（平成15）年4月に導入されることとなった。さらに2006（平成18）年10月には障害者自立支援法が施行され，児童福祉の分野でも障害児の施設利用等についても成人

の障害者の施設等の利用と同様に障害者自立支援法による利用契約制度にもとづいて該当する施設を利用することとなったが，児童養護施設や乳児院などの養護系施設や情緒障害児短期治療施設，児童自立支援施設等については施設の目的や役割等を踏まえ，これまでの措置制度にもとづいた施設利用が継続されている。

主な児童福祉施設の利用制度における費用負担の仕組みはおおむね以下の通りである。

1）措置制度による施設運営のための財政

「措置費（児童保護措置費）」とは，児童福祉法の規定にもとづく措置制度により，都道府県知事，市町村長によって該当する児童福祉施設に入所措置がとられた場合に，児童福祉施設へ支弁する費用のことであり，毎月，措置を実施している都道府県や市町村から委託費として支弁される施設を運営するための経費のことで，事務費と事業費とによって構成されている。措置制度のもとで福祉施設を利用する場合には，本人の支払い能力（未成年の場合には親などの親権者）に応じて利用費を都道府県に納入する「応能負担」と言う方法がとられている。措置制度のもとでは利用費用を直接施設に納入することはない。

事務費とは，児童福祉施設を運営するために必要な人件費，管理費などを指す。人件費は，職員の確保に必要な給与で構成され，職員定員は「児童福祉施設最低基準」によって施設の種類ごとに必要とされる職員の職種と定数が定められている。事務費に占める人件費の割合が大きくなりすぎると施設の運営が硬直化し，運営に支障をきたす場合もある。

管理費は，施設の維持管理に必要な経費で，旅費，嘱託医手当て，被服手当て，補修費などである。その他，民間施設給与改善費や事務用採暖費などがある。

事業費とは，児童福祉施設に入所している子どもの生活などに直接使われる費用であり，児童福祉施設ごとに金額や使用できる範囲などが異なる。事業費は，一般生活費と特別生活費に分けられる。一般生活費は，子どもの給食に必要な材料費や日常生活に必要な諸経費にあてられ，各月の初日に，在籍児童に

月額単価をかけた費用が施設に支給される。措置費の仕組みは図7-3に示すような構成となっている。また，生活諸費の一般生活費については表7-2に示したような額が国から負担され，子どもたちの生活支援に利用されている。

2）利用契約制度による施設運営のための財政

これまで児童福祉施設に利用に関しては原則として措置制度による行政処分という形を取って利用されてきた。しかし，障害者自立支援法の成立・施行にともない障害者デイサービスなどの事業が障害者自立支援法の対象とされてきたが，2006（平成18）年10月より，障害児を対象とする児童福祉施設の内，知的障害児施設，知的障害児通園施設，盲ろうあ児施設，肢体不自由児施設，重症心身障害児施設等の施設（これらの児童福祉施設は，児童福祉法の改正にともない「障害児入所施設」，「児童発達支援センター」と名称変更された）についても，従来の措置制度にかわり障害者自立支援法（「障害者自立支援法」は2013〔平成25〕年3月31日をもって廃止され，2013〔平成25〕年4月1日より「障害者総合支援法」が施行される）にもとづく障害児施設給付費が支給されることとなった。

障害児施設給付費とは，都道府県が障害児を対象とする児童福祉施設に対して給付する費用で，施設を利用しようとする者はサービスに係る利用者負担額（現在は1割負担：応益負担と言う）を支払うことにより利用できる制度である。

実際に施設を利用するためには，まず，障害児施設の利用を希望する保護者が都道府県に費用支給のための申請を行う。申請を受理した都道府県は，障害の程度や介護者の状況，児童相談所の意見を考慮して給付の有無に関する認定作業を行い，利用の決定を行う。

支給が決まった保護者は，利用する施設を自らが選択し，利用を希望する施設と直接契約を結ぶことにより施設を利用することが可能となる。この方法を利用契約制度と言う。

ただし，障害児が虐待を受けていたり，保護者による養育が拒否されているなどの場合には，従来通り，措置制度が適用される（この場合の負担は従来通りの応能負担となる）ことなっているが，実際には措置と契約についての線引きは容易ではなく都道府県の対応に差が生じる場合もある。

第7章 施設養護を受け持つ施設の役割と運営管理のあり方

```
              ┌ 人件費 ──────── ①職員の給与
              │
       ┌ 事務費┤ 管理費 ──────── ①庁費, ②旅費, ③補修費, ④職員研修費,
       │      │                  ⑤職員健康管理費
       │      │
       │      └ 民間施設給与等改善費
措     │
置     │      ┌ 生活諸費 ─── 一般生活費 ── 給食に要する材料費等及び日常に
費     │      │                             必要な経常経費
       │      │                             ※被虐待児受入加算費
       │      │
       └ 事業費┤ 教育諸費 ──── ①教育費, ②学校給食費, ③見学旅行費
              │                  ④入進学支度金, ⑤特別育成費,
              │                  ⑥夏季等特別行事費, ⑦幼稚園費
              │
              └ その他の諸費 ── ①期末一時扶助費, ②医療費, ③職業補導費,
                                 ④児童用採暖費, ⑤就職支度費,
                                 ⑥大学進学等自立生活支度費, ⑦葬祭費
```

図7-3 措置費の仕組み

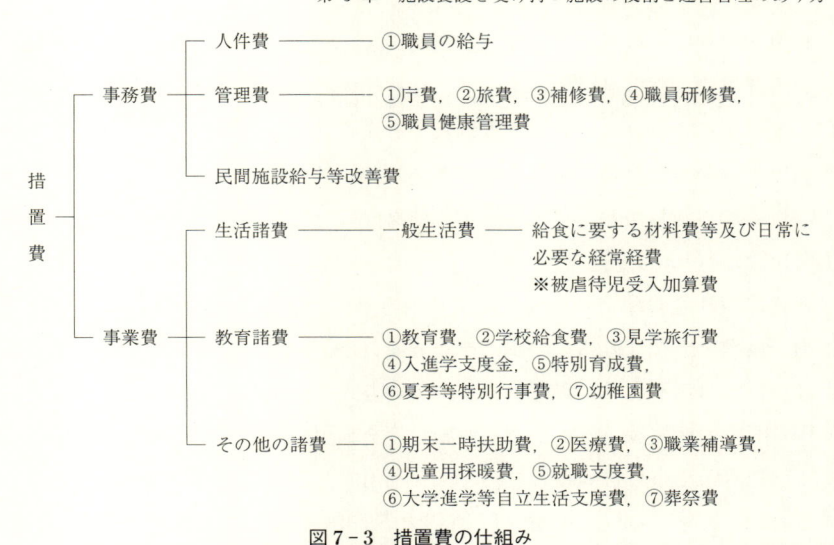

出所：厚生労働省「児童福祉法による児童入所施設措置費等国庫負担金について」を参考に筆者作成。

表7-2 児童福祉施設措置費一般生活費の保護単価表

(措置児童〔者〕等1人当たりの月額単価)

施設種別一般生活費（月額）				
児童養護施設	乳児分	54,730円	乳児以外分	47,430円
児童自立支援施設	入所児分	47,430円	通所児分	14,600円
情緒障害児短期治療施設	入所児分	47,860円	通所児分	14,600円
里親	乳児分	54,980円	乳児以外分	47,680円
乳児院	3歳未満児分	54,730円	3歳以上児分	47,430円
ファミリーホーム	乳児分	54,730円	乳児以外分	47,430円
自立援助ホーム		10,340円		
母子生活支援施設	入所者　　　　　3,550円 生保居室保育入所児童 3歳未満児　　　8,890円		3歳以上児	5,500円
被虐待児受け入れ加算費 ①児童養護施設，乳児院母子生活支援施設，情緒障害児短期治療施設，児童自立支援施設， 　ファミリーホーム，自立援助ホーム　　　　　　　　　　　　　　　　　　　　　26,100円 ②一時保護委託　　児童一人日額　850円				

出所：厚生労働省（雇児福発0405第1号（平成24年4月5日）「児童福祉法による児童入所施設措置費等国庫負担金交付要綱等の改正点及びその運用について」）より筆者作成。

利用契約制度に該当する福祉施設を利用した場合，国の定める施設利用にかかわる費用の1割の自己負担金の他，食費や光熱水費，日常生活にかかる個人が必要とする費用等については実費負担をすることなっている。しかし，施設を利用する際の費用が高額になりすぎてしまい，利用できなくなることを防止するために，施設のサービス利用するにあたっては，所得に応じて一定の負担上限が設けられている。

　介護保険制度や障害者福祉制度で利用されている，「施設利用にかかわる費用の一定額を支払う方法」のことを「応能負担」に対して「応益負担」と言う。

　3）行政（都道府県・市町村）との契約方式

　保育所や助産施設，母子生活支援施設等を利用する際には，施設を管理している都道府県や市町村等との契約を結び利用する。これらの施設の利用を希望する者は，希望する施設を選択し，該当する市町村等に利用の申し込みを行う。申し込みを受けた市町村は利用者の希望する施設に対してサービスを提供するように委託するというものである。

　利用負担金については利用希望者の所得に応じて，定められた額を市町村に納入すると，それを受けて市町村は各施設に対して，サービス提供に要した費用を実施委託費として支払うというものである。

　4）事業費補助方式による施設運営のための財政

　社会的養護を担当する施設の中には，施設の提供するサービスを利用したい場合に利用希望者とサービスを提供する事業者（施設）とが直接契約を結ぶことによって利用できる施設がある。児童館などに代表される児童厚生施設が該当する。利用負担金については，利用者がサービス事業者に対して直接利用負担金を支払う。サービス提供事業者は，利用負担金を補完する事業費補助の支給を市町村に申請し，補助費を受給するというものである。

（2）財務管理について

　1）財務管理の必要性

　社会福祉施設で管理運営のために使用する費用は国民の負担する税金や，福

祉サービスを利用するために利用者が支払う負担金であることをふまえ，社会福祉施設を運営する社会福祉法人には，施設を運営するために必要とされる資金の適正な管理運営が義務づけられており，施設を運営する法人の理事会で承認された予算にもとづき，日常の適切な管理運営を行なわなければならない。

　社会福祉施設の財務管理については「社会福祉法」により関連する財務諸表の作成や開示が義務づけられている。施設で使用する予算の会計処理については「社会福祉法人会計基準」が定められており，この基準に沿って財務管理を行うことが義務づけられている。

　この会計基準の目的は「社会福祉法（昭和26年法律第45号）第22条に規定する社会福祉法人（以下，「社会福祉法人」と言う）の財務諸表および附属明細書ならびに財産目録の作成の基準を定め，社会福祉法人の健全なる運営に資すること」を目的としており，該当する「社会福祉法人が実施する全ての事業を対象とする」と定められている。そのために，「資金の収支計算書や事業活動計算書及び貸借対照表などの財務諸表および附属する明細書，財産目録を作成」しなければならない。

　財務諸表については社会福祉法の改正により開示が義務化されていることから，規定にもとづいた適正な経理事務の執行や内部での監査体制の確立，第三者がみてわかりやすく，評価可能な書類の作成が求められることなった。

　福祉施設を運営する社会福祉法人で適切な財務管理必要とする主な理由としては次のような点が考えられる。

①経営状況の把握

　施設を管理運営して行くために必要とされる資金等の把握や適切な運営を行うための経営状態の把握のために不可欠である。

②福祉事業の実施状態把握

　目的とする福祉事業を効果的に展開して行くことや，将来の事業展開を念頭に置いた財務管理が適切に行われているか。事業の効率性（採算性）は規定に沿って目標通り適切に進められているか等を確認したり評価するために不可欠である。

③適切な管理運営の確認

　先にも述べたように，福祉施設の財務については公開することが社会福祉法によって義務づけられていることから，透明性と信頼性を確保することが不可欠である。そのためには，わかりやすい計算書類の作成や，公認会計士や，税理士等の経理の専門家による外部からの監査を受け，不信感をもたれないようにするためにも不可欠である。

　社会福祉法人の会計については「4月1日に始まり，翌年3月31日に終るものとする」と定められており，財務管理も会計年度に合わせて実施し会計年度終了後は速やかに決算を行い，理事会の承認を得ることが必要である。社会福祉施設の財務管理については「社会福祉法人会計基準」による財務管理を行うことが義務づけられている。

　社会福祉施設で管理運営のために使用する費用は国民の負担する税金や，祉サービスを利用するための負担金であることをふまえ，社会福祉施設を運営する社会福祉法人の理事会で承認された予算にもとづき，日常の適切な管理運営を行なわなければならない。

　社会福祉法人の会計年度は「4月1日に始まり，翌年3月31日に終るものとする」と定められていることから，財務管理も会計年度に合わせて実施し会計年度終了後は速やかに決算を行い，理事会の承認を得なくてはならない。

　財務管理の適正化を図るため，理事会に決算として報告された財務諸表は，施設の広報紙やホームページなどを活用し一般公開することが求められている。

第4節　求められる福祉サービスの点検と情報公開

(1) 福祉施設の提供する福祉サービスの点検

　児童福祉施設の運営管理においてもっとも大切なことは「透明性の確保」ということである。施設の社会的責任を考えた時に，「だれが見ても納得できる」状態の確保が不可欠である。社会福祉法が成立したことを契機として，施設の運営状況などについて情報公開や行うことが義務づけられた。具体的には，施

表7-3 福祉サービスの第三者評価制度の評価項目の例（児童養護施設版）

1 養育・支援 　(1)養育・支援の基本，(2)食生活，(3)衣生活，(4)住生活，(5)健康と安全，(6)性に関する教育，(7)自己領域の確保，(8)主体性，自律性を尊重した日常生活，(9)学習・進学支援，進路支援等，(10)行動上の問題および問題状況への対応，(11)心理的ケア，(12)養育の継続性とアフターケア 2 家族への支援 　(1)家族とのつながり，(2)家族に対する支援 3 自立支援計画，記録 　(1)アセスメントの実施と自立支援計画の策定，(2)子どもの養育・支援に関する適切な記録 4 権利擁護 　(1)子どもの尊重と最善の利益の考慮，(2)子どもの意向への配慮，(3)入所時の説明等，(4)権利についての説明，(5)子どもが意見や苦情を述べやすい環境，(6)被措置児童等虐待対応，(7)他者の尊重 5 事故防止と安全対策 6 関係機関連携・地域支援 　(1)関係機関等の連携，(2)地域との交流，(3)地域支援 7 職員の資質向上 8 施設の運営 　(1)運営理念，基本方針の確立と周知，(2)中・長期的なビジョンと計画の策定，(3)施設長の責任とリーダーシップ，(4)経営状況の把握，(5)人事管理の体制整備，(6)実習生の受入れ，(7)標準的な実施方法の確立，(8)評価と改善の取組み

出所：厚生労働省：第三者評価基準「評価基準の考え方と評価のポイント，評価の着眼点」（児童養護施設版）（平成24年3月29日通知）より。

設で提供する各種の福祉サービスの利用者からの不満や苦情が寄せられた場合，適切に解決するための取り組み（「苦情解決制度」と言う）や，自らが提供している施設の活動全般にわたって，第三者の目でチェックしてもらい，支援内容の改善を促進するための制度（「福祉サービスの第三者評価制度」）への対応を行い，施設運営の適正化を促進することが義務づけられることなった（児童養護施設用に作成された評価内容の大きな項目のみ表7-3に示す）。福祉サービスの第三者評価については，これまで評価を受審することが努力目標とされてきたが，児童養護施設などでも2012（平成24）年度より受審することが義務化されることとなり，施設の運営管理がより充実して行くことが期待されている。

（2）福祉施設の情報公開

　福祉施設は社会的養護や介護などを必要とする人びとに適切な養護や介護を提供するために児童福祉法や社会福祉法などの法律によって設置されている公

共機関である。

　そのため社会福祉施設を設置運営する社会福祉法人等には、社会福祉事業の主たる担い手としてふさわしい事業を確実、効果的かつ適正に行うため、自主的にその経営基盤の強化を図ると共に、その提供する福祉サービスの質の向上および事業経営の透明性の確保を図ることが求められており（社会福祉法第24条）、「社会福祉事業の経営者は、福祉サービス（社会福祉事業において提供されるものに限る）を利用しようとする者が、適切かつ円滑にこれを利用することができるように、その経営する社会福祉事業に関し情報の提供を行うよう努めなければならない」（社会福祉法第75条第1項）ことが定められている。この規定を受け、各種の社会福祉施設では自らの提供する福祉サービスに関する情報の公開を行うことが求められることとなった。情報公開の方法は特に定められてはいないため、福祉サービスを提供する事業者によって異なるが、施設の発行する広報紙（誌）による情報公開だけではなく、ホームページを作成し広報紙では伝えきれない施設の生活やさまざまな活動の様子、財務関係などに関する多くの情報公開に取り組んでいる施設が増加している。福祉施設は閉鎖的で密室化し安いという批判がある。こうした批判に答えるためにも情報公開は積極的に進めて行く必要がある。ホームページを利用した情報公開は広報紙などとは異なり、福祉サービスの利用を希望する人たちや、福祉施設に興味関心を持つ多くの人びとへ向けての情報公開が可能であり、保育士資格の取得を目指す学生にとっては保育実習に参加する際や、就職活動を開始する際の事前学習のための情報源としての活用も可能である。

【演習課題】
1. 社会福祉法人の役割についてまとめてください。
2. 児童福祉施設で子どもたちの生活を支える活動を行うためにはどのような環境をととのえる必要がありますか。
3. なぜ社会福祉施設では第三者によるサービス評価を受審することが求められるのか、その理由を述べてください。

第 7 章　施設養護を受け持つ施設の役割と運営管理のあり方

〈参考文献〉

厚生労働省「児童福祉法による児童入所施設措置費等国庫負担金について」，2012（平成24）年 4 月。

厚生労働省「社会福祉法人会計基準」，2011（平成23）年 7 月。

厚生労働省「平成22年度福祉行政報告例」。

厚生労働省『平成23年版　厚生労働白書』。

厚生労働省「平成24年度全国児童福祉主管課長・児童相談所長会議資料」，2012年。

厚生労働省：第三者評価基準「評価基準の考え方と評価のポイント，評価の着眼点」（児童養護施設版），2012（平成24）年 3 月29日通知。

子ども・子育て新システム検討会「子ども・子育て新システムに関する中間とりまとめについて」，2011年 7 月。

社会福祉法人恩賜財団母子愛育会・日本子ども家庭総合研究所『日本子ども資料年鑑2012』KTC 中央出版，2012年。

内閣府『平成24年版　子ども・子育て白書』，2012年。

ミネルヴァ書房編集部編『社会福祉小六法（平成24年度版）』ミネルヴァ書房。

山縣文治，柏女霊峰編『社会福祉用語辞典（第 8 版）』ミネルヴァ書房，2010年 4 月。

（小野澤　昇）

第 8 章
施設実習に向け

学習のポイント

この章では，児童福祉施設で生活している児童の生活や入所までの背景を理解し，施設実習を行うにあたって大切となるポイントについて述べる。また，福祉施設実習の前にどのような準備をしておけばよいのか，さらに，福祉施設の種別に応じた実習内容の概要を紹介する。

入所型施設は利用者が日常生活を営むための生活の場である。実習では「生活の場」と言うデリケートな場に接することを理解し，生活の妨げにならないように利用者の状況を事前に学んでおくことが大切である。

第1節　施設で生活している人を理解する

保育士の資格を取得するのになぜ福祉施設での実習を行うのか，そのような疑問を持った学生も多いのではないだろうか。保育士は「児童福祉法」に定められている「国家資格」である。「児童福祉法」には保育士の役割として「～保育士の名称を用いて，専門知識及び技術をもって，児童の保育及び児童の保護者に対する保育に関する指導を行うことを業とする者をいう」(同法18条の4)と示されている。保育士の資格は保育所において子どもとかかわるだけではなく，児童福祉法に関連した福祉施設などで幅広い業務にかかわる大切な資格であることを理解する必要がある。

養成校においては福祉施設にかかわる科目が設定されている。社会福祉，児童家庭福祉，相談援助，保育相談支援，社会的養護，社会的養護内容，障害児

保育など福祉施設に関する科目である。これらの科目は児童福祉施設の社会的使命，児童および利用者への理解と援助のあり方など幅広い学習をしている。また，児童福祉施設での保育や養護活動は「生活」がベースにある。これらの意味をきちんと受け止めて実数に臨む必要がある。

コラム

児童福祉施設と保育所

　児童福祉施設，保育所の数は下表の通りである。この他に障害者自立支援法による療養介護事業34事業所，生活介護事業3,273事業（平成23年社会福祉施設等調査の概況から）などが施設実習施設として考えられる。

施　設　名	施設数（か所）
乳　児　院	129
児童養護施設	585
情緒障害児短期治療施設	37
児童自立支援施設	58
母子生活支援施設	261
保　育　所（平成24年7月1日現在）	23,506

注：平成23年10月／厚生労働省家庭福祉課調べ。
出所：厚生労働省「社会的養護の施設等について」，「福祉行政報告例（平成24年7月分概数）」から筆者作成。

　乳児院，児童養護施設，情緒障害児短期治療施設，児童自立支援施設，肢体不自由児施設，知的障害児（者）施設などの児童福祉施設は，幼稚園や保育園とは違い，私たちの住んでいる地域には決して多くはない。したがって，子どもたちがどのような生活をしているのか，どんな子どもたちがいるのか想像がつかない学生が多い。また，知的障害のある人の施設においても同様である。特に，多くの学生は実習に行く前の感想として，知的障害のある人に対して「何をされるかわからない」とか「怖い」というイメージを持っていたという声を聞く。いわば知らないことによる「怖さ」である。ところが，実習を終えての感想は「みんなやさしかった」，「コミュニケーションをとるのがむずかし

かったけど楽しかった」という声が多い。実習前に先輩の話やバザーなどのイベントへの参加などで，知的障害のある人と接してみると理解も深まる。

第2節　実習予定施設の概要

　施設実習の場合，専門学校・短期大学・大学は実習施設とは緊密な提携をしており，新規に実習依頼を行う施設が加わることもあるが，多くの場合，毎年同じ施設に実習を依頼している。このため，前年度に先輩が実習をしていることが多いので，それぞれの施設の概要が書かれたパンフレットやリーフレットが学校に保存されている場合が多い。実習予定施設が決定されたら施設の概要や場所等について，事前に調べておくことが大切である。ここでは，大まかな施設実習についてのガイドラインを示しておく。

(1) オリエンテーション

　各施設は実習の前にオリエンテーションを行っている。幼稚園や保育園の実習では実習の1か月前に行うところが多いが，施設実習の場合，開催日程にばらつきがある。3か月前に行うところもあれば，10日前に行う所もある。したがってオリエンテーションから実習に入る日が短い場合には，事前に施設までの交通機関の経路や施設の概要を下調べしておくことが必要となる。

　オリエンテーションでは，実習での勤務体系や利用者の状況，宿泊施設の説明などが行われる。施設は24時間利用者の生活支援を行っている。勤務には早番，遅番，当直，夜勤などの勤務形態があり，それぞれの時間帯に行われる業務も詳細に決められている。また，宿泊場所は実習生のための宿泊場所を確保しているところは少なく，施設利用者の家族が宿泊を伴う場合利用する場所とか，職員の宿舎があてられている。各施設に入浴やゴミ捨てなどのそれぞれのルールがある。オリエンテーションでしっかり把握しておくことが大切である。

第8章　施設実習に向け

（2）宿泊をともなう施設実習

　施設実習は宿泊をともなう実習となることが多い。前述したように施設は数が少ないため，実習先の施設内に宿泊して実習に臨む場合が多くなる。都市部においては通勤可能な施設もあるが，自宅から通える施設はそう多くはない。したがって，施設実習は宿泊をともなうことが多いと考えておいたほうがよい。

　また，実習期間については「概ね10日間」とされているが，厚生労働省からは実質90時間以上の実習が求められており，11日，もしくは12日間（または13日間）を実習にあてているところが多い。実習の勤務によっては6日目頃に休日をとるところがある。休日に帰宅が可能であれば後半の実習を考え，いったん自宅での休養でリフレッシュすることもできる。

（3）施設実習に要する経費

　自宅から通勤の場合は通勤費と昼食費だけで済むが，施設実習は宿泊をともなう場合が多いことから，自宅から施設までの往復交通費，宿泊費，食費等が必要となる。さらに，7月，8月の夏休み期間中に行う場合には，冷たいものや飲料水なども必要となる。交通費は自宅から施設までの距離や経路によって異なるのであらかじめ調べておくこと。宿泊費や食費などはオリエンテーション時に確認しておくとよい。また，休日など近隣のコンビニエンスストアなどで飲料や菓子類を購入することもある。したがって，個々人に応じた経費を準備しておくとよい。

　しかし，高額な金銭を実習に持参することは盗難や紛失の可能性もあり十分な管理が必要である。できるだけ必要な経費以外は持参しないことが大切である。また，事前に支払える経費については実習初日に支払っておくことが大切である。

（4）実習施設からの課題

　近年，施設実習では，オリエンテーションから実習の開始日前までに間に，「児童養護施設の問題と課題」「知的障害者の自立支援とは何か」などのレポー

ト課題の提出を求めてくるところが増えている。これは，児童福祉施設や社会福祉に関して学生の関心が薄いことから，実際に施設現場に入る前に少しでも関心を持って実習に臨んでもらおうとの施設側からのメッセージでもある。自分が実習を行う施設に関しての事前学習をかならず行っておくことが大切である。

　実習に入る学生の中には，「保育士の資格取得のためには施設実習をしなければ単位がもらえないから」とか，「実習をしさえすればよい」というような安易な考えで実習に臨んでいる学生も見かけられる。しかし，保育士として保育所以外での保育の職場を体験することは，子どもに関する基本的な考え方や，子どもの専門家および保育士としての素地を養う上で必要不可欠なものである。実習施設からの課題については，実習担当者と相談しながらより丁寧にレポート課題などの作成を行っていくことが必要である。さらに，なぜ，このような問いかけがされたのかを考えながら実習に臨んでいくことが大切である。

（5）実習の目的や課題

　施設実習は，単に子どもたちや障害のある人の生活支援を行うことではない。施設で生活をしている人の背景や支援体制，コミュニケーションの仕方など，より深い人間理解を行うために実習が行われる。また，受け入れて施設についても雑多な日常業務の中で後継者の育成という気持ちを持って受け入れてくれている。

　当然，実習を行なう学生についても，実習の目的や課題を明確にして実習に臨むことが要求される。しかし，施設実習はその種類が多く，さらに，それぞれの施設を見学するのも初めてという学生が多いため目的や課題の設定がしにくいことも事実である。実習指導の教員と相談をしながら実習の目的・課題を考えていくことが大切である。

> ─ コラム ─
>
> **実習課題の参考例**
>
> ●各施設の共通課題
> 　①施設のローテーション（早番，遅番，当直など）を通して，それぞれの業務と利用者支援を理解する。
> 　②児童福祉施設の役割を理解し，利用者の置かれている状況や施設環境について実習を通して考察を深める。
> ●乳児院
> 　乳児に対して愛着関係をいかに形成しているか，職員と乳児との対応に仕方について学ぶと共に，保護者が来院の際にどのような配慮を行っているかを理解する。
> ●児童養護施設
> 　学校や地域との関係を理解すると共に，心の傷を持った児童への職員の配慮や支援の仕方について学ぶ。
> ●知的障害施設
> 　利用者とのコミュニケーションの取り方について学ぶと共に，日常生活におけるそれぞれの支援業務について理解を深める

　たとえば，乳児院の事例で紹介したように「信頼」や「安心感」について実体験として理解できたというように。また，児童養護施設，知的障害関係の施設では，利用者の理解に始まり，利用者が将来自立した生活ができるよう，具体的にどのような支援をしているのかなどを課題として挙げることもできよう。さらに，知的障害関係の施設では社会参加のひとつとして，園芸，陶芸，手工芸など地域の特性を活かした商品や，企業からの下請けとして何らかの受託加工などを行っている施設も多い。障害があっても社会の一員として働く姿を見ることも，課題を通して見えてくるのではないだろうか。

（6）施設に対するイメージを変える

　これまで述べてきたように，実習に入る前の学生は，たとえば，知的障害のある利用者に対し「何をされるかわからない」，「怖い」などのイメージを持っている方がいる。しかし，実習を終えた後の感想は「とてもやさしい人たち」，「もっと実習が続いてほしかった」などよい印象を持つ人が多くなる。

特に，知的障害のある人の施設へ実習に行く人は，自分自身の住んでいる市町村や近隣の社会福祉協議会や施設が行うイベントに参加してみるとよい。イベントは日曜日に開催されることが多いので，学業に影響は出ない。1回でも，障害のある人たちと接することでこれまでのイメージが大きく変わってくるだろう。

第3節　施設実習のポイント

(1) 乳児院

　乳児院は，0歳から小学校就学の始期までの乳幼児が看護師や保育士，児童指導員によって育てられる施設である。特に0歳児においては衛生管理が大切であり，入室の際には手洗いが必須となる。また，保育者との「愛着形成」を重要視しており，抱っこや，微笑みかけなどをスキンシップに心がけてほしい。また，幼児には，保育園での幼児のかかわりと同じように，絵本の読み聞かせや手遊びなどもできるように準備しておくとよい。

コラム

家族との絆を保つための支援

　乳児院では，保護者や家族との絆を絶やさないようにするため，成長の記録（写真や幼児が描いた絵など）を送っている。保護者や家族からは保育者に見守られて順調に成長したわが子の姿を見て，感謝の手紙も届いている。
　出所：乳児院保育士の聞き取りから筆者作成。

---

(2) 児童養護施設

　児童養護施設は，原則として幼児から18歳までの児童が生活している施設である。つまり，幼児，小学生，中学生，高校生までと幅広い年齢層の児童が生活している。最近では小舎制の施設も多くなっているが，いづれにしても10名から20名の生活集団である。保育を学ぶ学生の教科は乳幼児を対象にした内容が多く，小学生以上の児童について学ぶ機会が少ない。
　そのためには，保育士系科目である「社会的養護」や「社会的養護内容」，

「児童家庭福祉」,「相談援助」などの教科を実習前に再度点検し,児童福祉施設の目的,支援技術などについて確認しておくと良い。

特に,小・中学生への対応では,言葉かけに留意する必要がある。最初から,「～しなさい」という命令口調の言葉は使わず,「～しましょう」,「～だれかやってくれるかな」という表現を使うとよい。

また,「試し行動」というような行為をする小学生もいる。これらは大人であるみなさんが信頼できる人か試す行為である。そんな時は「あなたのことを心配しているよ」という思いで話しかけると,子どもたちの言動や行動も素直になってくる。

さらに,1時間程度の部分実習を要求されることも多くなっている。紙芝居や絵本なども準備しておくとよい。

児童養護施設は生活の場であるため,子どもたちとのかかわりだけではなく,食事の準備（調理など）,洗濯および布団干し,掃除,入浴など生活全般の支援も行う。いわゆるハウスキーピングである。実習前にはこれらのことも確認しておくことが大切である。

さらに,児童養護施設で生活する子どもたちを理解するために現場での報告が書かれた書籍を読んでおくことが大切である。本章末に紹介しておくのでぜひ参考にしてもらいたい。

(3) 児童相談所（一時保護所）

児童相談所の一時保護所は,緊急に保護された子どもたちの仮の居場所と考えてよい。家庭崩壊や虐待などによって保護され,もう一度家族のもとで暮らすのか,あるいは里親,児童福祉施設で生活するか,子どもの落ち着き先を探すまでの仮の居場所である

学校には登校しないので,学習が遅れないよう,それぞれの学年に合わせた学習プランをたて補っている。実習に当たっては学習指導も実習の中に含まれていることを理解しておくことが大切である。

また,どうして保護されることになったのかなどの個人情報については聞か

ないこと。子どもにはそれぞれ抱えている問題があり、ささいなことでも動揺してしまうことも多い。

（4）児童自立支援施設

　児童自立支援施設は、主に非行傾向や生活に乱れのある児童を入所させる役割を担っている。したがって、規則正しい1日の生活のリズムをつくってあげることが大事となる。その上で困難さにぶつかっても、逃げないで乗り越えようとする気持ちを育てていくことが大切である。

　実習に当たっては、職員の指導の仕方を学び、職員の指示に従って対応することが大切である。利用者との個人情報の交換（携帯電話番号を教えるなど）、子どもが興味を引くような発言（○○ではこんな服装が流行っているよ）については十分注意することが大切である。

（5）障害児・者施設

　入所型の施設は、日常生活を送る上で何らかの支援を受けながら、自立した生活が営めるように日常生活に必要な生活訓練を受けながら、各種の作業に取り組んでいる。さらに、一般就労を目指して企業などでの体験実習なども行っているところもある。その他通所型施設と同様に年間を通しての行事も計画されており、利用者が積極的に社会参加できるよう支援している。

　通所型の施設は、おおむね身辺の自立はしており自力で通える人が多いが、家族の送迎や施設が送迎を行うところもある。日中活動として各種の作業やレクリエーションを行い、自立した生活ができるように訓練に励んでいる。また、年間を通して行事なども行われており、作業だけではなく生活を豊かにするための工夫がなされている。

　医療型の施設は、病院としての機能を有しており、他の児童福祉施設とは大きな違いがある。日常生活においては、食事、排せつ、入浴、着替えなどの支援が必要であることも念頭に置いたほうがよい。

1）利用者の年齢

　障害児施設と言っても，実際に利用している方の中には成人の方が多くなっている。これは，いったん児童施設に入所することにより，他の生活場所の確保ができないため措置延長されてきた結果でもある。重症心身障害児に関しても同様である。

　さらに，知的障害者の関係施設も，保育士の施設実習場所として設定されている。知的障害者の支援はコミュニケーションや障害理解など学ぶところが多く，利用者支援を通して保育士としての幅を広げていくことが大切である。

2）知的障害者とのコミュニケーション

　知的障害児・者施設の利用者の中には，簡単な会話ができる人や会話のできない人もおり，それぞれの利用者の特性を考慮したコミュにケーションの取り方が必要となる。利用者とのコミュニケーションの取り方は会話だけではなく，握手をしたりするなどのスキンシップも利用者とのコミュニケーションを図る上でのひとつの方法である。

　言葉によるコミュニケーションをバーバルコミュニケーション（verbal communication: 言語的コミュニケーション），言葉によらないコミュニケーションをノンバーバルコミュニケーション（non-verbal communication: 非言語的コミュニケーション）と言う。

エピソード

自立支援の活動

　小川さん（40歳，女性，仮名）は20歳の頃から知的障害者施設に入所していた。入所当初はてんかん発作もあり医療的な支援が多く，作業訓練もされていなかった。しかし，現在では，てんかん発作も薬の効果が発揮されほとんど発症しなくなった。小川さんは施設の自立支援計画の中で，地域で生活してみたい希望を話した。

　小川さんの希望を受けて担当職員は施設内での作業訓練を就労に向けての訓練に切り替えて実施した。半年間の訓練で問題がなかったので，近隣のスーパーで商品の棚出しの体験実習を行うようになった。3か月の実習も無事終え，店長から1日4時間のアルバイト採用の声がかかった。小川さんは働けることになったこと給料がもらえることになったことに「頑張った」といってよろこんでいた。

さらに，現在はグループホームでの生活を希望し仕事に励んでいる。
出所：障害者支援施設職員の聞き取りから筆者作成。

---コラム---

実習に入る前に読んでおきたい書籍

●福祉施設実習で参考になる著書
小野澤昇・田中利則編著　保育士のための『福祉施設実習ハンドブック』ミネルヴァ書房，2011年。
　　――施設実習の目的や内容について具体的に書かれており，また，子どもたちや障害のある人たちの事例も取り上げられている。
●児童養護施設関係の参考図書で参考となる著書
小林英義『ひとりぼっち』みくに書房，1985年。
　　――少し古い本であるが，児童養護施設に勤務していた著者の体験が書かれており，入所児童の家庭背景や児童との手紙のやり取りが，具体的に書かれている。
長谷川眞人監修『しあわせな明日を信じて――作文集　乳児院・児童養護施設の子どもたち』福村出版，2009年。
　　――乳児院での様子。児童養護施設で育った在園生や卒園し社会人となった人たちの，在園時の思い出などが書かれている。当事者の意見として，職員（保育者）が具体的にどんな支援をしていたのかわかる。
内山元夫『子どもの社会的養護』学苑社，2006年。
　　――子どもたちの生活や，そこから生じるケアワーカとの関係性を事例を通して考える。
●児童自立支援施設関係の参考図書で参考となる著書
小林英義『愛と哀しみの少年たち』教育史料出版会，1992年。
　　――著者が勤務していた夫婦寮の子どもたちとのやり取りを記したものである。具体的にどのような支援なのかわかりやすい。
●知的障害施設関係の参考図書で参考となる著書
近藤原理『障害者と泣き笑い三十年』太郎次郎社，2003年。
　　――知的障害のある人たちとの共同生活をした「なずな園」での出来事が書かれている。

重要語解説

心的外傷（PTSD）

　過去の体験で忘れられない体験を思い起こすと，過度の不安状態（パニック）を起こしたり，恐怖体験時に戻ってしまう。

【演習課題】

1．乳児院では「愛着形成」が重要視されています。「愛着形成」とはどのようなことをいうのか考えてみよう。
2．児童養護施設の児童にみられる行為に「試し行動」があります。この「試し行動」が起こる背景を考えてみよう。
3．対人関係の方法のひとつとしてノンバーバルコミュニケーションという言葉があります。この意味を考えてみよう。

〈参考文献〉
(1) 小野澤昇・田中利則編著『保育士のための福祉施設実習ハンドブック』ミネルヴァ書房，2011年。

（小室泰治）

第9章
今後の課題と展望

学習のポイント

　虐待などで心のケアを必要とする子どもたちが年々増加している。社会的養護の子どもたちの支援についても，施設養護ではできるだけ子どもと職員の人数比を小さくし，子どもの要求に対して適切に対応できる体制へと変化している。さらに，里親などの家庭養護の支援を充実させる方向で動いている。本章では，それらの動きを理解し，社会的養護の子どもにとってどのような生活がよいのかを考える。

第1節　施設の小規模化と地域とのかかわり

　社会的養護の方向性としては児童福祉施設の小規模化と里親などの家庭養護の推進が行われている。
　2012（平成24）年3月29日付厚生労働省雇用均等・児童家庭局長通知「里親及びファミリーホーム養育指針」では，「社会的養護は，家庭的養護を推進していくため，原則として，地域の中で養育者の家庭に子どもを迎え入れて養育を行う里親やファミリーホームを優先するとともに，児童養護施設，乳児院等の施設養護も，できる限り小規模で家庭的な養育環境（小規模グループケア，グループホーム）の形態に変えていくことが必要である」と言っている。
　児童養護施設は児童の受け入れ規模で大舎制，中舎制，小舎制に分かれている。大舎制とは定員数が20人以上であり，中舎制では13～19人，小舎制では12人以下としている。

第❾章 今後の課題と展望

表9－1 児童養護施設の支援形態（平成20年3月1日現在）

		寮舎の形態			小規模ケアの形態		
		大舎	中舎	小舎	小規模グループケア	地域小規模児童養護施設	その他グループホーム
保有施設数 （N＝552） （平成24年3月）	施設数	280	147	226	312	136	32
	％	50.7	26.6	40.9	56.5	24.6	5.8
保有施設数 （N＝489） （平成20年3月）	施設数	370	95	114	212	111	55
	％	75.8	19.5	23.4	43.4	22.7	11.3

出所：厚生労働省「社会的養護の課題と将来像の実現に向けて 児童養護施設等の社会的養護の課題に関する検討委員会・社会保障審議会児童部会社会的養護専門委員会とりまとめ（平成23年7月）の概要とその取組の状況（平成24年11月）」から引用。

　児童養護施設で子どもとのかかわりで大切にしなければならないのは，食事の時間帯である。食事を通して，職員は子どもたちの学校での出来事や，食べ物の好き嫌い，健康状態などの子どもの状況を把握する。
　大舎制の場合は大きな食堂で食事をとる場合が多く，子どもとのコミュニケーションを取ることがむずかしい。また，子どもたちにとって家庭を想像し，父親，母親のモデルを作ることもむずかしい。2012（平成24）年3月1日現在の児童養護施設の支援形態では大舎制が50.7％になっている。
　これら児童養護施設のケア単位の小規模化を推進し，将来は全施設を小規模グループケア化（オールユニット化）していく方向で検討されている。また，本体施設を小規模化し，定員45人以下にする方向で検討されている。これらを行うには，現状の職員配置基準ではむずかしく，人員配置を上げていく必要がある。厚生労働省が考えている人員配置の課題と将来像については表9－2の通りである。小規模グループケア化しても勤務ローテーションが確保できる水準に引上げることを目標にしている。
　従来，児童に関する相談や判定は児童相談所が中心で行っている。児童相談所は「児童相談所運営指針」によると「人口に50万人に最低1か所程度が必要であり，各都道府県等の実情（地理的条件，利用者の利便，特殊事情等）に対応して設置されることが適当である」としている。また，2004（平成16）年児童福祉法改正法により，2006（平成18）年4月からは，中核市程度の人口規模（30

表9-2 職員の人員配置の課題と将来像

施設種別	現状	目標水準	基本的な考え方
児童養護施設	児童指導員・保育士 0歳児：1.7:1 1・2歳児：2:1 3歳以上幼児4:1 小学校以上6:1	0・1歳児：1.3:1 2歳児：2:1 3歳以上幼児：3:1 小学生以上：4:1 ※小規模ケア加算等と合わせて概ね3:1ないし2:1相当	・5:1は，交代勤務のため1人の職員が18人の子どもを見る体制であり，心に傷ついた子どもに十分なケアは困難。地域分散化の推進で，本体施設には一層難しい子どもが増える。 ・小規模グループケア化しても勤務ローテーションが確保できる水準に引上げる
乳児院	看護師・保育士・児童指導員 0・1歳児：1.7:1 2歳児：2:1 3歳以上幼児：4:1	0・1歳児1.3:1 2歳児：2:1 3歳以上幼児：3:1 ※小規模ケア加算等と合わせて概ね1:1相当	・乳児院は，虐待，病児，障害等の医学的・発達的課題が，ある乳幼児が中心。夜勤体制（SIDS対応の15分毎視診）も必要。現行の集団的養育の人員配置は，心身の発達に重要な時期に不十分。 ・小規模グループケア化しても勤務ローテーションが確保できる水準に引上げる。
情緒障害児短期治療施設	児童指導員・保育士 5:1 心理療法担当職員 10:1	児童指導員・保育士 3:1 心理療法担当職員 7:1	・情緒障害，精神疾患や発達障害等の対応のむずかしい子どもが増加 ・児童養護施設よりも手厚い体制
児童自立支援施設	児童自立支援専門員・児童生活支援員 5:1	児童自立支援専門員・児童生活支援員 3:1 心理療法担当職員 10:1	・非行，暴力のほか発達障害，行為障害等最も対応がむずかしい子どもへの対応や心理的ケアが必要。心理的ケアが必要な子どもの増加に対応する。
母子生活支援施設	母子支援員，少年指導員：それぞれにつき20世帯未満1人，20世帯以上2人	母子支援員，少年指導員：それぞれにつき 10世帯未満1人 10世帯以上2人 20世帯以上3人 30世帯以上4人	・DV被害者や虐待を受けた児童への個別支援が必要。 ・現状では，20世帯で母子支援員・少年指導員合計4名の体制は，交代勤務のため常時1人しか配置できず，母子の様々な課題に，個別対応や，関係機関調整の外出など，必要な支援が困難。 ・常時複数配置して役割分担できる体制。

出所：厚生労働省「社会的養護の課題と将来像（概要）児童養護施設等の社会的養護の課題に関する検討委員会・社会保障審議会児童部会社会的養護専門委員会とりまとめ概要」2011年，24頁から筆者作成。

万人以上）を有する市を念頭に，政令で指定する市（児童相談所設置市）も，児童相談所を設置することができることとされた。全国児童相談所数は2011（平成23）年12月現在で206か所となっている。

しかし，これでも現在の社会的養護に対応することは困難である。2005（平成17）年に「市町村児童家庭相談援助指針」等が策定された。この中で，改正の基本的な考え方としてあらゆる児童家庭相談について児童相談所が対応することとされてきたが児童相談所のみが受け止めることはかならずしも効率的ではないとし，①児童家庭相談に応じることを市町村の業務として法律上明確に

表9-3　社会的養護を必要とする子どもの支援の考え方

ア　一貫かつ継続した特定の養育者の確保 ・同一の特定の養育者が継続的に存在すること。 ・子どもは安心かつ安全な環境で永続的に一貫した特定の養育者と生活することで，自尊心を培い，生きていく意欲を蓄え，人間としての土台を形成できる。
イ　特定の養育者との生活基盤の共有 ・特定の養育者が子どもと生活する場に生活基盤をもち，生活の本拠を置いて，子どもと起居を共にすること。 ・特定の養育者が共に生活を継続するという安心感が，養育者への信頼感につながる。そうした信頼感に基づいた関係性が人間関係形成における土台となる。
ウ　同居する人たちとの生活の共有 ・生活のさまざまな局面や様々な時をともに過ごすこと，すなわち暮らしをつくっていく過程を共に体験すること。 ・これにより，生活の共有意識や，養育者と子ども間，あるいは子ども同士の情緒的な関係が育まれていく。そうした意識や情緒的関係性に裏付けられた暮らしの中での様々な思い出が，子どもにとって生きていく上での大きな力となる。 ・また，家庭での生活体験を通じて，子どもが生活上必要な知恵や技術を学ぶことができる。
エ　生活の柔軟性 ・コミュニケーションに基づき，状況に応じて生活を柔軟に営むこと。 ・一定一律の役割，当番，日課，規則，行事，献立表は，家庭になじまない。 ・家庭にもルールはあるが，それは一定一律のものではなく，暮らしの中で行われる柔軟なものである。 ・柔軟で相互コミュニケーションに富む生活は，子どもに安心感をもたらすと共に，生活のあり方を学ぶことができ，将来の家族モデルや生活モデルを持つことができる。 ・日課，規則や献立表が機械的に運用されると，子どもたちは自ら考えて行動するという姿勢や，大切にされているという思いを育むことができない。 ・生活は創意工夫にもとづき営まれる。そうした創意工夫を養育者とともに体験することは，子どもの自立に大きく寄与し，子どもにとって貴重な体験となる。

出所：厚生労働省「里親及びファミリーホーム養育指針」から筆者作成。

し，住民に身近な市町村において，虐待の未然防止・早期発見を中心に積極的な取組みを求めつつ，②都道府県（児童相談所）の役割を，専門的な知識および技術を必要とするケースへの対応や市町村の後方支援に重点化し，③さらに保護者に対する指導に家庭裁判所が関与する仕組みを導入するなど，司法関与の強化を行う方向性を示した。

第2節　社会的養護の課題

厚生労働省「里親及びファミリーホーム養育指針」（2012（平成24）年3月29日付）では，社会的養護を必要とする子どもの支援として，次の考え方を挙げている（表9-3）。

これは児童養護施設などでのローテーション勤務では対応することがむずかしいものであり，里親などの家庭養護が今後，中心的役割を果たしていくことを示している。しかし，これを実際に行っていくには，里親を含めた支援体制の環境整備と質の向上が必要である。

里親の現状について，埼玉県里親会へのインタビューを実施した。

インタビュー

里親の現況と課題——埼玉県里親会日野慶次郎理事長インタビューから

※日野さんは自営業を営みながら，38年間で21人の里子を育てた経験を持っている。日野さんに約1時間30分のインタビューを行ない，里親の現況と問題点についてお聞きした。そのポイントを紹介する。

Q1　里親の課題は
→　わが国の里親制度は伸び悩んでいる。その理由のひとつとして，子どもを預かることに対して，日本人は民族的，血族的な視野（養子縁組）にこだわっている。これは，長い歴史の中で培われてきた。しかし，経済的支援が里親制度に[1]
できてきてから，徐々にではあるが里親が普及してきている。

　　里親の課題としては，社会的養護の子どもの現状（障害のある子どもや，虐待などにより安心した家庭生活を体験していない子どもの状況）と，その子を里子として受け入れる里親との間に，大きな開きができている。専門里親もあ

るが，里親は基本的に一般家庭である。里親に力をつけていかなければ対応できない子どもが増えている。

　また，里親制度は児童相談所が中心で行ってきた。ただ，児童相談所は毎日の仕事で忙殺されている状況がある。いったん預けた子どもに対してのフォローまでは十分できていない。それが大きな問題でもある。

Q2　社会的養護の困難な子どもたちへの対応は
→　特殊な例（障害，非行など特別な支援が必要な子ども）を除いては，施設生活より里親の方が，効果があると考える。その理由として，家庭生活は24時間であり，里子に対して，里親になった新たなお父さん，お母さんが生活全般に対してかかわり，信頼関係を築いていくことができる。このような関係が，子どもの中に出来上がれば里親は子どもにとって大きな影響をもたらすことができる。

Q3　里親会の里親へのバックアップは
→　児童相談所が開催するサロンを里親会で行っている。今年度から里親支援機関事業を埼玉県から里親会が委託されている(2)。地域の方々を含めた交流会を実施し，地域ぐるみの里親支援体制の確立ができるよう活動している。また，会員（委託里親）に対して，児童相談所からの情報提供を行っている。

Q4　児童養護施設への要望は
→　児童養護施設は集団生活のため，高校生の受け入れについては，支援体制（個室対応など）が整わず躊躇している現状があると聞く。そのような子どもを里親が引き受けているということもある。児童養護施設は組織で運営されている。子どもの細かい心の部分には手が届かないところもある。施設にいる子どもで，家庭引取がむずかしいと思われる子は積極的に里親に出してほしい。

　児童相談所，里親，施設が密接に連携していくことが里親制度の発展につながる。一時保護所から里親にくるケースはあるが，児童養護施設から里親への移行ケースはほとんどみられない。措置延長はあるが，18歳で家庭生活の基本的なことを学ばずに社会に出していくことは，無責任ではないかと思える。

Q5　里子が抱えている問題とは
→　今，高校1年生で預かった子どもがいる。家庭生活をほとんど知らないで育ってきた。2年半預かっているが，まだ，赤ちゃん返りをしている状況。しかし，来年の3月には出ていかなければならない。先日，その子の進路のことで，ものすごいでディスカッションになってしまった。自分の将来の生活設計を持ち合わせていない。しかし，多くの子どもたちが，それに近い状況。18歳での区切りは子どもにとって大変である。また，進路には保証人の問題がある。第三者の保証人はそううまくいくものではない。子どもとの信頼関係ができてから，里親は保証人になる。子どもに，里親の気持ちを汲み取って欲しいが，100％

大人の感覚で読み取ることはできない。

Q6　アフターケアについては
- → 児童相談所は18歳までのかかわりしか持たない。後は，里親の熱意で対応している。その間，トラブルがあったら市町村の窓口が対応することになる。20歳まで措置延長したとしても誕生月までであり，4月生まれの人は1年しか延長できないこととなる。

Q7　里親に必要なものは。
- → これからの家庭的養護には，里親が中心となる家庭生活をベースにした支援を行うことが大切である。しかし，現代の子どもたちは個人の力では対応しきれないほどむずかしくなっている。里親委託されたとしても良い結果にならないこともある。里親の中にもまだ，今までの自分の体験や家庭生活を基礎として，里親を行おうとする方がいる。しかし，今発生している子どもの問題には対応できない恐れがある。里親も色々な方からのアドバイス，支援を謙虚に受け入れ，ともに成長していくことが大切である。

Q8　里親支援で必要なことは
- → ひとりの子でも社会でやっていけるようになるには，20年以上かかる。里親にも長い支援の中で，乗り切ることがむずかしいと思える山場がある。里親の実情を捉え，援助していく体制が必要となる。本来は児童相談所が適切に把握し，支援していくことが必要である。子どもとの関係はやり直しがきかない。ひとつめになってしまうとすべてがダメになってしまう。

　子どもにとっては里子に出るということはその年齢では一番の賭けである。賭けたことがダメになってしまうと，その子の人生に大きなマイナスになってしまう。しかし，その支援をしていかないと里親の発展は難しい。それをどの組織にお願いするかは分からないが。

Q9　里親の魅力と里親をしていて，一番大変だったことは
- → 里親は，大きく見ればひとつの家庭であり，親子関係のひとつである。子どもの措置が終り，社会に出て何とかやっている姿を見るとそれなりのやりがいがある。
- → 私たちは夫婦で38年間里親をしている。子どもの問題というよりも夫婦関係がむずかしい。どこの家庭でも同じであると思うが，夫婦でひとつの路線が歩めるようになるのはむずかしい。私たちの場合，それができるようになったのは，10年ぐらい前からだと思う。家内はじっとこらえるタイプ。ともすると家庭が暗くなることがある。しかし，今までそれにふれた子どもはいない。遠慮していたのだと思う。

Q10　里親会の今後の方向は
- → 埼玉県では以前から里親入門講座を行っている。これは全国的にも広がりつつ

ある。この講座は，里親制度に対する認識を深めてもらうことを目的としているが，これにより登録里親も徐々に増えてきている。この制度を活かし，委託里親として活動してもらえるよう働きかけている。しかし，子どもたちのケースは年々むずかしくなっている。「次の手」として何を行うかが大切である。手つかずの状態である。施設と里親との関係が「かぎを握る」と考えている。

※2012（平成24）年7月25日，所沢児童相談所にて実施。

注：(1) 経済的支援

2009（平成21）年から，養育里親手当が改善され月額34,000円が72,000円（2人目以降は1人あたり36,000円）専門里親は月額90,200円から123,000円となる。

(2) 里親支援機関事業

2008（平成20）年4月1日付，厚生労働省雇用均等・児童家庭局長通知「里親支援機関事業の実施について」により実施された。事業の目的としては，児童相談所，里親及び乳児院等の児童福祉施設が相互理解を深め，共通の認識を持ち，里親への委託等を推進するとともに，社会の制度理解を深めるなど里親制度の普及啓発を積極的に行い，里親の資質の向上を図るための研修，里親に対する相談・援助など，里親支援を総合的に実施することである。

〈考えてみましょう〉

※インタビューから，次の質問を考えてみましょう。
1　日野さんは，「里親を行おうとする方がいる。しかし，今発生している子どもの問題には対応できない恐れがある」と言っています。今発生している子どもの問題にはどのような問題があるか考えてみましょう（下線部参照）。
2　インタビューから里親が抱えている問題点を整理してみましょう。

親（里親）と子（里子）の絆，養育環境などを考えると，社会的養護の方向性としては里親制度の充実にある。しかし，里親は一般家庭であり体制としては脆弱(ぜいじゃく)な部分が多い。また，里子との関係がうまくいかなくなる場合もある。厚生労働省雇用均等・児童家庭局長通知「里親委託ガイドラインについて」（2011〔平成23〕年3月30日）では，「不調の兆しをできるだけ早く把握するよう定期的な支援を行い，関係機関の協力も得ながら里親と子どもの関係を見守り，必要な場合には適切に介入していくことが大切である」といっている。

この定期的な支援についてはガイドライン作成時では，表9-4の通り「里

表9-4 里親委託ガイドラインの「定期的家庭訪問」
(2012〔平成24〕年3月29日改正新旧対照)

改 正 前	改 正 後
委託後については，概ね1週間以内に1回更に概ね1ヶ月以内には再度の訪問するなど，一定期間家庭訪問し，子どもと里親の状況を確認し，里親が養育に不安を感じていないかなどを把握する。また，里親サロンへの参加の勧奨を行い，できるだけ里親支援について紹介する。また，子どもの話を聞き，子どもに不安があれば軽減するよう支援する。	委託後は，里親と子どもの関係は日々の生活のなかで，様々な状況に直面するので，児童相談所の担当者や里親支援機関の担当者が定期的に訪問し，里親と子どもの状況を確認し，相談支援を行う。委託直後の2か月間は2週に1回程度，委託の2年後までは毎月ないし2か月に1回程度，その後は概ね年2回程度訪問する。そのほか，里親による養育が不安定になった場合などには，これに加えて必要に応じて訪問する。(以下略)

出所：厚生労働省「里親委託ガイドラインについて」の一部改正（平成24年3月29日）新旧対照表から引用。

親が養育に不安を感じていないかなどを把握する」としていたが，里親と子どもの状況を確認し，相談支援を行うと変更された。また，相談回数についても具体的になっている。社会的養護の子どもといっても，その状況はさまざまである。親の離婚から養育困難で預けられる子，子どもをどうしても愛せない親か養育した子，子どもを愛しているのだけれど手が出てしまう親が養育した子など，それぞれの子どもにそれぞれの歴史がある。支援に当たっては，「児童相談所の里親担当職員と，里親委託等推進員，里親支援専門相談員との間での役割分担や，児童相談所と里親支援機関との役割分担，里親支援機関の間での役割分担は，地域の実情に応じて，効果的に行えるよう，適切に工夫する」となっている。

児童養護施設などの集団生活による支援は，組織で子どもたちの支援に当たる。組織内で，児童のそれぞれの問題を共有し対応していく。ケーススタディ，ケースカンファレンスなどをとおして子どもたちの理解を深めている。また，困難ケースに対しては，学校との連絡調整を行いながら対応することができる。困難なケースに対して，児童相談所，学校などに，自らが発信することができる。

第❾章　今後の課題と展望

┌─ コラム ─
児童養護施設での協力体制

　聡史君（仮名）は小学校5年生の時に，父親から身体的虐待を受け児童養護施設に保護された。体型的には少し大柄であり，小学校3年の時から不登校の傾向がみられた。施設入所当初は，特に問題もなく学校にも元気に通っていた。半年が過ぎ，少しずつ不思議な行動が見られてきた。聡史君のクラスの子が聡史君の帽子をかぶった姿を「ミッキーマウスみたい」と言ったとたんにその子に対して急に殴りかかった。また，施設の女の子が聡史君に対し「その服，カッコいいんじゃない」と言ったとたんに暴力が出てしまった。さらに，学校での運動会で，1年生を蹴ってしまった。原因は1年生の子が「お兄ちゃんは何しているの」と言っただけとのこと。
　これらのことがあり，児童養護施設では学校と，それぞれの状況の確認を行った。また，聡史君に対してケース会議を持ち，学校での役割（養護教諭との関係の強化）と施設での役割（愛着関係の形成）を行い，様子観察を行った。さらに，心理担当職員の定期的なカウンセリングを実施し，聡史君の心の状態を理解することに努めた。
　出所：児童養護施設職員インタビューから筆者作成。

　児童養護施設は，専門的機能を活用し，学校を含めた地域の社会資源を活用することができる。しかし，里親の場合は，子どもとの信頼関係や結びつきは深くなるが，夫婦や個人で対応するため，抱え込んでしまう恐れがある。
　社会状況の変化により社会的養護を必要とする子どもたちの状況がむずかしくなっているなか，児童養護施設などの児童福祉施設の支援と里親など家庭養護の支援とが協力体制を持ち，それぞれの専門性を追求していくことが求められている。
　保育士として，社会的養護の子どもたちへの理解を深め，どのような制度があるのかを学び，子どもにとって幸せな生活とは何かを考えることが大切である。
　次のコラム里親さんの声である。この文章を読んで，次の3点について考えてみましょう。
　(1)社会的養護を必要とする子どもに必要とされる支援は何か。
　(2)社会的養護を必要とする子どもへの児童福祉施設の持つ役割は何か。
　(3)子どもの専門家としての保育士の役割は何か。

― コラム ―

今日も朝早く

南支部里父

　今日も朝早く「おはよう！」と元気な声。少しずつですがわが家の生活に馴染んできた6歳の男の子です。生活全般が覚束なかった1年前とは比べものにならないほど，ここ最近の成長は本当にうれしく思います。

　何らかの事情によって，親もとで生活できない子どもが大勢います。その子どもたちの多くは，児童養護施設での生活を余儀なくされています。そしてその多くが「家庭で安心して生活する」ことを体験せずに社会に出なくてはなりません。このことについて私はとても心が痛みます。施設の生活が全部悪いという訳ではありません。

　ただ，「家庭で安心して生活する」といったありふれた毎日の繰り返し，その積み重ねこそが，やがて大人になる子どもたちの原動力であると思います。安定した人間関係の中で，寝食を共にし，楽しみ，よろこび，喧嘩して泣いて，怒って，仲直りして，人間として大切なものを心に蓄え，人間にとって必要な「絆」を持てるのではないでしょうか？

　血のつながらない里子と里親ではありますが，「家庭で安心して生活」している内に，いつのまにか「絆」が生まれ，「家族」になっていきます。

　どうかひとりでも多くの子どもが，家庭で安心した生活を体験し，一緒に歩んでくれる大人に出会えますように。共同生活は決して楽しいことだけではありませんし，人知れず涙も多いかと思います。でも，きっと，微笑み合える日が必ず来ます。

　「一人でも多くの方に『里親として生きる選択』をしていただきたい！」――里父の願いです。

　出所：ホームページ「埼玉県里親会」http://www.saitama-satooyakai.jp/index.html より引用。

― 重要語解説 ―

ユニット（ユニットケア）

　ユニットとは全体を構成する一つひとつの要素，単位のことを言う。ユニットケアとは施設の中で10人程度の生活単位のグループをつくり，固定したスタッフで対応し，利用者のニーズをきめ細かく把握しようとするもの。特別養護老人ホームや老人保健施設などが先駆けとなっている。

第❾章　今後の課題と展望

【演習課題】
1．施設養護と家庭養護（里親・ファミリーホーム）について，それぞれ問題点と課題について話し合ってみましょう。
2．里親支援について，地域の役割，児童福祉施設の役割について考えてみましょう。
3．里親委託が社会的養護の中心になるには，どのようなことが必要だと思いますか。考えてみましょう。

〈参考文献〉
厚生労働省「社会的養護施設に関する実態調査（第6回社会保障審議会児童部会社会的養護専門委員会提出資料）」2008年。
厚生労働省「里親及びファミリーホーム養育指針」2012年。

(大塚良一)

おわりに

　本書の冒頭で，「子どもたちが家族と共に安心して生活し成長してゆくためにはどのような環境が必要とされるのであろうか」。子どもが「両親と共に家庭で生活する」，という当たり前のような環境を子どもたちに保障し，家庭で親から擁護された環境の中で生活して行くということは困難な事なのであろうか」と疑問を呈したが，不思議に思われた読者もあったかと思う。この原稿を書いている最中にも，「生後1か月の長女に暴行し脳挫傷の重傷を負わせ，母親が逮捕された」り，「生け垣に捨てられていた生後間もない乳児が保護された」，「へその緒のついている乳児の遺体が発見された」というような乳幼児に関する痛ましい報道が続いて行われた。

　もし母親が子どもの養育を行うための適切な支援を受ける環境を得ることができたら，子どもの命が失われたり捨てられたりすることが防げたのではないかと思うと悔やんでも悔やみきれない。

　子どもたちにとって「家族に見守られ，安心して生活する」ことのできる環境の確保は何よりも優先されるべき課題であるにもかかわらず，そうした環境を得ることができずに「親からの虐待行為を受け，生命を失ってしまったり，心身に大きな傷を負ってしまう子どもたちは後を絶たない」という現実がある。

　親からの不適切な養育を受けている子どもたちだけではなく，両親の死亡や，離婚，家業の破産等を理由とした家庭が崩壊状態となってしまっている場合や，知的障害や肢体不自由，発達障害などの障害や，非行などの問題があるために，基本的な生活保障を目的とした福祉的な支援や，医学的な治療や機能訓練，自立更生のための教育や訓練を必要とする子どもたちが存在している。そうした子どもたちを支援するために実施されている取り組みが「社会的養護」と言われる活動であり，その目的を達成するための具体的な活動が「社会的養護内容」である。

　本書では社会的養護内容の基本的な考え方をはじめ，子どもやその家族（家

庭）の支援を目的として取り組まれている里親制度や児童福祉施設等での具体的な取り組みの様子，子どもたちを理解するための具体的な方法等について概説を行ったが，こうした活動は児童福祉法等にもとづいて行われている責任のある専門性の高い活動であることを認識することが必要である。一例ではあるが，児童福祉施設は子どもや家族（家庭）に対する子どもの養育に関する支援を目的として設置されており，児童福祉施設が提供する養護活動は，児童にとっては家庭に代わる「生活の場」としての養育支援を受けるための大切な環境であり，国の責任において実施される（社会的な責任）「きわめて責任の重い養護活動」である。

　児童福祉施設で実践される養護活動は保育士や児童指導員などの支援員を中心とした直接処遇職員と言われる人たちによって取り組まれており，保育士や支援員には確固たる児童観や倫理観と共に，児童養護に関する知識や実践力が求められている。

　社会的養護に関する学習はきわめて多岐にわたっていることなどもあり，保育士の資格取得を目指す学生にとっては体系的な学習に困難性の伴う学習課題と言える。こうしたこともあってか，2011（平成23）年度に保育士の養成課程が変更され，これまで「養護内容」と言われた科目は「社会的養護内容」と教科目の名称変更が行われ，次のような点を目標とした学習が求められることとなった。

①社会的養護における児童の権利擁護や保育士等の倫理について具体的に学ぶ。
②施設養護および他の社会的養護の実際について学ぶ。
③個々の児童に応じた支援計画を作成し，日常生活の支援，治療的支援，自立支援等の内容について具体的に学ぶ。
④社会的養護にかかわるソーシャルワークの方法と技術について理解する。
⑤社会的養護を通して，家庭支援，児童家庭福祉，地域福祉について理解や認識を深める。

　具体的には，

1）社会的養護における児童の権利擁護と保育士等の倫理および責務についての学び
2）社会的養護の実施体系として，施設養護および里親制度の特性および実際についての学習
3）支援の計画と内容および事例分析として個別支援計画の作成や日常生活支援や治療的支援，自立支援に関する事例分析に関する学習を行うと共に，関連する活動の記録および自己評価に関する学習
4）社会的養護にかかわる専門的技術な学習としての，保育士の専門性やソーシャルワークにかかわる知識・技術とその応用に関すること。さらに，施設の小規模化や地域とのかかわり

等をふまえた「社会的養護の今後の課題と展望」等に関する学習が求められることとなった。

　社会的養護内容の学習は，養成校において保育士資格を取得するために必要であるだけではなく，児童福祉施設での実習や，保育士資格取得後に社会的養護にかかわる活動を志す者にとっては不可欠な学習であるが，「生活支援」と言う活動をベースとした学習であることから，時には読者自身の「生活して行くための力（生活力）」や「人間性」が問われることもあり，理解しにくい学習領域であると言えよう。

　はじめにも述べたように，本書は児童養護施設や障害関係施設等で幅広い実務経験を有し，現在，大学や短期大学で実際に「社会的養護」や「社会的養護内容」などの講義を担当している教員や児童福祉施設等での実務経験を有する教員が，改正された保育士養成課程に示されている「社会的養護内容」の学習目標等に関連した実際例をふまえて，「これだけは学生に伝えておきたい」と感じている点を中心として解説を行った。本書の姉妹書である『子どもたちの生活を支える社会的養護』を併用することにより，社会的養護内容の実際について理解を深めていただくことを念願している。

　最後に，本書の作成にあたっては，ミネルヴァ書房の戸田隆之氏に，企画の段階から出版に至るまで大変なご尽力をいただいた。戸田氏のご尽力がなかっ

たならば，本書は発刊されなかったであろう。心より感謝します。

平成24年12月

編著者代表　小野澤　昇

索　引

あ 行

愛情相互作用　135
愛着関係　4, 65, 74, 84, 85
愛着形成　5
悪質化　132
悪性腫瘍　123
アスペルガー症候群　158, 255
アセスメント　216
アセスメントシート　217
アドミッションケア　68
アドミニストレーション（施設運営管理）　202, 205
アフターケア　4, 47, 62, 71, 97, 172, 208
アメニティ　123
アルコール依存症　56
安全確認　59
医学診断　60
医学的治療　120
育成系施設　51
育成相談　169
意見表明の自由　45
石井十次　43
異性との関係　67
一時預かり　116
一時外出　226
一時帰宅　48
一次障害　162
一時保護　60, 150
一時保護委託　60
一時保護所　60
1歳6か月健診　252
一般就労　286
一般生活費　269
遺伝的要因　164
移動介護　212
医療機関　123

医療的ケア　122
医療法　117
違和感　155
インケア　68
インテーク　151
インテグレーション　114
受入れること（受容する）　39
内なる声　139
運営システム　39
運営適正化委員会　9
衛生的な環境　263
エクスポージャー療法　235
嚥下能力　210
援助のプロセス　68
援助方針　45, 60
援助目標　172
園内保育　76
エンパワーメント　127
円満な親子関係　42
応益負担　272
応能負担　269
オールユニット化　291
おかしな行動　25
岡山孤児院　43
岡山孤児院12則　43
遅番　280
親（里親）と子（里子）の絆　297
親子関係　6, 42
親子関係の構築　86
親子関係の再構築　4, 41
親子関係の尊重　39, 41
親子宿泊体験　87
親子の交流　106
親父狩り　131
親同士の交流　106
親との分離　94
親との摩擦　95

親の支援　28
親の生活状況　74
親の不仲　130
親の養育拒否　82
親(保護者)の同意　61, 68
オリエンテーション　280
音楽療法　230
音声言語の習得　126
オンブズマン制度　9

　　　　　　か　行

会計年度　274
介護　209
介護技術　209
介護者　211
介護福祉士　210
介護保険法　209
開示　45
外出　48
介助員　117
快適な環境　198, 199
介入　59
快楽志向　134
解離性障害　233
カウンセリング　203
核家族化　248
格差社会　7
各施設の共通課題　283
学習支援　172, 252
学習指導　60
学習指導要領　138
学習障害　157, 159
学習不適応　132
学習プラン　285
学習面への援助(学習指導)　69
確定診断　166
学童期　66, 67
家事支援　212
家族支援　5, 23
家族との再統合　86
家族療法　142
偏ったこだわり　159

葛藤　130
家庭環境　6, 61
家庭裁判所　61, 128, 181
家庭支援専門相談員(ファミリーソーシャルワーカー)　23, 61, 154
家庭支援保障　48
家庭児童相談室　58
家庭的環境　135
家庭的な雰囲気　199
家庭的養護　4, 23
家庭引き取り　226
家庭復帰　42, 56, 62, 70
家庭への支援　2
家庭崩壊　240
家庭訪問　71
家庭養育代替機能　38
家庭養育補完・増進機能　38
家庭養護　18, 30
家庭養護の推進　290
カナー症候群　158
仮の居場所　285
加齢　123
感化院　135
感覚統合療法　252
管轄区域内　173
環境衛生　265
環境構成　50
環境要因　245
環境要求水準　198
監護　3
看護技術　213
看護師　213
監査機関　262
監査指導　220
観察期間　231
監事会　262
感情的な色彩　200
感情爆発　152
間接援助職員　266
間接支援技術　204
感想文的な記録　220
管理費　269

索　引

キーパーソン　209
機会均等　137
危害防止　263
気管切開　123
起床時間　73
機能回復訓練　117
きびしい叱責　148
基本的人権　197
基本的生活習慣　46, 66
基本的生活の保障　3
基本的な動作　211
基本的な信頼関係　85
基本的欲求の充足　45
義務教育　136
虐待経験　249
虐待ケース　32, 149
虐待行為　4, 196
虐待相談　53, 247
虐待通告　59
虐待の疑い　170
虐待の兆候　57
逆転移　156
客観的な視点　222
ギャングエイジ　131
旧障害者基本法　157
脅威　45
教育委員会　58
教育課程　75
教育機関　6
教育権　103
教護院　137
行事　87
行事計画　106
行政機関　6
矯正教育　135
行政処分　93
強制的に介入　170
行政との契約による施設　53
共通認識　228
協働　214
共同生活　63
教母　237

興味を引くような発言　286
居住型　51
居住空間　199
キレル子ども　130
記録　220
緊急性　171
緊急に保護　285
金銭等の管理　265
勤務体制　139
勤務ローテーション　291
苦情解決　9, 13
国の行政処分　268
虞犯少年　183
グループケア化　291
グループホーム　5, 64, 198
グループワーク（集団支援技術）　40, 202, 204
ケアの小規模化　65
ケアプラン　222
ケアマネジメント　221
ケアワーク　191, 202
経営基盤の強化　276
経営主体　260
経営状況　273
経済困窮　103
経済的な基盤　104
警察　182
警察法　182
継続的なストレス　196
契約方式　112
ケース会議　149, 223
ケースカンファレンス（case conference）
　　147, 219, 223
ケース事例　149
ケーススタディ（case study）　147, 223, 225
ケースの発見（インテーク）　214
ケース目標設定　217
ケースワーカー　42
ケースワーク（個別支援技術）　203
結果（エバリエーション）　215
欠格条項　262
決算　274
ケンカ　66

309

謙虚　15
健康観察　86
健康管理　208
健康状態の把握　211
健康診査　181
健康相談　181
言語聴覚士　170
言語聴覚療法　120
減食　24
原籍校　138
健全な家庭　134
現任訓練　193
権利保障　9
権利擁護　2, 9
合意　218
公益法人　261
効果の測定　215
公共交通機関　71
口腔ケア　211
後継者の育成　282
厚生白書　19
厚生労働省令　31
公設公営　53, 106
公設民営　53, 106
交替制　139, 140
公的制度　9
公的責任　22
行動観察　95
行動障害　115
行動診断　60
公認会計士　274
広汎性発達障害　158
交友選択要因　134
公立施設　261
口話　126
コーディネート　193
呼吸管理　123
国際児童年　12
国際連合憲章　12
国際連合児童基金（ユニセフ）　175, 176
国民の負担する税金　272
心のケア　118, 252

心の豊かさ　4
心のリハビリテーション　5
心を育てていく　243
孤食　131
個人差　85
個人情報の交換　286
個人情報保護　145
個人所有　46
子育て支援活動　195
国家資格化　190
孤独な生活　28
言葉かけ　285
子どもおよび保護者等の意向の尊重　175
子どもの権利条約　12
子どもの権利擁護　11
子どもの最善の利益　3
子どもの施設生活　68
子どもの貧困率　175
この子らを世の光に　120
個の尊厳の実践　39
個別移行計画　166
「個別化」の原理　39
個別支援計画の作成　216
個別指導計画　166
個別指導職員　23, 154
個別対応　104, 175
個別対応職員　23
個別の教育支援計画　215
個別の教育指導　139
個別の居住空間　199
コミュニケーション　127, 159, 190
コミュニティソーシャルワーク（地域支援技術）
　　　191, 202, 204
孤立　45
孤立感　131
困窮状態　100
混合型　75
コントロール　196
困難ケース　32, 299

　　　　　さ　行

サービス支給量　116

310

索　引

サービス受給対象児童　115
サービスの格差　116
在園期間　190
最高決定　267
財産目録　273
最善の住処　61
最善の利益　4, 45
在宅支援　118
在宅福祉サービス　53
最低基準　98
財務管理　272
財務諸表　273
作業療法(OT)　120
作業療法士　122
雑多な日常業務　282
里親　30, 171
里親委託　19, 71
里親委託ガイドライン　30, 297
里親委託等推進員　298
里親会　293
里親型のグループホーム　30
里親候補者　31
里親サロン　31
里親支援専門相談員(里親支援ソーシャルワーカー)　23, 31, 298
里親制度　297
里親担当職員　298
3歳児検診　252
残存能力　210
恣意的なふるまい　48
シェルター型　100
支援型　100
支援課題　85
支援が複雑困難　162
支援関係の未練　207
支援技術　202
支援計画の骨子　95
支援計画の策定(プライニング)　215
支援計画の策定の手順　217
支援計画の実施(インターベンション)　215
支援指針　95, 172
支援チーム　209

支援内容　218
支援にかかわる記録　222
支援ネットワーク　164
支援能力　115
支援費制度　109, 268
支援方針　227
支援方法　202
自我　66
資格取得　282
自覚的　207
視覚や聴覚の障害　125
自活の準備　205
時間的な束縛　73
事業経営の透明性　276
事業の効率性(採算性)　273
事業費　269
事業費補助方式　272
事故　211
嗜好品　201
自己覚知　216
自己決定　50
自己研鑽　266
自己肯定感　5, 67, 102, 235
自己肯定感の欠如　69
自己主張　66
自己承認　243
自己選択　50
自己評価　223
自己有用感　67
思春期　67, 133, 243
自傷行為　115
自助具　210
自助グループ活動支援　204
自信喪失　67
自身の居場所・存在感　243
施設運営者　10
施設運営の適正化　275
施設側からのメッセージ　282
施設機能　50
施設支援　200
施設自体の専門性　6
施設実習　36, 281, 282

311

施設実習に要する経費　281	児童館型　178
施設実習のポイント　284	指導監督　172
施設種別　38	児童虐待　5, 56, 246
施設卒園者　207	児童虐待対応　248
施設退所　70	児童虐待防止市町村ネットワーク事業　249
施設退所後　56	児童記録　154
施設長　263, 266	児童権利宣言　2, 12
施設長のリーダーシップ　267	児童指導員　95
施設内で虐待　263	児童自立支援計画　23, 68, 172
施設内の規定等の整備　265	児童自立支援施設　128, 240
施設内療育　120	児童心理療育施設　144
施設に対するイメージ　283	児童相談所　8
施設入所　40, 56	児童相談所運営指針　59, 291
施設の運営管理　262	児童相談所の支援指針　216
施設の運営指針　263	指導措置　182
施設の設置目的　137	児童の権利に関するジュネーヴ宣言　10
施設の用地　264	児童の権利に関する条約　2, 12
施設保育士　39	児童の同意　137
施設養護　4, 36	児童発達支援センター　37
施設養護のケア基準　43	児童票　61
施設養護の原理と原則　43	児童福祉司　60, 247
事前学習　282	児童福祉事業　15
自尊心　40, 195, 211	児童福祉施設　6
肢体不自由児施設　53, 117	児童福祉施設最低基準　18
肢体不自由児通園施設　53	児童福祉施設の設備及び運営に関する基準　15, 260
市町村児童家庭相談指針　293	児童福祉審議会　168
実質90時間以上の実習　281	児童福祉法　2, 31, 260
実習　279	児童本人　24
実習期間　281	児童養護系施設　48
実習施設からの課題　281	児童養護施設　5, 18, 233
実習指導の教員　282	児童養護施設運営指針　98
実習担当　282	自分の価値観　67
実習の目的や課題　282	自閉症　157, 158
叱責　236	自閉症スペクトラム　158
実践課題　119	司法機関　168, 181
実践場面　46	事務系職員　266
実費負担　114	事務費　269
疾病の予防・治療　265	社会経験　70, 208
疾病や障害　6	社会参加　283
児童委員　58, 168, 170, 179	社会資源　23, 118, 214
児童家庭支援センター　33, 48, 176	社会常識　46
児童家庭相談室　174	

索　引

社会診断　60
社会性　4
社会性の発達　41
社会的ニーズ　53
社会的入院　118
社会の習慣やルール　207
社会福祉運営管理　204
社会福祉援助技術　40
社会福祉基礎構造改革　108, 221, 268
社会福祉協議会　13
社会福祉行政業務報告　59
社会福祉計画法　204
社会福祉サービス　202
社会福祉士　189
社会福祉事業　260
社会福祉施設等調査　114
社会福祉調査　204
社会福祉法　9, 50, 108, 261
社会福祉法人　260
社会福祉法人会計基準　273
社会を写す鏡　134
住環境　198
就業の支援　29
終結期　207
重症心身障害児施設　122
就寝　78
終身施設　123
集団管理的な施設生活　199
集団生活　28
「集団の活用」の原理　39, 40
集団場面　40
羞恥心　211
重度障害児　121
重度病棟　117
重複障害　126
重複障害児　126
週末里親　31
住民参加型福祉サービス開発支援　204
就労移行支援　255
就労支援　97, 162, 172
就労状況　61
宿直制　139

宿泊費　281
受審　107
主体性の尊重　104
主体的な存在　12
受託里親　24
受動的な支援記録　220
主任児童委員　58
主任指導員　267
主任保育士　267
ジュネーヴ宣言　10, 11
守秘義務　16, 266, 267
受容　229
受容的対応　175
手話　126
順応性　208
障害概念　163
障害児系施設　51
障害児施設・事業所一元化　49
障害児入所施設　28, 37, 171
障害者権利条約　49
障害者自立支援法　8, 109, 110, 268
障害者総合支援法　270
障害児療育　120
障害相談　169
障害程度区分　117
障害乳幼児　190
障害の悪化　251
障害の重度重複化　120
障害の等級　255
障害を持つ児童　20
奨学金　97
小規模化　290
小規模グループ　4
小規模グループケア化　291
小規模住居型児童養育事業（ファミリーホーム）　28, 30
状況の観察および評価（モニタリング）　215
小舎制　63
情緒障害　141
情緒障害児短期治療施設　28, 233
情緒の安定　235
衝動性　161

313

小児崩壊性障害　158
少年教護院　135
少年非行　128
消費活動　208
情報共有　58
情報公開　276
情報収集　214
情報の引き継ぎ　71
情報の分析(アセスメント)　214
ショートステイ(短期預かり)　93
職員集団のチームワーク　267
職員の支援方法　223
職員の指示　286
職員の指導　263
職員の専門性　189
職員のバーンアウト　32
処遇　137
処遇指針　172
職業指導員　23
贖罪教育　242
食事介護　210
食事制限　210
食事と栄養管理　264
触法少年　128, 183
職務や責務　194
助言指導　61
署名・捺印　219
自力での生活　62
自立(進学や就職)　69
自立援助　70
自立援助ホーム　29, 70
自立支援　4, 5, 23, 76, 97, 235
自立支援計画　95, 102, 152, 216
自立支援保障　47
自立した生活　286
自立生活　97
事例研究　224
事例検討(報告)　224
事例分析　235
心因性の障害　141
人格形成　78
人格の発達的な障害　131

神経症　133
神経性習癖　141
親権　42
親権喪失　42
親権停止制度　170
親権の制限　2
親権の停止　170
人件費　269
人権擁護と権利保障　38
親族里親　30
身体介護　210
身体接触　65
身体的虐待　26
身体の能力　152
心的外傷後ストレス障害　233
新聞奨学金制度　28
信頼回復　229
信頼感　128
信頼関係　27, 74, 226
心理診断　60
心理担当職員　23, 154
心理的・精神的影響　233
心理的外傷　24
心理的虐待　26
心理的ケア　3, 47
心理的ストレス　103
心理的治療　249
心理判定　225
心理療法　141, 232
心理療法担当職員　23
進路指導　190
睡眠障害　115
スーパーバイザー(受け手)　27
スーパーバイジー(発信者)　27
スーパービジョン　27, 148
スキンシップ　284, 287
スタッフ会議　223
ストレス　41, 57
ストレングス　127, 214
生育環境　1, 69
生育歴　131, 214
生活技術　46

索　引

生活基盤の共有　143, 294
生活訓練　286
生活形態　50
生活支援　172, 210, 282
生活支援と学習支援保障　46
生活指導　29, 117
生活習慣病　123
生活障害　117
生活スキル　70
生活の基盤　198
生活の共有　294
生活のしづらさ　254
生活の柔軟性　294
生活の匂い　199
生活のリズム　286
生活背景　214
生活保護家庭　109, 189
生活保護制度　175, 176
生活寮　139
生活療法　141
制限行為能力者　112
青少年の理解　132
精神医学的な治療　233
成人期　157
精神疾患　118
精神障害者保健福祉手帳　255
精神的な支援　15
精神保健福祉士　189
精神面の混乱　67
税制上の特例措置　261
成長発達　85
性的虐待　26, 240
青年期　67
性の対象　67
生命維持　7
セーフティネット　37, 175
世界児童憲章　10, 11
世帯(家庭)　102
世代間連鎖　136
設置規準　91
設置目的　50
刹那主義的　134

セラピューテックホールド　26
セリグマンのネズミ　241
善悪のけじめ　135
全国児童養護施設協議会倫理綱領　99
全国乳児福祉協議会　84
全国保育士会倫理綱領　16
戦災孤児　18
全身清拭　211
センター化　119
センター型　178
選択・契約制度　109
先天性・進行性筋ジストロフィー　120
専門技術　191
専門里親　30
専門診断　169
専門スタッフ　154
専門知識　15, 191
専門的機能　48, 299
専門的ケア　23, 94
専門的治療施設　240
早期対応　162, 248
早期発見　162, 248
早期療育　50
総合環境療法　142
相互関連性　203
相対的貧困率　7
相談・通告　57
相談援助　37, 210
相談援助技術　203
相談業務　247
ソーシャリゼーション化　121, 208
ソーシャルアクション　204
ソーシャルワーカー　27
ソーシャルワーク　202
ソーシャルワーク(相談支援)機能　6
ソーシャルワーク活動　195
疎外感　131, 133
組織活動　208
咀嚼機能　211
育ちそびれ　133
措置　56, 82
措置委託児童数　90

措置延長　62, 287
措置解除　62, 237
措置決定　60
措置施設　53
措置制度　93, 108, 268
措置年限　62
措置年限満了　70
措置費（児童保護措置費）　269
措置変更　71
措置理由　61, 94
粗暴行動　226

　　　　　　　た　行

第1種社会福祉事業　51, 261
体験実習　286
第三者　13
第三者機関　207
大舎制　63
退所児童（退所者）　62
退所者への援助　71
退所直前の支援　70
対人支援　220
代替的監護　20
第二次性徴　67
第2種社会福祉事業　29, 51, 261
代弁　191
タイムアウト　26
他害　115
逞しさ　208
多職種間連携　249
建物　264
縦割り方式　75
多動性　161
試し行動　26, 285
多問題家庭　109
担当養育制　85
地域貢献意欲　128
地域子育て拠点事業　178
地域子育て支援センター　177
地域支援　3
地域支援機能　38
地域社会　263

地域社会から孤立　248
地域住民　57
地域小規模児童養護施設　65
地域生活支援事業　116
地域の子育て支援活動　190
地域福祉　124
地域保健　181
地域保健法　180
チームアプローチ　114
知的障害　95, 279
知的障害児施設　53, 113
知的障害児通園施設　53, 113
知的障害者福祉法　157
地方公共団体　261
地方主権　98
注意欠陥多動性障害　157, 161, 254
中舎制　63
昼食費　281
中流　134
聴覚障害　127
長時間の放置　24
直接援助職員　266
直接契約　270
直接利用施設　53
貯蓄　70
治療の援助　141
治療の支援　233
治療的なデイケア　2
通級指導　165
通級による指導　165
通勤費　281
通告　58
通告児童　173
通告受理　24
通所型の施設　37
通所施設　51
低年齢児童　77
適切な社会経験　67
転移　156
転移感情　156
登校拒否　133
当直　280

透明性の確保　274
特定の養育者　294
特別支援　49
特別支援学校　112
特別生活費　269
トラウマ　95, 142, 169
トラブル　69
トワイライトステイ（父子家庭等夜間養育事業）
　93

な　行

長年の習慣　212
難聴障害児通園施設　125
ニーズ　43
肉体労働　220
二次障害　162
二次的苦痛　211
24時間の体制　87
日常生活支援　102
日課　139
日中一時支援事業　116
二分脊椎　120
乳児院　18, 82
乳児院運営指針　84
乳児院養育指針　84
乳児院倫理綱領　89
乳児期　65
入所施設　41, 51
入所措置　247
乳幼児期　84, 135
乳幼児健診　252
入浴（身体清潔）　77, 211
人間関係　4, 207
人間形成　78
人間性　15, 194
人間的成長　197
人間としての権利や尊厳　123
人間理解　282
人間力（生き抜く力）　194
認知行動療法　252
ネグレクト　26, 65
年長児童　136

年度単位　218
年齢相応の社会経験　67
濃厚医療　121
脳性マヒ　120
ノーマライゼーション　37, 46, 53, 114
ノーマライゼーション理念　198
ノンバーバルコミュニケーション　287

は　行

ハードウェアの整備　70
バーバルコミュニケーション　287
ハーロウの赤毛ザル　241
バーンアウト（燃え尽き症候群）　27
配偶者　99
排除　136
排斥　45
排泄　86, 210
ハウスキーピング　285
発達過程　133
発達支援システム　166
発達障害　32, 95, 157, 251
発達障害者支援センター　162, 164, 252
発達障害者支援法　49, 157, 162
発達障害の定義　157, 163
発達段階　46, 251
母親の疾病（精神疾患含む）　83
母親の就労支援　104
早番　280
反抗　236
犯罪認識　131
反社会的行動　141, 240
判定会議　60
反応性愛着障害　233
引き揚げ孤児　18
引きこもり　6
引き継ぎ　140
引き継ぎの記録　154
被虐待経験　235
被虐待児　148
被虐待児等虐待対応ガイドライン　99
非言語的な意思表示　200
非行　6

非行傾向　286
非行集団　131
非行性の除去　136, 137
非社会的行動　141
被措置児童等虐待　24
必要な経費　281
否定的な自己像　133
備品　264
秘密の保持　175
秘密保持義務　16
病院としての機能　286
評価　229
評議員会　261
費用負担の仕組み　269
ひろば型　178
貧困　6, 175
ファミリーソーシャルワーカー　42, 43
ファミリーソーシャルワーク（家庭支援）　202, 205
ファミリーホーム　23
フィードバック　215
夫婦小舎制　137
フェースシート　217
福祉型障害児入所施設　28
福祉サービス　108, 276
福祉サービス第三者評価　107, 275
福祉施設制度　190
福祉事務所　172
福祉的就労　28
福祉ニーズ　108, 215
福祉用具　211
福祉倫理　191
不健康な心身　195
父子家庭　118
付帯決議　157
不注意　161
不適応行動　46
不登校　73
負の連鎖　175
父母就労　83
父母の拘禁　83
プライド　78

プライバシー　15, 16, 63
プライバシーの保護　191
フラッシュバック　156
フリースクール　60
ふりかえり支援　209
不良行為　135
プレイセラピー　235
浮浪児　18
弁護士会　181
変則勤務　153
保育士　190
保育士登録　16
保育士の倫理綱領　192
保育所　53, 56
保育士養成カリキュラム　39
保育所保育指針　58
放課後児童健全育成事業　164
暴行　196
防災対策　265
ホームページ　276
保健衛生　263
保健活動　264
保健系施設　51
保健指導　181
保健所　180
保護者に対する支援　252
保護の対象　12
母子家庭　118
母子支援員　106
母子生活支援施設運営指針　102
母子生活支援施設　99
母子入園部門　117
母子の基本的権利の尊重　104
ホスピタリズム　37
母性愛　226
ボディランゲージ（身体言語）　128
補導　132
ボランティア　77
ボランティア活動支援　204

ま　行

待つこと　39

索　引

見捨てられ感　26
未成年後見人　170
見守り　59
「見守り」体制　172
見守ること　39
身元保証人確保対策事業　72
民間施設　261
民間施設給与改善費　269
民生委員　58, 168, 179
民生委員法　179
民設民営　53, 106
民法　42
無差別平等　263
無断外出　140, 141, 236
明細書　273
面会　48
面接　203
面接指導　59
面接の意義　216
盲学校　125
盲児施設　125
盲ろうあ児施設　125
モチベーション　193
モニタリング　217
問題行動　115, 216

や 行

夜間体制　106
夜勤　280
役員は無報酬　262
薬物依存　118
役割分担　298
やさしい子　131
遊戯療法　252
夕食　77
豊かな人間性　266
養育　2
養育意思　61
養育環境　4
養育機能　3
養育形態　65
養育権　103

養育里親　30
養育者交代　75
養育状況　61
要介護状態　209
養護学校　112
養護活動　2
養護系施設　51
養護実践　36
養護相談　169
養子縁組　21, 71
養子縁組里親　30
幼児期　66
幼児語　152
幼児後期　66
幼児前期　66
幼少期　5
要保護児童対策地域協議会　6, 249
要養護問題　70
要養護理由　56
横割り方式　75
予防を含めた相談支援（ソーシャルワーク）　215
48時間ルール　59

ら・わ行

ライフスタイル　251
ライフステージ　166, 255
ライフヒストリー（生活史）　147
ラポール（信頼関係）　171
リービングケア　4, 47, 70
理学療法（PT）　120
理学療法士　122, 170
理事会　261
理事会の承認　274
リストラ　208
離乳食　85
リハビリテーション　118
療育機能　38
利用契約制度　268, 270
利用施設　51
利用者（クライエント）　204
利用者などからの苦情への対応　265

利用者の選択制度　173
利用者の年齢　287
利用者の利益　16
利用者の理解　283
利用負担金　272, 273
利用方式　50
療養上の世話　213
臨検　59
臨床心理士　189
隣接科学　191
倫理観　194, 266
レクリエーション　286
レジデンシャルソーシャルワーク　202
レスパイトケア　2, 31
レスピレータ　123
レッテル　49
劣等感　133
レット障害　158
レポート課題　281
恋愛の対象　67

連携・協働　98
連帯保証人　208
連絡調整　299
ろうあ児施設　125
労働基準法　267
労務管理　267
ローテーション勤務　293

欧　文

ADHD　161
ADL（日常生活動作）　190
CSP（コモンセンス・ペアレンティング）　95
DV（ドメスティックバイオレンス）　2
DV被害　99, 103
IADL（手段的生活操作）　190
PTSD（心的外傷後ストレス障害）　103
QOL（生活の質）　123
SST　252
TEACCHプログラム　252

■執筆者一覧（＊は編著者，執筆順）

＊小野澤 昇（おのざわのぼる）	編著者紹介参照	はじめに，第1章，第7章，おわりに
＊大塚 良一（おおつかりょういち）	編著者紹介参照	第2章，第5章第4節，第6章第1節，第9章
野田 敦史（のだあつし）	東京未来大学専任講師	第3章
中島 健一朗（なかしまけんいちろう）	育英短期大学専任講師	第4章
坂井 勉（さかいつとむ）	児童養護施設こはるび	第5章第1節
山本 哲也（やまもとてつや）	障害福祉サービス事業 pal-pal 管理者	第5章第2節
岩崎 裕一（いわさきゆういち）	関東短期大学教授	第5章第3節，第6章第6節(3)
大屋 陽祐（おおやようすけ）	育英短期大学助教	第5章第5節，第6章第6節(5)
畠中 耕（はたけなかこう）	近畿医療福祉大学専任講師	第5章第6節
＊田中 利則（たなかとしのり）	編著者紹介参照	第6章章第1節・第2節，第4節・第5節
小室 泰治（こむろたいじ）	武蔵野短期大学専任講師	第6章第6節(1)，第8章
田中 浩二（たなかこうじ）	東京成徳短期大学准教授	第6章第3節，第6章6節(2)・(4)

〈編著者紹介〉

小野澤昇（おのざわ・のぼる）
1949年　生まれ
　　　　社会福祉法人はるな郷知的障害者更生施設こがね荘施設長，関東短期大学初等教育科助教授，東京成徳短期大学幼児教育科教授を経て，
現　在　育英短期大学保育学科長・教授，臨床心理士，福祉心理士。
主　著　『保育士のための社会福祉』（編著，大学図書出版），『子どもの養護』（共著，建帛社），『新しい時代の社会福祉施設論（改訂版）』（共著，ミネルヴァ書房），『保育士のための福祉施設実習ハンドブック』（編著，ミネルヴァ書房）。

田中利則（たなか・としのり）
1953年　生まれ
　　　　社会福祉法人富士聖ヨハネ学園棟長，武蔵野短期大学幼児教育学科助教授を経て，
現　在　ソニー学園・湘北短期大学保育学科教授，社会福祉士，介護支援専門員。
主　著　『養護原理』（共編著，大学図書出版），『養護内容』（共編著，大学図書出版），『子育て支援』（共編著，大学図書出版），『養護内容の基礎と実際』（共編著，文化書房博文社）。

大塚良一（おおつか・りょういち）
1955年　生まれ
　　　　埼玉県社会福祉事業団寮長，武蔵短期大学幼児教育科准教授を経て，
現　在　東京成徳短期大学幼児教育科准教授，社会福祉士，介護福祉士，介護支援専門員。
主　著　『知的障害者を支えるこれからのグループホーム――埼玉県内の生活ホーム・グループホーム徹底調査』（単著，新風舎），『地域から社会福祉を切り開く』（共著，本の泉社），『続地域から社会福祉を切り開く』（共著，本の泉社）。

　　　　　　　子どもの生活を支える
　　　　　　　　社会的養護内容

2013年3月30日　初版第1刷発行　　　　　〈検印省略〉

　　　　　　　　　　　　　　　　　定価はカバーに
　　　　　　　　　　　　　　　　　表示しています

　　　　　　　　　　　　小野澤　　昇
　　　編著者　　　田　中　利　則
　　　　　　　　　　　　大　塚　良　一
　　　発行者　　　杉　田　啓　三
　　　印刷者　　　江　戸　宏　介

　　　発行所　株式会社　ミネルヴァ書房
　　　　　607-8494 京都市山科区日ノ岡堤谷町1
　　　　　　電話代表　（075）581-5191
　　　　　　振替口座　01020-0-8076

© 小野澤・田中・大塚，2013　　共同印刷工業・清水製本

ISBN978-4-623-06554-7
Printed in Japan

小野澤　昇・田中利則編著
保育士のための福祉施設実習ハンドブック
　　　　　　　　　　　　　　　Ａ５判・244頁・本体2,400円

小野澤　昇・田中利則・大塚良一編著
子どもの生活を支える社会的養護
　　　　　　　　　　　　　　　Ａ５判・280頁・本体2,800円

山縣文治・林　浩康編
よくわかる社会的養護
　　　　　　　　　　　　　　　Ｂ５判・220頁・本体2,500円

加藤孝正・小川英彦編著
基礎から学ぶ社会的養護
　　　　　　　　　　　　　　　Ａ５判・256頁・本体2,500円

小池由佳・山縣文治編著
社会的養護（第２版）
　　　　　　　　　　　　　　　Ａ５判・192頁・本体1,800円

小木曽宏・宮本秀樹・鈴木崇之編
よくわかる社会的養護内容
　　　　　　　　　　　　　　　Ｂ５判・252頁・本体2,400円

────── ミネルヴァ書房 ──────
http://www.minervashobo.co.jp/